공짜 점심은 없다
No Free Lunch!

공짜 점심은 없다

개인투자자가 꼭 알아야 하는 리스크와 리턴의 경제학

김진선·오은수 지음

아템포

만점을 받은 자, 책을 덮어라!

금융에 관한 다음의 알쏭달쏭한 문제를 풀어보자.
맞힐 확률 50%의 OX문제 10개.
지금부터 도전!

		○	×
Q1	원금보장형 ELS/DLS는 절대 원금을 까먹는 일이 발생하지 않는다?	○	×
Q2	삼성전자를 기초자산으로 하는 장내옵션과 일반 ELW(조기종료형이 아닌 ELW)는 수익과 리스크 속성이 동일한 상품이다?	○	×
Q3	동일한 기업이 발행했다면 다른 종목의 회사채라 할지라도 위험한 정도가 같다?	○	×
Q4	직장인의 급여통장으로 각광받고 있는 CMA나 RP형 상품은 요구불예금과 같은 상품이다?	○	×
Q5	ELS는 기초자산의 개수가 많을수록 포트폴리오 효과로 인해 리스크가 작아진다?	○	×
Q6	시중금리가 오르면 채권을 가지고 있는 사람은 돈을 번다?	○	×
Q7	A기업에 대한 신용연계파생결합증권(CLN)에 투자하는 것은 A기업이 발행한 채권을 직접 보유하는 것과 똑같다?	○	×
Q8	헤지란 손해가 발생하지 않는 것을 의미한다?	○	×
Q9	신용등급이 A+인 국가 '대한민국'과 A+인 기업 '삼성엔지니어링'은 신용도가 같다?	○	×
Q10	해외펀드와 역외펀드는 동일한 상품이다?	○	×

답은 모두 X입니다.
10문제를 모두 맞추신 분은 이 책을 읽지 않으셔도 좋습니다.
답에 대한 해설은 **'우리가 잘못 알고 있던 금융상식 10'** 장에서 자세히 설명하겠습니다.

만점을 받은 자, 책을 덮어라! ▪ 004

서문   개인투자자가 꼭 알아야 할 리스크와 리턴의 경제학 ▪ 010
  리스크란 무엇인가? ▪ 011
  균형 잡힌 투자 의사결정을 위한 선택 ▪ 016
  BOX 1   투자상품이란? ▪ 022

1장   공짜 점심은 없다 : 절대 불가능한 절대 수익 ▪ 024
  고수익 고위험, 저수익 저위험 ▪ 031
  수익률의 차이는 어디에서 오는가 ▪ 034
  BOX 2   절대 수익의 함정(무위험 차익거래) ▪ 045

2장   리스크가 높으면 나쁜 상품인가? ▪ 048
  주식연계 파생상품에 숨어 있는 투자 원리 ▪ 052
  좋아 보이는 상품의 비밀 ▪ 058
  내가 원하는 수익과 리스크 찾기 ▪ 065
  BOX 3   리스크는 어디에서 오는가? ▪ 069

3장   완벽한 헤지란 없다 ▪ 072
  환헤지의 기본 개념 ▪ 076
  환헤지, 무조건 좋을까? ▪ 080
  환헤지가 완전할 수 없는 이유 ▪ 085
  환 리스크를 피하는 다른 상품들 ▪ 090
  BOX 4   선도환율을 확인하는 방법 ▪ 078
  BOX 5   환헤지 비율에 따른 수익률의 변화 ▪ 093

4장 리스크, 피하지만 말고 이용하라 · 098

공격적 투자자의 선택, 선물과 옵션 · 106
ELW와 WR · 114
레버리지 ETF · 116
리스크를 활용하는 또 다른 방법 · 123
금에 투자하고 싶다면 · 126
- BOX 6 투자 성향에 맞지 않는 투자의 예 · 105
- BOX 7 옵션 매도의 함정 · 113
- BOX 8 복리의 마술 · 122

5장 친구 따라 강남 가지 마라 · 130

어제의 성공이 내일의 성공? · 135
누구에게나 자신만의 투자 체질이 있다 · 140

6장 손실에도 목표가 있다 · 144

왜 손실 한도를 정해야 하는가? · 148
신기한 포트폴리오 효과 · 151
- BOX 9 ETF 종류별 차이 · 158

7장 은행에서 판다고 다 안전한 것은 아니다 · 162

은행이 증권회사보다 안전하다? · 167
한 글자 차이가 중요하다 · 169
파는 사람보다 중요한 것은 만드는 사람 · 174
- BOX 10 ELF에 편입된 ELS 부도 사례 · 173

8장 신용등급에 의존하지 마라 · 178

채권에도 내신이? · 182
신용등급과 투자의 관계 · 187
투자상품에 매겨지는 또 다른 등급들 · 189
- BOX 11 신용등급 조정으로 만기 이전에 수익을 확정짓는 투자 사례 · 188
- BOX 12 발행자의 신용도가 중요하지 않은 채권, 자산유동화 증권 · 193

9장 만기의 중요성 · 196

만기를 알아야 리스크가 보인다 · 200
만기의 영향이 크지 않은 변동금리 채권 · 204
다양한 채권형 상품에서의 만기 · 207

10장 만기 이전에 돈이 필요해진다면 · 214

만기 전 현금화, 단순한 문제가 아니다 · 218
유동성의 기본 원칙 두 가지 · 222
시장에서 거래가 안 되는 상품을 현금화할 때 · 224

11장 우리가 잘못 알고 있던 금융상식 10 · 228

12장 투자 의사결정, 어떻게 해야 할까 · 254

너 자신을 먼저 알라 : 수익과 리스크 목표 세우기 · 258
투자 기간을 정하라 · 260
목표에 맞는 상품을 찾아라 : 리스크 맵 그리기 · 262
섞고 나누라 : 자산 배분 · 265
계속 살펴보라 : 모니터링하기 · 268
BOX 13 투자 성향에 따른 추천 포트폴리오 · 267

13장 공부하라, 생각처럼 어렵지 않다 · 272

우리는 이미 알고 있다 · 276
원칙이 있는 투자는 아름답다 · 280
BOX 14 원금보장인 듯, 원금보장 아닌 외화예금 · 285

서문

개인투자자가 꼭 알아야 할
리스크와 리턴의 경제학

2013년 추석 연휴가 끝나자 동양그룹 계열사들이 법정관리를 신청하면서 일명 '동양그룹 사태'라고 하는 일련의 사건들로 전국이 어수선했다. 2013년 9월 30일자 어느 일간지 기사에 따르면 동양그룹의 회사채와 기업어음(CP) 중 개인투자자의 투자 규모는 1조 4000억 원이 넘고, 4만 명이 넘는 투자자가 동양그룹의 부도로 인해 피해를 입을 처지에 놓였다고 한다.

동양그룹의 법정관리가 타 기업의 경우보다 문제가 된 것은 이로 인해 피해를 입게 된 수만 명의 개인투자자 때문이다. 개인투자자들의 계속되는 항의와 그룹 총수 등의 구속으로 확대되었던 이 사건에서 필자의 관심을 끈 것은 개인투자자들의 반응이었다. 자녀의 결혼 자금, 수십 년간 근무한 남편의 퇴직금 등 소중한 돈으로 원금보장이 되는 줄 알고 회사채나 CP를 샀다는 그들의 인터뷰에 처음엔 필자도 부적절한 상품을 아무런 위험고지도 없이 판매한 증권사에 분노했지만, 시간이 지날수록 갖게 되는 의문은 '왜 회사채나 CP가 위험한 줄 몰랐을까?' 하는 것이었다.

이런 생각이 "왜 당신은 몰랐습니까?"라며 투자자의 무지를 탓하거나, "투자는 본인의 책임하에"를 외치는 게 아님을 꼭 알아주셨으면 한다. 필자가 안타까운 생각이 든 것은 상품을 권유하는 금융사에서도, 시중에 나와 있는 헤아릴 수 없이 많은 재테크 책에서도, 소비자 보호를 책임지고 있는 금융 당국에서도 투자상품이 가지고 있는 손실의 가능성, 즉 리스크에 대해서 상세히 알려주려고 하지 않는다는 것이다. 수익을 주는 모든 상품에 필연적으로 따라다니는 리스크에 대해 잘 모르거나, 생각해보려 하지 않는 사람들이 왜 이렇게 많은 것인가? 사실 리스크를 따져보고 투자를 결정하는 사람은 극소수에 해당할 것이다.

이 책이 목표하는 바는, 은행 예금에 처음 가입하고자 하는 사람부터 다양한 금융상품 투자에 이미 익숙해진 사람까지, 즉 금융상품 투자에 대해 한번쯤이라도 생각하고 시도했던 모든 사람들에게 수익에는 기본적으로 리스크가 따라옴을 알게 하는 것이다. 그러기 위해서는 금융상품에서 수익이 발생하게 되는 원리부터 이해해야 하고, 상품에 따라 어떤 경우에 손실이 발생하며 그 손실이 얼마나 되는지를 알아야 한다. 궁극적으로는 이러한 이해를 바탕으로 현명하고 균형 잡힌 투자 의사결정을 해야 한다.

리스크란 무엇인가

그렇다면 리스크란 무엇일까? 왜 우리는 재테크 기

술을 익히기 위해 반드시 리스크에 대해 알아야 하는가? 수익과 리스크는 도대체 무슨 관계가 있는 것일까? 수익과 리스크의 관계는 재테크 시 알아야 하는 기본 원칙이다. 수익과 리스크는 서로 상반된 것 같으면서도 밀접하게 연결되어 있어 이 둘 모두를 이해하는 것은 투자에 있어서 균형을 잡아주는 중요한 일이다. 수익만 알아도, 리스크만 알아도 안 되는 것이 투자 의사결정이다. 모든 것에는 기본 원칙이 있고 이를 알면 다양한 분야에 응용이 가능한 것처럼 우리도 수익과 리스크의 기본 원칙을 알면 다양한 투자상품에 이를 적용할 수 있다. 그렇다면 수익과 리스크는 과연 어떤 관계일까?

너무나도 상투적인 표현인 것 같지만 수익과 리스크는 동전의 양면과 같다. 수익이 없으면 리스크가 있을 수 없으며, 리스크가 생겨나는 근원이 바로 수익이다. 리스크에 대한 일반적인 정의는 '수익의 변동성'이다. 이 말이 어떤 의미인지 예를 들어 설명해보자.

은행(저축은행이 아닌 시중은행)에 3%의 이자를 주는 1년짜리 정기예금에 가입해 1000만 원의 돈을 예치한 경우를 생각해보자. 예금가입자라면 1년 후 만기 시점에 원금 1000만 원과 이자 30만 원(세금을 내야 하지만 여기선 복잡해지는 것을 피하기 위해 세금이 없다고 가정하자)을 받게 될 것이라는 데 의심을 갖는 사람은 없을 것이다. 하지만 이 1000만 원의 돈으로 주식형 펀드에 가입했다고 생각해보자. 1년 후에 받는 돈이 얼마가 될까? 아무도 모른다. 정말 대박이 나서 2000만 원이 될 수도 있고, 그럴 가능성은 낮지만 한 푼도 못 받을 수도 있다. 이를 앞에서 사용한 '수익의 변동성'이라는 말로 표현해보면, 예금이라는 상품은 수익이 3%로 정해져 있고 실제로 받게 되는 수익도 3%이기 때문에 수익의 변동성이 없다. 하지만 펀드의 경우는 1년 후의 수익이 매우 다양하게 나타날 수 있다. 처음에 기대한 수익이 10%라고 하면, 실제로 10%를 벌 수도 있지만 이론상으로는 −100%에서 +로는 무한대까지 수익의 발생 가능 범위가 엄청나게 넓다. 펀드는 수익의 변동성이 큰 것이다. 물론 실제로는 이 정도로 변동성이 큰 상품은 없다. 정리하자면, 수익의 변동성이 리스크이기 때문에 예금은 리스크가 (거의) 없는 상품이며 주식형 펀드는 리스크가 큰 편에 속하는 상품이다.

다른 상품의 예를 들어보자. 채권을 예로 들어보면 채권 중에서도 국가에서 발행하는 국고채가 있고, 일반 회사에서 발행하는 회사채가 있다. 국고채는 국가에서 발행하는 것이기 때문에 앞에서 예로 든 예금처럼 만기에 상환을 받지 못할 가능성이 거의 없다. 수익의 변동성, 즉 리스크가 거의 없는 상품이다. 하지만 회사채의 경우는 발행한 회사가 부도가 나 투자한 채권의 원금과 이자를 돌려받지 못할 경우가 생긴다. 이 경우는 손실이 발생할 가능성이 있기 때문에 최초에 회사채에서 주기로 한 이자로 수익이 고정되어 있는 것이 아니다. 즉 회사채는 국고채에 비해 리스크가 큰 상품이다.

리스크라는 것은 수익의 변동성이기 때문에 양방향성을 갖는다. 손실이 날 가능성뿐 아니라 수익이 예상보다 많이 날 가능성도 있다는 말이다. 일반적으로 리스크가 높은 상품은 리스크가 낮은 상품보다 수익이 높다. 정확히 말하기 위해서 예상 수익이 높다고 하겠다(왜냐하면 수익의 변동성이 크기 때문에 낮은 수익이 날지 높은 수익이 날지는 누구도 모르며, 단지 최초에 기대하는 수익, 즉 예상 수익이 높은 것이다). 예상 수익이라는 것은 실제 발생할 수 있는 수익의 평균치로 생각하면 된다.

다시 예금의 예로 돌아가서 보면, 3%의 이자를 주는 예금은 100명의 사람이 언제 돈을 예치하든지 1년 후에는 모두 다 똑같은 3%의 수익을 얻는다. 하지만 주식형 펀드의 경우는 얘기가 다르다. 100명의 사람이 투자를 하면 투자하는 시점에 따라 1년 후에 받는 수익이 모두 다 다르다. 이 받은 수익의 평균을 낸 것이 예상 수익이라고 생각하면 된다. 그렇다면 왜 리스크가 높은 상품은 수익이 높은 것일까?

현재 당신의 손에는 1000만 원의 돈이 있고 투자를 할 수 있는 상품은 두 가지라 가정해보자. 국채와 회사채. 두 상품 다 만기는 1년으로 동일하고 이자도 5%로 동일하다. 그렇다면 당신은 어디에 1000만 원을 투자할 것인가? 아마도 거의 대부분의 사람이 국채에 투자하겠다고 대답할 것이다. 왜냐하면 돈을 떼일 염려가 없기 때문이다. 그렇다면 예시를 이렇게 바꿔보면 어떨까? 국채는 5%의 이자를 주지만 회사채는 7%의 이자를 준다. 당신은 어디에 투자하겠는가? 이 경우에는 고민을 하게 된다. '7% 이자를 받고는 싶지만 회사채를 샀다가 1년 안에 그 회사가 망해버리면 어떡하지?' 하는 고민을 하게 될 것이다. 비록 그 회사가 망할 가능성은 있지만 그 가능성이 그리 높지 않아 투자할 만하다고 판단하는 사람은 회사채를 살 것이고, 아무래도 불안해서 2%의 수익은 포기하고 차라리 편안한 마음으로 살자고 생각하는 사람은 국채를 살 것이다. 이것이 바로 리스크가 높은 상품의 수익률이 높은 이유다. 손실의 가능성이 있기 때문에 높은 수익을 제시하지 않으면 팔 수가 없는 것이다. 이 예시에서 제시한 2%의 초과 수익을 전문적인 용어로는 '리스크 프리미엄'이라고 한다. 손실을 볼 가능성을 떠안는 대신 받을 수 있는 추가적인 수익이라는 의미다.

이러한 기본적인 수익과 리스크의 관계(초과 수익을 얻으려면 손실 가능성을 떠안아야 한다)를 확장해보면 또 다른 기본 원칙을 도출할 수 있다. 바로 수익이 높으면 리스크도 크다는 것이다. 같은 회사채로 분류되는 상품이라 하더라도 발행 회사가 부도가 날 가능성이 다 같지는 않다. 보다 건실한 회사가 있는 반면 취약한 회사도 있다. 이 회사들이 회사채를 발행한다면 재무 구조가 취약한 회사는 더 많은 이자를 주어야만 투자자를 모을 수 있다. 사는 사람의 입장에서도 높은 수익에 대한 기대가 없는데도 손실 날 확률이 높은 회사에 투자할 수는 없는 일이다. 따라서 리스크가 높은 상품은 수익이 높으며 반대로 말하면 수익이 높은 상품은 리스크가 높다. 여기까지가 투자 시 반드시 알아야 하는 수익과 리스크의 기본 원칙의 전부다.

간단해 보이지만 이 원칙은 우리가 금융상품을 고를 때 매우 중요한 역할을 수행하게 될 것이다. 상대적으로 수익이 높은 상품을 마주하게 되면, 반드시 이 상품은 손실 가능성도 그만큼 높은 상품일 수 있다는 예측을 해봐야 된다. 비록 상품을 판매하는 금융기관에서 리스크에 관한 설명을 상세히 해주지 않았을지라도 이런 예측을 해봐야 한다는 것이다. 어떤 상품을 추천받았을 때 만약 그 상품이 시중의 비슷한 상품과 비교해서 높은 수익을 제시하고 있다면 그 상품은 다른 상품보다 손실이 발생할 확률이 더 높음에 틀림없다. 보통의 회사채가 4~5%대의 이자를 주는데 8%대의 이자를 주는 회사채라고 하면 이는 절대로 안전한 상품일 리가 없다. 즉 원금보장이 될 리가 없다. 어떤 은행에서는 3%대의 예금 이자를 주는데 내가 거래하는 금융기관에서는 두 배에 가까운 이자를 준다고 하면 이는 수상한 것이다. 다른 상품의 경우도 모두 마찬가지다. 원금비보장형 ELS의 다른 상품은 쿠폰(쉽

수익과 리스크를 모두 고려한 균형 잡힌 투자 의사결정이 필요하다.

게 말해서 ELS에서 주는 이자)을 12% 주는데, 내가 추천받은 상품은 쿠폰이 16%라면 이는 내가 추천받은 상품이 다른 상품에 비해 원금에서 손실이 발생할 가능성이 더 높다는 것을 생각해야 한다. 그래야 수익-리스크의 원칙에 맞기 때문이다. 이 원칙은 꽤나 강력한 것이어서 거의 모든 경우에 적용된다.

균형 잡힌 투자 의사결정을 위한 선택

이렇게 리스크는 수익과 뗄 수 없는 관계이며 따라서 투자 시 반드시 생각해야 하는 요소임에도 리스크에 대한 이야기를 꺼내면 흔히들 몇 가지 오해를 한다. "그럼 예금 말고 다른 상품은 위험한 것이니 투자를 하지 말라는 것이냐" 혹은 "그런 일이 설마 발생하겠냐, 왜 생기지도 않을 일을 미리 걱정해서 투자를 못하게 하느냐" 또는 "그럼 리스크가 높은 상품은 나쁜 상품이냐?" 등등의 반응이 대표적이다. 심지어는 금융기관에 있는 사람들도 이런 식의 반응을 보이는 것이 일반적이니, 개인투자자가 리스크에 대해 동일한 반응을 보이는 것은 어쩌면 당연한 일이다. 하지만 리스크에 대해 주의하라고 말하는 것은 결코 돈을 벌 기회를 가로막거나 그냥 옷장 속에 돈을 넣어두라고 하는 것이 아니다. 리스크가 큰 상품은 투기를 할 의사가 없는 개인투자자라면 절대로 손대서는 안 되는 '폭탄'이라고 주장하는 것도 아니다. 이 책에서 주장하는 것은 '알고 하라'는 것이다. 물론 투자 기간 동안 손실이 발생하지 않는 경우도 많다. 하지만 내가 투자한 상품에 이러한 손실 가능성이 있다는 것을 알고 투자하는 것과 모르고 투자하는 것은 천양지차이다. 그리고 경우에 따라서는 투자 원칙을 잘 알게 되면 손실을 줄일 수도 있다.

다시 말해 내가 투자하는 돈에 어떤 일들이 생길지 미리 알아야 어떤 상품을 살지, 얼마나 살지, 얼마나 오랫동안 투자를 유지할지를 올바르게 선택할 수 있는 것이다. 모르는 상태에서 투자하는 것은 깜깜한 밤중에 징검다리를 건너는 것만큼이나 위험하다. 징검다리가 몇 개나 있는지, 어느 정도의 간격으로 있는지, 물의 깊이는 얼마나 되는지를 알아야 건널지 말지를 결정할 수 있지 않겠는가?

이 책에서 리스크를 강조하는 것도 이러한 차원이다. 리스크만을 고려하라고 하는 것이 아니라, 이미 수익을 강조하는 책은 너무도 많기 때문에 이 책에서 리스크를 강조함으로써 투자자들의 마음속에 수익과 리스크의 균형을 잡아주고자 하는 것이다. '알고 투자'함으로써 더 자신감 있게 자신의 목표와 성향에 따라 투자할 수 있도록 하기 위함이다.

얼마 전에 만난 한 개인투자자는 몇 년간 펀드와 ELS에 투자해 큰 수익을 남겼지만 점점 투자 규모를 늘리다가 주가가 내려가면서 양쪽에서 다 손실을 입고 말았다. ELS에서 특히 손실을 입었는데 원금의 반도 채 건지지 못했다. 두 상품 다 원금이 보장되지 않는다는 것은 증권사의 설명을 들어서 알고 있었지만 기본적인 수익과 리스크의 관계는 알지 못했으며, 과거에 수익이 났으니 계속 돈을 벌겠지 하는 생각이었다고 한다. 투자에서 큰 손실을 입고 난 후 그는 "이제 절대로 예금 말고 다른 상품엔 돈을 넣지 않겠다"라고 선언해버렸다. 이것이 손실을 본 투자자들의 일반적인 반응일 것이다. 이렇게 투자 금액의 손실과 마음의 상처를 동시에 안게 된 투자자에게 과연 수익만을 강조하는 투자 문화가 전적으로 도움이 되는 것인지 생각해볼 문제다.

개인투자자에 비해 훨씬 큰 금액을 훨씬 다양한 상품에 투자하는 금융기관들은 다 리스크 관리를 담당하는 조직을 별도로 가지고 있다. 이들은 오랜 기간 수익과 손실의 경험을 통해 수익과 리스크를 모두 고려하는 '균형 잡힌 투자'가 중요함을 이미 깨닫고 있기 때문이다. 이들은 결코 수익의 측면만을 보지 않는다. 그렇다면 작은 손실에도 이들 금융기관보다 훨씬 큰 영향을 받게 되는 개인투자자들이 리스크 관리를 하는 것은 당연한 것이 아닐까? 금융회사의 리스크 관리에 대해 이야기하면 대부분의 사람들은 "리스크 관리라는 거 금융기관 같은 데서 전문가들이나 할 수 있는 거 아냐?"라거나 "난 수학이나 통계학은 옛날부터 싫어했는데"라고 할 것이다. 이것은 정말 안타까운 오해인데, 이렇게 투자 시 리스크를 고려하는 것이 어렵다는 생각이 바로 균형 잡힌 투자 문화가 널리 퍼지지 못하게 된 중요한 요인이 아닌가 하는 생각이 든다. 하지만 필자는 개인투자자도 충분히 리스크 관리를 할 수 있다고 단언할 수 있다.

왜냐하면 이미 우리는 잠재적으로 리스크에 대한 감을 어느 정도는 가지고 있기 때문이다. 가격이 지나치게 싼 상품은 뭔가 하자가 있다는 것을 알고 있다. 뒤에서 자세히 다루겠지만 가격이 싼 상품이라는 것은 수익률이 높은 상품을 말한다. 더 싼 값으로 비싼 상품과 동일한 효용을 얻을 것을 기대하기 때문이다. 또한 우리는 무언가 더 큰 수익을 얻기 위해서는 잃는 것이 있어야 공평하다는 것도 안다. 아주 쉬운 예로 우리가 명절 때 즐겨 하는 고스톱만 봐도 알 수 있다(고스톱 이야기를 갑자기 꺼낸다고 웃는 분도 계실 텐데 사실 도박처럼 리스크를 설명하기에 좋은 예도 없다. 리스크 관리의 기본적인 도구인 통계는 원래 도박의 판돈을 나누기 위해 발달되었다). 먼저 난 사람은 '고'나 '스톱'을 외칠 권리가 있는데, 바로 '고'를 외치는 것이 더 큰 수익을 위해 리스크를 감수하는 행위라 하겠다. '고'를 외쳐서 성공하면 더 높은 점수를 얻게 되지만 실패한다면 이른바 '독박'을 쓰면서 다른 게임 참가자의 내기 값까지 다 물어줘야 한다. 이는 높은 수익을 얻고자 하는 자라면 리스크를 감수해야 한다는 기본 원리를 잘 보여준다. 이처럼 리스크에 대한 것은 어려운 이야기가 아니며 이미 일상생활에서 우리가 그 원리를 체득하고 있는 것이다.

리스크 관리라는 것은 이 상식의 범위를 크게 넘어서지 않는다. 누구나 조금만 관심을 가지고 생각하면 알 수 있다. 이 책에서는 이러한 기본 원리에 대해 설명하고 거기에 덧붙여 요즘 국내에서 시판되고 있는 개인 투자상품의 종류별로 이러한 원칙이 어떻게 적용될 수 있는지를 설명할 것이다. 또 개별 상품이 어떤 메커니즘에 의해 수익이 발생하는지도 설명할 것이다. 수익의 발생 메커니즘을 알아야 어떤 경우에 손실이 발생하며 얼마의 손실이 발생할 수 있는지도 알게 되기 때문이다. 이 과정에서 겉으로 드러나지 않은 상품의 특성들로 인해 생각지도 못한 손실을 입을 수 있음도 알게 될 것이다.

이 책을 읽은 후 금융상품에 투자하고자 하는 사람들이, 더 많은 이자를 주는 회사채는 그 발행 기업이 채권을 상환하지 못할 가능성이 더 높은 것이며, 더 많은 쿠폰을 주는 ELS는 조기상환 가능성은 더 낮고 원금손실 구간에 들어갈 가능성이 더 높으며, 손실의 위험이 없는 절대 고수익은 존재하지 않는다는 것을 알게 된다면, 이 책은 그 소임을 충실히 수행한 것이다. 뿐만 아니라, 반대로 리스크를 이용해 더 높은 수익을 얻기 위한 전략을 선택할 수도 있다는 것을 이해시키는 것도 이 책이 지향하는 바다.

자신의 투자 목표와 성향을 분명히 이해하고 여기에서 배운 수익과 리스크의 기본 원리를 활용해 안정적이면서도 자신에게 꼭 맞는 투자 의사결정을 하도록 하는 것, 작년에 가장 큰 수익을 거둔 상품이 올해도 틀림없이 최대 수익이 날 것이라는 굳건한 믿음을 갖지 않도록 하는 것, 은행이나 증권사 상담 창구에서 친절히 장시간 설명을 들으면서 그 설명이 어떤 내용인지 충분히 이해하면서 자신의 판단에 도움이 될 내용을 잘 선별할 수 있는 능력을 갖추는 것, 수학을 전공한 박사들이 만들어낸 상품들을 우리 같은 일반인이 어떻게 이해할 수 있겠냐며 아예 이런 것은 전문가들에게 맡긴 채 이해하려는 노력도 없이 포기해버리지 않는 것, 설마 내가 투자한 상품이 망하겠냐는 근거 없는 자신감을 갖지 않도록 하는 것도 이 책의 중요한 목표다.

요즈음은 투자의 '암흑기'라고 해도 좋을 만큼 금융시장의 상황이 좋지 않다. 주위 사람들을 만나면 늘 하는 이야기가 어떻게 하면 돈을 벌 수 있는지, 노후를 위해 무엇을 해야 하는지 하는 것뿐이지만 결국은 요즘은 아무것도 할 수 있는 게 없다는 이야기로 마무리되곤 한다. 이자의 수준은 이전과 비교조차 할 수 없을 만큼 낮아졌다. 2000년대 초반만 하더라도 7%대의 예금이 있었다. 하지만 요즘은 이러한 예금은 찾아보기 힘들다. 주식시장도 불안하고, 채권도 금리가 언제 오를지 몰라 사기가 두렵다. 회사채는 더 불안하다. ELS 관련 상품도 수익률이 너무 낮다. 한때 연 쿠폰이 20~30%씩 하던 ELS 상품들도 있었는데, 지금은 7%대의 ELS도 많다. 그 시절이 언제였나 싶다.

바로 이럴 때가 진정으로 투자하기 전 리스크에 대해 확실히 알아야 할 때가 아닌가 한다. 전반적인 저금리로 인해 투자자들은 고수익 상품, 즉 더 높은 리스크를 추구하는 상품들에 끌릴 수밖에 없는 상황이 되어버렸다. 이것이 어떤 의미인지는 이 책에서 자세히 배우게 되겠지만 똑같은 10%의 수익을 제시하는 상품도 저금리 상황일 경우 리스크는 더 높다. 이는 7%대의 예금과 7%대의 스텝다운 ELS를 비교해보면 금방 알 수 있을 것이다. 동일한 7%대의 수익을 제시하지만, (고금리 시대의) 예금은 거의 손실 위험이 없는 상품이고 (저금리 시대의) ELS는 원금손실이 발생할 수 있는 상품이다. 따라서 저금리 환경일수록 투자자는 리스크에 더욱 관심을 갖고 투자 전에 반드시 수익과 함께 리스크를 살펴봐야 한다. 이제부터 차근차근 리스크에 대한 기본 원리에서부터 각 상품별로 응용된 내용까지 배워보도록 하자.

투자상품이란?

'자본시장과 금융투자업에 관한 법률' 제3조에서는 금융투자상품을 "이익을 얻거나 손실을 회피할 목적으로 현재 또는 장래의 특정 시점에 금전, 그 밖의 재산적 가치가 있는 것을 지급하기로 약정함으로써 취득하는 권리"라고 정해놓았다. 역시 법조문답게 한국어로 쓰여 있지만 읽어도 무슨 말인지 알기 어렵다. 이렇게 살펴보자. 금융상품은 크게 세 가지로 나눌 수 있다. 첫째는 예·적금과 같이 원금에서는 손실이 발생하지 않는 상품이다. 둘째는 원금에 손실이 발생할 수 있지만 원금보다 큰 손실이 발생하여 투자자가 돈을 더 내야 되는 일이 발생하지 않는 상품으로, 이를 증권이라고 한다. 셋째는 원금보다 큰 손실이 발생할 수 있는 상품으로 투자자가 나중에 돈을 더 물어주는 경우도 생길 수 있는 상품인데, 파생상품이 이에 속한다. 이 중 증권과 파생상품에 해당하는 상품들이 바로 투자상품이다. 즉, 투자자의 투자 활동 중 원금을 잃을 수도 있는 상품을 의미한다(이 책에서는 투자상품뿐 아니라 예금 등을 포함한 금융상품 전반을 대상으로 다룰 예정이다).

1장

공짜 점심은 없다 : 절대 불가능한 절대 수익

우리는 물건을 사고 나서 "역시 싼 게 비지떡이구나"라는 말을 종종 쓸 때가 있다. 싼 물건을 사고 나서 품질이 맘에 들지 않을 때 주로 쓰는 말이다. 반면 물건을 저렴한 가격에 사서 크게 만족하는 경우도 있다. 이처럼 가치가 동일한 상품을 싸게 살 수 있다면, 비싼 값을 주고 샀을 때보다 거기서 누리는 유익이 크다. 동일한 금융상품에 투자한 경우를 가정할 때 낮은 가격에 산 사람의 수익이 더 높을 수밖에 없으므로 가격이 싸다는 것은 수익이 높다는 것을 의미한다. 그런데 과연 싼 상품과 비싼 상품의 가치가 동일할 수 있을까?

국내에서 개인투자자가 재테크에 활용할 수 있는 금융상품은 매우 다양하다. 은행 예금에서부터 해외시장에서 팔고 있는 주식까지 선택의 폭이 넓다. 그런데 이 상품들은 기대할 수 있는 수익의 수준이 다 다르다. 예금은 수익이 그다지 높지 않은 편에 속하며, 주식은 채권에 비해서 수익이 높다고 여겨진다. 그런가 하면 선물이나 옵션처럼 초기 비용에 비해 굉장히 높은 수익을 올릴 수 있는 상품도 있다. 같은 예금이라 할지라도 은행마다 조금씩 이자가 다르며, 저축은행이나 신용금고는 더 높은 이자를 준다. 채권만 해도 종목별로 제시하는 이자율이 매우 다르다. 3%도 안 되는 이자를 주는 채권이 있는가 하면, 7~8%대의 이자를 주는 채권도 있다. ELS만 해도 증권사별로 너무나 많은 종목이 나오는데, 어떤 상품은 10%를 훌쩍 넘는 쿠폰을 주는 데 비해 어떤 상품은 5% 정도의 쿠폰밖에 주지 않는다. 그렇다면 이런 수익의 차이는 어디서부터 발생하는 것일까?

수익의 차이가 발생하는 원인은 다양하게 있을 수 있으나 그중 가장 핵심적인 것이 리스크이다. 리스크란 기대한 만큼 수익을 얻지 못할 가능성을 의미한다. 어떤 일이 있어도 처음 기대한 만큼 수익을 얻게 되는 상품이 있다면 이는 리스크가 없는 상품이며, 어떤 경우에는 기대한 만큼의 수익을 얻을 수 있지만 어떤 경우에는 그렇지 못한 상품들은 리스크가 존재하는 상품이다. 그렇다면 리스크와 수익은 서로 어떤 관계가 있는지 자세히 살펴보자.

"공짜 점심은 없다(No free lunch)"라는 말이 있다. 대가 없이 공짜로 얻을 수 있는 것은 없다는 의미다. 이 말은 금융상품의 투자에도 적용되는데, 수익이 높은 상품은 그만큼의 대가를 치러야 한다는 뜻으로 풀이될 수 있다. 이를 잘 이해하기 위해 우리는 수익의 기본 구조를 살펴보아야 한다. 수익(여기서 말하는 수익은 투자 전에 그 상품에 기대하는 수익, 곧 예상 수익으로 실제 투자 후에 실현된 수익과는 다르다)을 두 부분으로 나누면, 무위험 수익과 리스크 프리미엄(=초과 수익)으로 나눌 수 있다.

다음의 그림과 같이 모든 상품의 수익은 두 가지 요소로 구분된다. 무위험 수익률(risk-free rate of return)이라는 것은 돈을 투자하면 기본적으

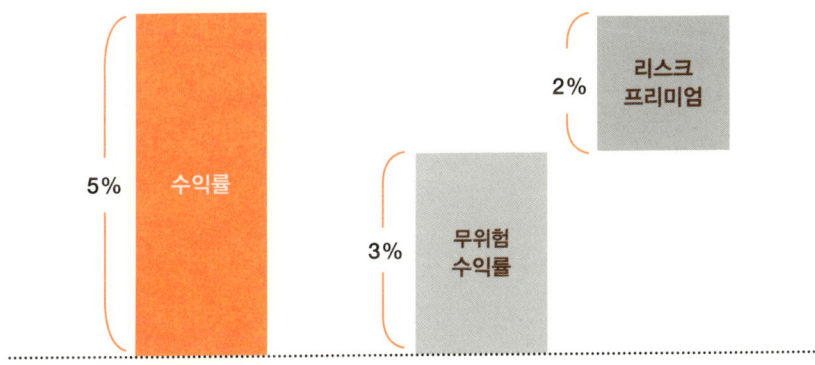

로 받을 수 있는 수익률로, 보통 위험이 전혀 없다고 여겨지는 상품인 국채의 수익률이다. 국채에 투자하면 나라가 망하지 않는 이상 만기에 원금과 이자를 돌려받는다. 나라가 망할 가능성은 없다고 믿고 있기 때문에(물론 망하는 나라들도 있다. 러시아나 아르헨티나와 같은 나라들은 과거에 망했던 적이 있다. 하지만 이는 금융상품에서 일어날 수 있는 사건들 중 가장 확률이 낮은 사건이므로 일반적으로 거의 가능성이 없다고 여긴다), 국채 투자는 손실의 가능성이 없다고 간주한다. 다시 말해 사람이라면 누구나 선호하는 현금이 주는 만족을 포기하고 돈을 다른 곳에 투자하는 것에 대한 보상이 무위험 수익률에 해당한다.

그리고 다른 한 부분인 리스크 프리미엄(risk premium)은 조금이라도 리스크가 있는 상품이라면, 즉 조금이라도 손실의 가능성이 있다면, 이 리스크의 규모에 따라 추가적으로 얻게 되는 초과 수익을 말한다. 만약 내가 투자하려는 상품이 국채라면 이 상품의 수익률은 무위험 수익률 3%와 리스크 프리미엄 0%로 이뤄질 것이다. 위의 그림에서처럼 현재의 무위험 수익률이 3%이고 내가 투자하려는 상품이 5%의 수익을 기대한다면 리스크 프리미엄은 2%이다. 무위험 수익률이라는 것은 투자 기간이 동일하다면 한국 내에서는 동일하게 적용된다. 따라서 개별 상품마다 수익률이 달라지는 것은 상품마다 리스크가 다르고 그것이 반영된 리스크 프리미엄이 다르기 때문이다. 물론 무위험 수익률이 동일하게 적용된다고 해서 이 값이 변하지 않는다는 이야기는 아니다. 보통 우리가 이자율 또는 금리라고 하는 부분을 무위험 수익률이라고 생각하면 되는데 이 값은 아래의 도표와 같이 시시때때로 바뀐다.

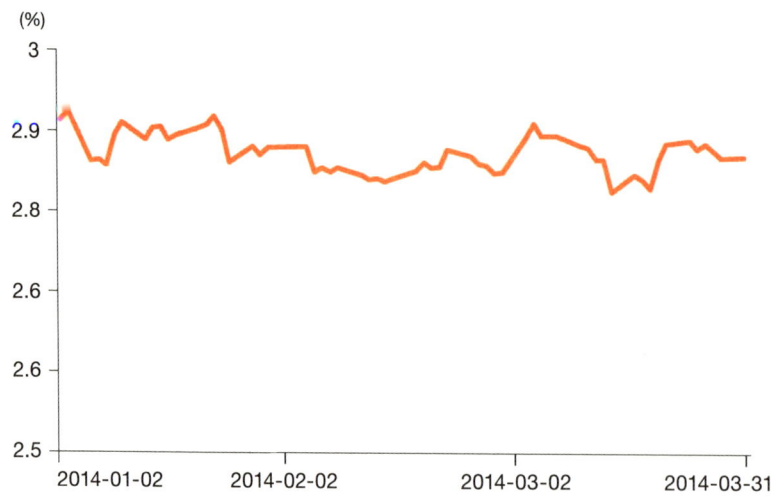

출처: 금융투자협회 채권정보센터 www.kofiabond.or.kr

고수익 고위험,
저수익 저위험

정상적인 경우라면 리스크 프리미엄은 리스크의 크기에 비례한다. 리스크가 크면 리스크 프리미엄이 커지게 되고 전반적인 수익률도 따라서 커지게 된다. 바로 이것이 이 책에서 지속적으로 언급할 원칙인 '고수익 고위험, 저수익 저위험'의 원칙이다. 이 원칙만 정확히 이해한다면 금융상품에 투자하기 전에 고려해야 할 사항들에 대한 이해도 쉬워진다. 왜냐하면 그 고려사항들도 다 이 원칙을 기본으로 하여 파생된 것들이기 때문이다.

그렇다면 이 원칙은 예외 없이 모든 경우에 지켜지는 것일까? 답부터 말하자면, 그렇다. 만약 특정 상품이 리스크에 비해 현저히 높은 수익률을 제시한다고 가정해보자. 매우 안전한 상품임에도, 즉 리스크가 거의 없는데도 무위험 이자율에 비해 2%나 수익을 더 준다고 생각해보자. 모든 투자자들이 이 상품을 사려고 몰려들 것이다. 수요가 몰린 이 상품은 경제의 기본 원리인 수요공급의 법칙에 따라 가격이 올라가게 된다. 가격이 올라가면 수익률은 줄어든다. 결국 저위험, 저수익의 원칙이 시장에 의해 자동적으로 실현되는 것이다. 생각해보자. 동일한 가치의 상품을 싸게 산 것과 비싸게 산 것, 어느 쪽이 수익이 낮겠는가? 그렇다. 비싸게 산 쪽이다. 따라서 상품의 가격이 높아졌다는 것과 수익이 낮아졌다는 것은 동의어가 된다. 그렇다면 이 상품의 가격은 얼마까지 올라갈까? 상품의 리스크에 비추어 적절한 수준의 리스크 프리미엄까지 가격은 올라간다. 수요가 많이 몰려 가격이 일시적으로 적정 수준보다 높아질 순 있겠지만, 이렇게 되면 이 상품의 수익상의 이점이 사라지기 때문에 가격은 다시 내려 결국은 리스크에 해당하는 리스크 프리미엄만큼의 수익을 보장하는 선에서 균형을 찾게 될 것이다.

  앞의 설명을 이해했다면 왜 '서문'에서 저금리 시대에는 리스크를 더 추구할 수밖에 없다고 했는지를 미루어 알 수 있다. 보통 저금리 시대라고 말할 때의 금리는 시중의 기준금리, 즉 무위험 수익률을 말한다. 시중의 무위험 금리가 4%일 때와 요즘과 같은 2.5%일 때를 비교해보자. 동일한 5%의 수익을 얻기 위해서 전자의 경우에는 1%의 리스크 프리미엄만 추구하면 되지만, 후자의 경우에는 2.5%의 리스크 프리미엄을 추구해야 한다. 동일한 수익을 얻기 위해 후자의 경우에 더욱더 리스크가 큰 상품에 투자해야만 하는 것이다. 동일한 리스크를 추구할 경우 고금리 시대에는 5% 수익을 얻었다면 저금리 시대에는 3.5%밖에 수익을 얻지 못하게 된다. 지금의 투자자들 대부분은 고금리 시대의 고수익을 누려봤던 경험이 있을 것이다. 그렇기 때문에 요즘 나오는 투자상품들에서도 그 정도의 수익을 얻고 싶어 한다. 금융기관에서 투자상품을 만들고 파는 이들도 마찬가지다. 높아진 고객의 눈을 맞추기 위해 어느 정도 높은 수익률의 상품을 만들어내야 되는데, 기본적으로 무위험 금리가 낮기 때문에 더 리스크가 큰 상품 쪽으로 눈을 돌리지 않을 수 없는 것이다. 그렇기 때문에 이럴 때일수록 투자자가 더욱더 그 투자상품의 리스크 본질을 살펴야 하는 것이고, 나에게 맞지 않는 고위험의 상품이 포함되어 있지는 않은지 뜯어보아야 하는 것이다.

이와 관련해 추가로 도출될 수 있는 원칙은 '무위험 수익률보다 높은 절대 수익이란 있을 수 없다'는 것이다. 절대 수익이란 것이 무엇인가? 어떤 상황에도 상관없이 받을 수 있는 수익이란 의미 아닌가? 이것이 바로 앞서 언급한 무위험 수익률에 해당한다. 시장 상황이 어떻게 변하든지, 투자 시점이 언제든지 상관없이 얻을 수 있는 절대 수익은 무위험 수익률의 수준을 초과할 수 없다. 따라서 절대 수익은 투자자의 입장에서는 언제나 너무 낮아서 아쉬움만 주는 정도의 수익일 뿐이다.

그런데 '절대'라는 단어가 주는 이미지 때문인지, 절대 수익이 곧 높은 수익을 보장한다고 생각하는 경우가 많다. 흔히 상품 판매라는 목적에 치우쳐 있는 금융기관 등에서 "절대 수익을 보장한다"라거나 "지금은 무조건 어디 어디에 투자할 때이고, 그 상품에 투자하면 20%의 수익을 보장하며, 절대 원금보장이 된다"라고 말하며 절대적인 우위를 지닌 상품이 있는 것처럼 이야기한다. 하지만 이런 말들이 과연 언제 어디서나 통용되는 절대적인 투자 원칙이 될 수 있을까? 답은 '아니다'이다. 아무도 땅 파서 장사하진 않는다. 다른 사람의 이익은 나의 손해이다. 그런데 누가 절대적인 고수익을 내어줄 수 있겠는가? 금융회사에 가서 투자상품에 대해 상담을 할 때 절대 고수익을 주장한다면, 또는 수익이 꽤 높은데도 원금보장이라고 주장한다면 반드시 따져보라. 손실의 가능성을 말이다(그 상담직원은 의도적으로 상품을 많이 팔기 위해서 과장된 표현을 사용했을 가능성이 높다. 그게 아니라면 상품에 대한 지식이 부족해서 그 상품을 팔 자격이 안 되는 사람이다). 그리고 명심하라. 금융의 원칙상 무조건 원금보장을 해주면서 시중은행의 정기예금 금리 수준을 초과하는 수익률을 보장하는 상품은 '절대' 만들 수 없다는 것을.

수익률의 차이는
어디에서 오는가

앞서 말했듯이 금융상품 간에는 수익률의 차이가 존재하며, 같은 혹은 비슷한 상품 내에서도 조금씩 다른 속성의 차이로 인해 수익률의 차이가 존재한다. 그럼 지금부터 간단한 대화식 Q&A를 통해 각 상품이 어떤 원리로 수익률의 차이가 발생하는지를 살펴보자.

일반은행 예금 vs. 저축은행 예금

Q. 보통 저축은행이 일반은행보다 예금 금리가 높잖아요. 예금자 보호도 되고……. 그럼 저축은행 예금이 더 좋은 것 아닌가요?

A. 저축은행의 예금 금리가 높은 이유는 일반은행에 비해 부도 가능성이 높기 때문입니다. 문제는 부도가 났을 경우인데요. 만약 부도가 나면 가입 시 약정했던 저축은행의 예금 금리를 보장해주지 않습니다. 예금자 보호가 되는 금액의 한도는 1인당 5000만 원까지이며, 5000만 원의 기준은 원금에 소정이자*를 더한 금액입니다. 여기서 소정이자는 저축은행 예금 가입 시 약정했던 이자가 아니며 예금보험공사가 정한 기준에 의해 계산된 이자를 의미합니다. 따라서 가입한 저축은행의 파산 시에는 기대했던 수준의 금리를 제공받지 못할 가능성이 높습니다.

● **소정이자:** 예금보험공사의 예금보험금 공시이율(전국을 영업구역으로 하는 11개 시중은행에서 적용하는 1년 만기 정기예금(월 이자 지급식) 기준금리의 평균이자율)과 영업 정지된 금융회사의 약정이율(만기가 지난 예금은 만기 후 이율) 중 낮은 이율로 계산된 이자.

Q. 예금자 보호는 누가 해주는 건가요?

A. 예금자 보호는 예금보험공사에서 해줍니다. 이 기관은 예금자 보호를 위해 금융기관들로부터 보험금을 받습니다. 우리가 만일의 사태에 대비해 보험을 가입하는 것과 같은 것이지요. 그렇다면 일반은행이 보험금을 많이 낼까요, 저축은행이 보험금을 많이 낼까요?

Q. 자동차 보험에서도 사고를 낸 사람이 보험금을 많이 내듯이 저축은행이 많이 내지 않을까요?

A. 맞습니다. 실제로 예금보험공사 홈페이지에 보면 금융기관별 보험료율을 게시해놓았는데, 아래 표처럼 저축은행의 보험료율이 가장 높습니다. 이것만 봐도 저축은행의 예금이 시중은행의 예금과 안정성 측면에서 차이가 있다는 것을 알 수 있죠.

구분	은행	증권	보험	종금	저축은행
보험료율	8/10,000	15/10,000	15/10,000	15/10,000	40/10,000

출처: 예금보험공사 www.kdic.or.kr

Q. 저축은행도 부도 가능성이 모두 같지는 않을 텐데요. 저축은행 중에서 우량 저축은행은 괜찮지 않을까요?

A. 맞습니다. 그런데 개인투자자가 저축은행의 이름만으로 우량도를 정확하게 판단하기는 쉽지 않습니다. 정확하게 판단하기는 어렵지만 대략적으로 판단할 수 있는 기준으로 BIS비율이라는 것이 있습니다. BIS비율이란

국제결제은행(BIS)이라는 단체에서 정한 기준으로 (자기자본/위험자산) × 100으로 계산되며, 이 비율이 낮을수록 부실의 가능성이 높다고 판단하게 됩니다. 모든 은행은 BIS비율을 공시하고 있고, 아래 표에서처럼 지역별로 존재하고 있는 저축은행에 대한 예·적금 금리와 BIS비율은 저축은행중앙회 웹사이트에서 찾아볼 수 있습니다.

지역	금융기관	적금(12개월)	예금(12개월)	BIS비율
서울	한신저축은행	3.30%	2.60%	127.38%
전라북도	스타저축은행	3.20%	2.67%	54.56%
전라북도	예나래저축은행	3.50%	2.80%	41.13%
광주	센트럴저축은행	3.60%	2.70%	40.95%
서울	예주저축은행	-	-	38.17%
경상남도	S&T저축은행	3.60%	2.96%	37.72%
서울	예성저축은행	3.80%	2.50%	29.99%
경기도	부림저축은행	3.00%	2.80%	28.58%
경기도	SC스탠다드 저축은행	3.00%	2.80%	28.25%
부산	부산HK저축은행	3.40%	2.60%	24.37%
경상북도	오생상호저축은행	3.10%	2.87%	22.57%
충청북도	청주저축은행	4.00%	3.00%	21.10%

출처: 저축은행중앙회 http://www.fsb.or.kr

ELD vs. 정기예금

Q. 은행에서 가입할 수 있는 예금상품 중 원금을 보장해주면서 정기예금보다 높은 수익을 주는 주가연동예금(ELD)이라는 게 있던데, 이 책에서는 왜 절대 정기예금 금리를 초과하는 수익을 얻을 수 없다고 하는 건가요? 그럼

이 상품은 뭔가요?

A. 이러한 상품을 자세히 살펴보면 '기초자산(주가, 환율, 금 가격 등)이 특정 조건에 해당할 때만'이라는 조건이 붙어 있습니다. 그 조건에 해당하지 않는 경우가 발생했을 때는 제시된 수익률을 받지 못하게 됩니다. 보통 이런 상품의 구조는 아래 표와 같습니다.

　　아래 표가 설명하고 있는 상품은 위안화의 달러 대비 환율이 현재보다 낮아질 때 7%의 수익을 주는 상품입니다. 하지만 위안화의 환율이 현재보다 높아지면, 즉 위안화가 달러 대비 평가절하되면 이자를 주지 않습니다. 통계적인 모형을 이용해서 위안화 환율이 낮아질 확률(a)과 높아질 확률(b)을 계산해서 이 상품에서 얻을 수 있는 예상 수익(a×0.07+b×0)을 산출해 보면 은행의 정기예금 금리와 비슷한 수준에서 값이 나올 겁니다. 왜냐하면 초과 수익이라는 것은 있을 수 없는 것이니까요.

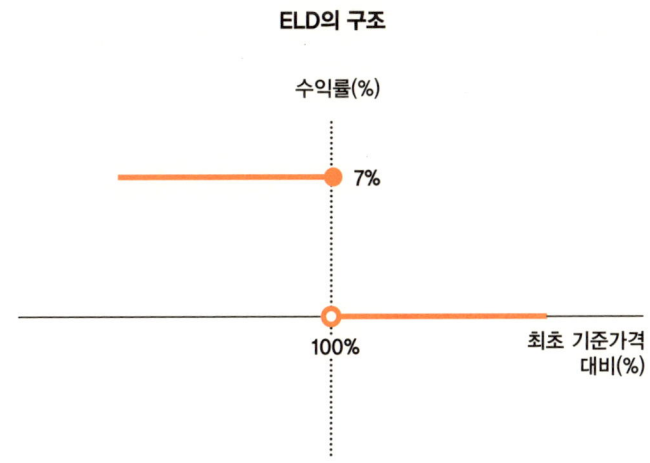

ELD의 구조

코스피(KOSPI) 종목 vs. 코스닥(KOSDAQ) 종목

Q. 뉴스에 보면 코스닥 주식에 투자해서 대박 났다고 많이 나오잖아요. 주식이면 손실 가능성 있을 텐데, 이왕 주식 투자를 할 거면 대박이 날 만한 코스닥 주식에 투자하는 게 낫지 않을까요?

A. 코스피(KOSPI) 시장과 코스닥(KOSDAQ) 시장은 같은 주식시장이라고 하더라도 상장 조건이 다릅니다. 코스피 시장의 상장 조건이 더 까다롭기 때문에 코스피 시장은 우리가 흔히 알고 있는 대기업들이 상장되어 있는 반면, 코스닥 시장은 자본 규모, 매출액 등의 관점에서 상대적으로 규모가 작은 기업들이 상장되어 있습니다. 코스피 상장기업인 삼성전자와 코스닥 상장기업인 셀트리온은 각각의 시장에서 2014년 7월 현재 시가총액규모가 가장 큰 기업이며, 아래 그래프는 과거 5년 동안 두 기업의 일일 수익률을 보여줍니다.

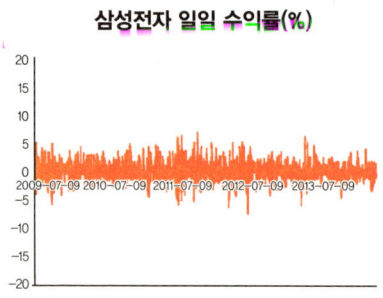 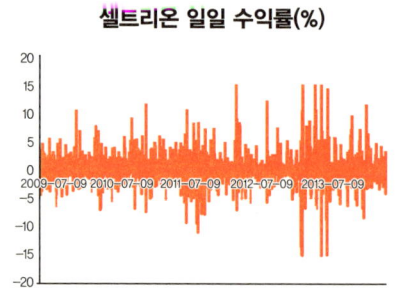

출처: 한국거래소(KRX)www.krx.co.kr

위의 그래프에서 알 수 있듯이, 1일 수익률로 보았을 때 최고의 수익률을 달성한 적이 있는 종목, 그리고 최저의 수익률을 달성한 적이 있는 종목

모두 셀트리온이었습니다. 뿐만 아니라 전체적으로 셀트리온의 수익률 변동폭이 삼성전자에 비해 크다는 것을 확인할 수 있습니다. 수익률의 변동폭이 크다는 것은 그만큼 투자에 따른 위험 또한 크다는 것을 의미합니다. 삼성전자와 셀트리온의 예를 각 시장의 모든 종목에 적용하는 것은 무리겠지만, 대체적으로 코스닥 종목은 코스피 종목에 비해서 고수익의 가능성이 높은 만큼 그에 따르는 위험도 높습니다.

국고채 vs. 회사채

Q. 채권이란 상품도 종류가 매우 다양하던데요. 채권마다 이자도 차이가 많이 나고요. 왜 같은 상품인데 이렇게 이자 차이가 많이 나나요?

A. 채권의 종류를 나누는 기준은 여러 가지입니다. 이자를 주는 방식에 따라(할인채, 복리채, 이표채 등) 나누기도 하며, 금리 변동 여부에 따라(고정금리채, 변동금리채) 나누기도 하고, 지급 순위에 따라(선순위채, 후순위채) 나누기도 하죠(채권의 종류에 대해서는 뒤에 차근차근 나오니 여기서 이 용어들을 모른다고 걱정할 필요는 없습니다).

하지만 가장 많이 들어본 기준은 채권을 발행한 사람이 누구냐 하는 것일 겁니다. "국고채 3년물 금리가 소폭 하락했다"라든지, "올해 말 만기가 도래하는 회사채의 규모가 얼마"라든지 하는 뉴스를 종종 보셨죠? 여기서 국고채, 회사채라는 것은 발행한 이를 기준으로 채권을 구분한 것입니다. 국고채는 '대한민국 정부'에서 발행하고요, 회사채는 일반기업이 발행하죠. 이외에도 한국은행, 서울시, 도시철도공사, 산업은행 등 다양한 주체가 채권을 발행합니다. 채권을 발행자에 따라 구분하는 이유는 이 구분에 따라

단위: %

종류	종류명	신용등급	3년	5년
국채	국고채권	양곡, 외평, 재정	2.58	2.786
	제2종국민주택채권	-	2.455	2.715
	제1종국민주택채권	기타국채	2.671	2.915
지방채	서울도시철도공채증권	-	2.754	3.005
	지역개발공채증권	기타지방채	2.755	3.004
금융채 I (은행채)	무보증	AAA(산금채)	2.728	2.948
		AAA(중금채)	2.748	2.968
		AAA	2.769	2.989
		AA	3.111	3.346
		A+	3.501	3.73
회사채 I (공모사채)	무보증	AAA	2.798	3.015
		AA+	2.83	3.05
		AA0	2.873	3.122
		AA-	2.919	3.223
		A+	3.338	3.723
		A0	3.581	4.118
		A-	3.926	4.638
		BBB+	6.41	6.701
		BBB0	7.46	7.749
		BBB-	8.826	9.173

출처: 금융투자협회 채권정보센터www.kofiabond.or.kr, 2014년 7월 2일 시가 평가 기준 수익률

채권의 수익이 달라지기 때문입니다. 위의 표를 보시죠.

Q. 그렇다면 국채를 발행하는 대한민국 정부와 은행채를 발행하는 시중은행, 회사채를 발행하는 기업은 과연 어떤 차이가 있기 때문에 이런 수익률의 차이가 발생하는 것일까요?

A. 그것은 바로 만기까지 이들 발행자가 살아남아서 내가 원금과 이자를 무사히 돌려받을 수 있느냐 하는 것입니다. 투자자 입장에서 채권을 산다는 것은 돈을 빌려주는 것인데, 누군가에게 돈을 빌려주는데 그 사람이 돈을 갚을 게 확실하면 별 고민 없이 돈을 빌려주면서 이자 수익을 누릴 것입니다. 그런데 돈을 꿔 달라는 사람이 혹시 돈을 들고 도망갈 확률이 있다면 어떨까요? 이자를 아주 많이 준다고 하면 빌려줄 것을 고민해볼 수도 있겠죠. 이것이 발행자에 따라 수익률(이자)의 차이가 생기는 이유입니다. 앞의 표에서 보여주듯 신용등급이 낮을수록 만기에 투자자에게 원금을 상환할 가능성이 낮아지므로 수익률이 높아지는(즉 가격이 싸지는) 것입니다. 예를 들어 일반 회사채에 3년 동안 투자하여 5% 이상의 수익을 얻고 싶은 투자자가 있다면, 신용등급으로 대략 BBB+ 이하의 공모 무보증 회사채에 투자하는 경우에 5% 이상의 수익 달성이 가능하다고 할 수 있습니다. 다음 장에서 신용등급 및 채권과 관련한 자세한 설명과 다양한 사례가 다루어질 것이므로 이 장에서는 일단 여기까지 이해하고 넘어가죠. 일단 여기서 알아야 할 것은 높은 이자는 공짜가 아니라는 점입니다.

옵션이 포함된 채권

Q. 이제 발행 회사의 신용도 차이로 인해 채권의 가격이 달라진다는 건 알았어요. 그런데 같은 발행자, 같은 만기임에도 불구하고 채권 가격, 즉 채권의 수익률이 달라지는 경우도 있던데, 그건 왜 그런 거죠?

A. 일반 채권의 경우는 만기까지 정해진 날짜에 정해진 이자를 지급하는 조건을 가지고 있습니다. A채권의 이자가 5%라고 가정해보죠. 그리고 이

채권에 조건이 한 가지 추가된 B채권이 있다고 가정해봅시다. B채권에 추가된 조건이라는 것은 만기 이전이라도 일정 시점에 발행자가 이 채권을 상환할 수 있는 권리입니다. 즉, 발행자가 정해진 만기가 되기 전에 투자자에게 원금을 주고 채무 관계를 청산할 수도 있다는 말이죠. 다시 말하면, 만기까지 가져갈지 중도에 상환할지의 선택권이 발행자에게 있다는 것입니다. 두 채권 중 어느 채권의 가격이 쌀까요?

일반 채권인 A채권의 가격이 100이라고 가정해보죠. 그리고 선택권(여기서는 중도에 상환을 할 것인지 말 것인지 결정하는)을 시장에서는 '옵션(option)'이라는 용어를 사용하므로 앞으로는 '옵션'이라는 용어를 쓰도록 하겠습니다. 발행자는 이 옵션(임의상환권)을 가지고 있습니다. 이는 옵션을 산 것(매수)과 마찬가지입니다. 그렇다면 투자자는 반대로 이 옵션을 판 것(매도)입니다. 따라서 B채권을 산 투자자 입장에서는 일반 채권인 A채권을 매수함과 동시에 옵션을 매도한 것과 같습니다. 실제로 옵션을 매도했다는 뜻이 아니라 B채권에 내재되어 있다는 의미입니다. 그 옵션의 가치를 5라고 가정하면, 투자자 입장에서는 95에 해당하는 가치의 B채권을 보유하게 되

는 셈이죠. 즉 B채권이 A채권보다 옵션 가치만큼 싼 것입니다.

　　채권은 발행될 때 대부분 원금과 동일한 가격으로 발행되는데 이를 100이라고 합시다. 그런데 B채권도 100에 발행이 되면서 투자자에게 A채권과 같은 5%의 이자를 지급한다면 B채권을 살 사람은 없을 것입니다. 만약 B채권의 발행자가 옵션을 행사하여 중도에 상환한다면 투자자는 계속해서 이자를 받을 수 없기 때문에 처음에 기대했던 수익만큼 돈을 받을 수 없는 리스크를 안고 있기 때문입니다. 그래서 투자자에게 더 높은 이자를 지급함으로써 비싸게 파는 것에 대한 보상을 하게 되는 것입니다. 고수익을 지급하지만 그 이유는 리스크가 있기 때문인 것이죠. 여러 가지 이유로 일반 채권에 비해서 쿠폰이 높은 채권이 있을 수 있지만, 최근과 같은 저금리 기조에서는 일단 금리가 높은 채권이 투자자의 이목을 집중시키기 쉽습니다. 따라서 일반 채권에 비해서 금리가 높은 채권의 경우에는 어떤 옵션이 내재되어 있는지, 그리고 이 옵션을 누가 매수하고 누가 매도하는 구조인지를 정확하게 파악해야 합니다. 채권도 싼 데는 이유가 있으며 싼 채권이 동일한 가치를 가지고 있을 리는 없는 것이죠. 마치 싼 게 비지떡인 것처럼 말이에요.

Q. 발행자만 옵션을 가질 수 있나요? 그럼 참 불공평하네요. 투자자가 옵션을 가질 순 없어요?

A. 있습니다. 발행자가 옵션을 가지고 있는 경우와 반대로 투자자가 옵션을 가지고 있는 경우가 있습니다. 앞에서 말한 임의상환권을 투자자에게 주는 채권도 있지만 그것은 앞의 경우와 반대로 생각하면 되는 것이니, 여기

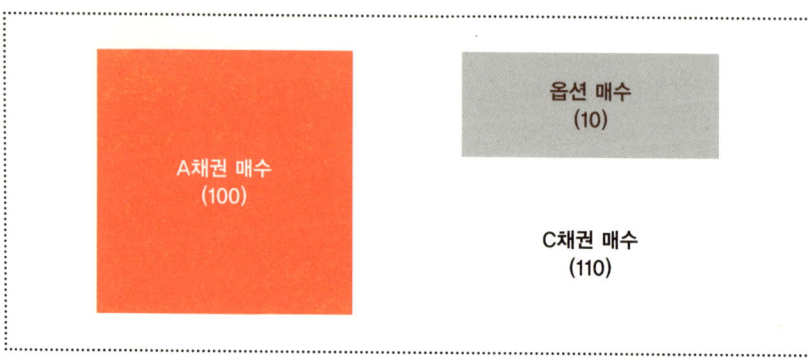

서는 투자자가 주식으로 전환할 수 있는 옵션을 가진 전환사채를 예로 들어 보겠습니다. 전환사채(convertible bond, CB)란 일반 채권에 일정 시점이 되면 일정 가격에 주식으로 전환할 수 있는 권리(옵션)가 포함되어 있는 채권을 말합니다. 위의 임의상환권과는 달리 투자자에게 선택권(옵션)이 있는 채권입니다.

 이 경우는 투자자가 옵션을 매수한 것과 같으므로 C채권의 가격이 A채권보다 옵션의 가치만큼 더 비쌉니다. 따라서 전환사채는 임의상환 채권과 반대로 일반 채권에 비해서 투자자에게 주는 이자가 낮은 것이 일반적입니다. 이 경우는 투자자가 채권을 주식으로 전환하면서 안게 되는 리스크가 발행자에게 있기 때문에 발행자의 이자 비용을 낮춰줌으로써 리스크를 보상해주는 것입니다.

 지금까지 살펴본 Q&A에서처럼 서로 다른 상품들 간에서뿐만 아니라, 매우 비슷해 보이는 상품 간에서도 수익률의 차이는 존재한다. 정기예금과 삼성전자 주식 사이에 수익률의 차이는 분명히 존재하며, 동일한 정기예금이라 할지라도 이 예금을 취급하는 기관에 따라서 혹은 예금의 만기에 따라서도 수익률은 달라진다. 일반적으로 같은 상품이라고 여겨지는 상품들도 수익률이 다르다는 것은 이들 상품이 엄밀하게 따지면 서로 다른 상품이라는 의미다. 그리고 이 '다르다'라는 것이 어디서부터 오는지는 앞에서 설명한 각 상품의 예가 보여주고 있다. 돈을 벌 수 있는 확률, 다른 말로 돈을 잃을 수 있는 확률이 다르다는 것이 바로 이 수익률의 '다름'을 만들어내는 것이다.

투자를 결정할 때 돈을 얼마나 벌 수 있느냐 만큼 중요한 것은 돈을 얼마나 잃을 수 있느냐 하는 것이다. 그러나 아직까지는 투자상품을 대하는 데 있어서 얼마나 벌 수 있느냐에만 관심을 가지는 투자자가 많은 것 같아 아쉬움이 남는다. 앞에서 말했듯이 수익과 리스크는 동전의 앞뒷면이기 때문에 따로 떼어서 보는 것은 불가능한 일이다. 높은 수익 뒤에는 언제나 높은 리스크가 따라다닌다는 것을 기억하자. 이 세상에 공짜는 없으며, 싼 게 비지떡인 법이다.

 절대 수익의 함정(무위험 차익거래)

이 책을 읽는 독자 중에는 여러 가지 형태로 투자 자금을 모집하는 광고성 문구를 받아본 적이 있을 것이다. 어느 날 지인 한 분이 아래의 글을 받고서 의견을 구한 적이 있다.

단기원금보장확정수익추구형 펀드 오픈

- 예상 투자 기간: 1년~1년 6개월
- 수익률: 1년(12%)~1년 6개월(18%), 연 수익률 12%
- 투자 금액: 최소 5000만 원(10구좌)+추가 1000만 원
- 아비트라지 거래(무위험 차익거래)
- 총 투자 금액: 250억 원
- O월 O일 O요일 오전 O시 오픈(선착순 마감)

  정식 오픈은 월요일이지만 하실 분은 저에게 알려주세요.

  지금부터 입금 가능합니다.

  과잉경쟁을 사전에 방지하고자 우수 고객들에게 선투자 기회를 드리고자 합니다.

- 입금계좌: OO은행 OOO-OOOOOO-OOOO

위의 글에 있는 몇 가지 용어들은 투자자들의 눈길을 끌기에 충분하다. '원금보장', '확정수익', 그리고 '무위험 차익거래' 등. 그리고 무엇보다도 가장 먼저 눈길을 끄는 것은 연 12%의 수익률이라 할 수 있다. '무위험 차익거래'가 무엇이기에 연 12%의 수익을 준다는 것인지 궁금하지 않은가?

'무위험 차익거래'란 투자 전략의 하나로 리스크 없이 수익을 얻을 수 있는 전략을 말한다. 서두에 이야기한 것처럼 리스크가 없다는 것은 예금이나 국채와 같이 수익의 변동성이 없음을, 즉 수익이 정해져 있음을 의미한다. 일상생활에서 예를 들면, 내 앞에 공책을 200원에 사겠다는 사람이 기다리고 있다고 해보자. 그리고 나는 방금 공책을 공장에서 100원에 사왔다(여기서는 편의상 공장에서 공책이 배달되는 배송료는 없다고 가정하자). 이 경우 나에게는 100원에 사와서 200원에 팔

수 있는 기회가 있다. 그리고 이때 내가 가지는 리스크는 없다. 즉 100원의 수익은 확정적이다. 이런 경우 나는 '무위험 차익거래'를 통해 100원의 수익을 얻었다고 할 수 있다.

이렇게 돈을 벌 수 있다면, 세상살이는 정말 누워서 떡 먹기일 것이다. 그러나 세상은 내가 그렇게 쉽게 돈을 벌 수 있게 놔두지 않는다. 내가 이런 식으로 공책 1권 당 100원을 벌 수 있다는 사실을 사람들이 알게 된다면, 더 이상 100원의 무위험 차익을 얻기는 힘들어진다. 왜냐하면 공장에서 공책을 파는 사람의 입장에서는 200원에 공책을 살 사람을 직접 찾을 것이고, 200원에 공책을 사가던 사람의 입장에서는 100원에 공책을 살 수 있는 공장을 직접 찾을 것이다. 그리고 점점 이 거래를 하고자 하는 사람이 많아지게 되면서 무위험 차익거래를 할 수 있는 기회는 점점 사라지게 된다.

정말로 12%의 무위험 차익거래가 가능하다면 위 공책 예에서처럼 모든 사람이 이 차익거래를 하기 위해 몰려들 것이며, 곧 이 기회는 사라지게 된다. 다시 말하면 앞에서 이야기하고 있는 '무위험 차익거래'는 진정한 '무위험'이 아닐 가능성이 매우 높다는 의미다. 어떤 전략을 써서 어떻게 12%를 주겠다는 건지, 어떠한 리스크가 있는지 따져보고 투자 결정을 하는 것이 수익과 리스크를 모두 고려한 균형 잡힌 투자 의사결정을 하는 것임을 명심하자. 그렇게 돈을 쉽게 벌 수 있는 기회가 있다면 누가 그 기회를 나에게까지 주겠는가?

리스크가 높으면 나쁜 상품인가?

대부분의 사람들은 투자를 결정할 때 이 상품에서 얼마의 수익을 얻을 수 있을지를 먼저 고려하지만, 그로 인해 발생 가능한 손실에 대해서는 잘 살펴보지 않는 경향이 있다. 하지만 앞 장에서 배운 기본 원칙에 의하면 모든 금융상품에는 수익이 높으면 손실 가능성도 높다는 '고수익 고위험'의 원칙이 적용되기 때문에 반드시 사전에 수익과 함께 리스크를 고려해야 한다.

리스크를 좋아하는 사람은 거의 없다. 손실이라는 말만 들어도 무섭다. 그렇다면 리스크가 높은 상품은 반드시 나쁜 상품일까? 만약 리스크에 대한 반대급부로 높은 수익이 따라 오지 않는다면 리스크가 높은 상품은 나쁜 상품이 될 것이다. 하지만 리스크가 높은 상품은 대체적으로 수익이 높기 때문에 리스크가 높다고 해서 무조건 나쁜 상품인 것은 아니다.

예를 들어보자. 원금보장형 ELS가 10%의 쿠폰을 주고, 원금비보장형 ELS도 동일한 10%의 쿠폰을 준다면, 당신은 어떤 상품에 투자하겠는가?

주저 없이 원금보장형 ELS에 투자한다고 할 것이다. 하지만 이런 선택의 문제가 현실에서는 일어나지 않는다. 10%의 쿠폰을 주는 원금보장형 ELS와 15%의 쿠폰을 주는 원금비보장형 ELS 중 하나를 골라야 하는 것이 현실에서 우리가 맞닥뜨리는 선택의 문제다. 과연 이 중에 무엇을 골라야 하는가? 원금비보장형 ELS는 언제나 원금보장형 ELS에 비해 나쁜 상품인가? 이에 대해 "그렇다"라고 답할 수 있다면 '리스크가 높은 상품은 나쁜 상품이다'라는 논리도 성립한다. 하지만 답은 "No"이다.

주식연계 파생상품에 숨어 있는 투자 원리

상품의 리스크가 높다는 것이 상품의 좋고 나쁨을 결정하는 요소가 아니라 결국은 선택의 문제라는 것을, 개인투자자들이 많은 관심을 가지고 있는 주식연계 파생상품을 통해 살펴보도록 하자. ELS(Equity Linked Securities)란 이름으로 더 유명한 주식연계 파생상품은 특정 주가의 움직임에 따라 만기에 얻을 수 있는 수익이 결정되는 일종의 파생상품이다. 2000년 초반에 국내시장에 도입되어 현재까지도 투자자들로부터 많은 인기를 끌고 있는 상품이다. 증권사나 은행을 통해 쉽게 살 수 있을 뿐 아니라 주가가 하락해도 수익을 얻을 수 있는 구조도 있기 때문에 많은 투자자들의 사랑을 받고 있다. 지금부터 주식연계 파생상품을 통해 고수익 고위험의 원칙을 이해해보도록 하자(주가에 연계해서 수익이 결정되도록 만든 상품은 ELS뿐 아니라 여러 가지 상품이 있다. 이에 대해서는 '은행에서 판다고 다 안전한 것은 아니다' 장을 참고하자. ELS와 유사한 것으로 DLS(Derivatives Linked Securities, 파생결합증권)가 있다. 구조는 ELS와 동일하나 수익이 주가가 아닌 다른 상품의 가격, 예를 들면 금리, 유가, 금 가격, 신용 등에 의해 결정된다는 게 차이점이다. ELS의 수익-리스크 구조는 DLS에도 동일하게 적용된다).

파생상품이라는 것은 상품의 수익률이, 기초가 되는 다른 상품의 수익률에 따라 결정되는 상품을 말한다. 기초가 되는 상품(기초자산이라 부른다)이란 주식, 금리, 환, 실물 상품(여기에는 금, 은, 석유, 곡물 등이 해당된다) 등이다. 이 기초가 되는 상품이 무엇이냐에 따라 무엇에 대한 파생상품인지가 결정되는데, ELS와 같은 주식연계 파생상품은 주식을 기초자산으로 하는 상품이다. 주식, 금리, 환, 금과 같은 기초자산이 가지는 특징은 이들이 다른 상품의 가격에 의존해 가치가 결정되지 않는다는 점이다. 그냥 자기 자신의 가격이 시장 원리에 따라 스스로 변한다. 예를 들어 삼성전자의 주식 가격은 다른 주식의 가격에 연계되어 바뀌지 않는다(물론 주식 가격 간에 비슷한 움직임을 보일 수는 있다. 예를 들면 상승장에서 다 같이 오르는 식의 비슷한 움직임을 보일 수는 있으나, 삼성전자 주식의 가격이 현대자동차 주식이 올랐기 때문에 오르는 것은 아니다). 금리도 마찬가지다. 1년 만기 AAA 회사채의 금리가 1년 만기 국고채의 금리가 오르거나 내리는 것에 정확하게 연계되어 움직이지 않는다.

앞서 설명했듯 주식연계 파생상품은 그 상품 자체의 가격이 변동하는 것이 아니라 기초자산이 되는 주식의 가격에 연동해서 수익이 결정된다. 주가가 결정되면 그 상품의 수익이 자동적으로 결정된다는 말이다. 예를 들어보자.

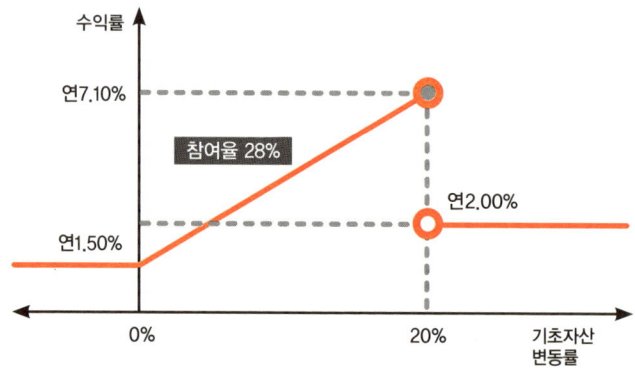

업앤아웃콜 ELS의 구조

출처: 신한은행www.shinhan.com

위의 그림은 기초자산이 코스피200인 상품의 수익이 어떻게 결정되는지를 보여주는 그래프이다. 만기가 1년인 이 상품은 1년 후 시점의 코스피200지수가 현재 시점의 코스피200지수보다 오르지 않을 경우(그래프 상에서 X축의 값이 0%보다 작을 경우로 표시된다) 지수가 얼마나 떨어지건 간에 상관없이 설령 반 토막이 나더라도 1.5%의 수익을 지급하고, 코스피200지수가 지금 수준보다 20% 넘게 올랐을 경우(그래프 상에서 X축의 값이 20%보다 클 경우) 얼마가 오르던 상관없이 설령 두 배, 세 배 오르더라도 2%의 수익을 지급한다. 그리고 1년 후 지수가 현재 지수보다 올랐지만 20%보다 적게 오른 경우에는 1.5%에, 상승분의 28%만큼의 수익을 더해 지급한다. 만약 5% 올랐다면 수익률은 1.5%에, 상승분 5%의 28%에 해당하는 1.4%를 더한 2.9%가 된다. 마찬가지로 10% 오르면 수익률은 1.5%+2.8%, 곧 4.3%가 된다. 이처럼 이 상품의 수익률은 기초자산이 되는 주식, 코스피200지수의 가격 변동에 따라 정확하게 계산된다. 주식연계 파생상품 중 이러한 상품의 유형을 업앤아웃콜(Up&Out Call)이라고 하는데, 주가가 오르든 떨어지든 최소한의 수익(1.5%)을 얻을 수 있고, 운이 좋으면 이 상품의 경우 최대 7.1%까지 수익을 얻을 수 있다는 장점이 있다. 또한 이 상품은 주가 등락에 상관없이 원금에서 손실이 발생하지 않는 구조로 되어 있기 때문에 원금보장형 상품에 해당한다.

　업앤아웃콜형 상품과 함께 주식연계 파생상품의 주류를 이루는 유형이 스텝다운(Step Down)형 상품이다. 업앤아웃콜 상품이 일반적으로 원금에서 손실이 발생하지 않도록 설계되는 데 비해, 스텝다운형 상품은 원금에서 손실이 발생할 수도 있는 구조다. 대신 돈을 벌 때는 더 많이 벌 수 있도록 구성되어 있다. 아래의 그래프를 살펴보자.

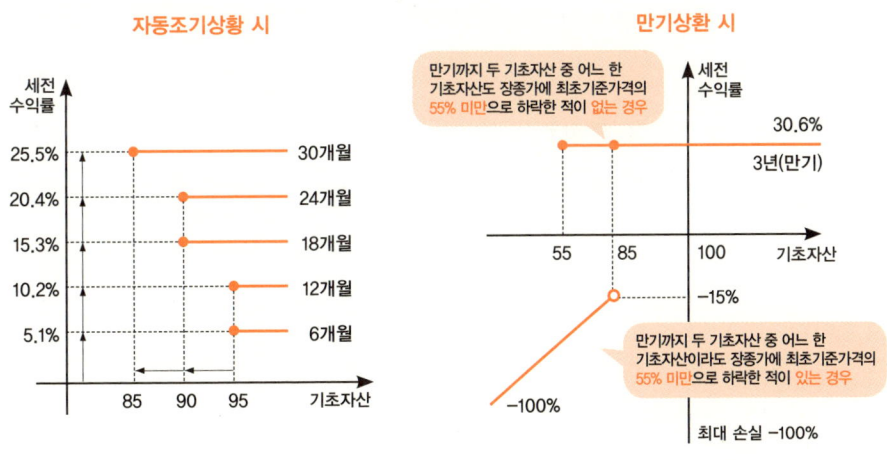

스텝다운형 ELS의 구조

그래프를 보면 상당히 복잡해 보인다. 그리고 실제로도 복잡하다. 이 상품에는 업앤아웃콜형에는 없는 '조기상환'이라는 것이 있다. 만기가 3년인 이 상품은 6개월마다 특정 조건에 맞을 경우 조기상환을 할 수 있도록 구성되어 있다. 상환이라는 것은 원금과 각 조건에 해당하는 수익률(쿠폰)을 같이 주고 계약을 종료한다는 말로, 만기까지 특정 조건에 맞지 않을 경우 만기상환, 만기 이전이라도 특정 조건에 맞을 경우 조기상환된다. 이 그래프에서의 조기상환 조건은 해당 시점에 이 상품의 기초자산인 SK하이닉스와 현대차(이 상품의 기초자산은 2개의 주식이다)의 주가가 지금 기준(기준가)으로 어느 정도나 될 것이냐 하는 것이다. 첫 번째 조기상환 시점인 6개월 후를 보면 조기상환 조건이 95%로 되어 있다. SK하이닉스, 현대차 두 주식 모두 기준 시점의 가격의 95%에 해당되는 가격보다 높으면, 다른 말로 지금보다 5% 이상 하락하지 않으면 조기상환이 이루어지고, 제시된 쿠폰인 5.1%가 원금과 함께 돌아오면서 이 상품은 종료된다. 하지만 둘 중 한 주식이라도 5% 이상 하락하거나 둘 다 5% 이상 하락하게 되면 조기상환은 이루어지지 않고 다음 번 조기상환 시점(12개월 후)까지 기다린 후 다시 조건 충족 여부를 확인하게 된다.

 이런 식으로 이 상품은 6개월마다 조기상환 여부를 확인해 조건 충족 시 원금과 각 쿠폰을 주고 계약은 종료된다. 그래프에서 보면 쿠폰은 조기상환이 안 이루어질수록 점점 높아진다. 하지만 이 쿠폰을 1년 단위로 표준화하면 10.2%로 매 시점에서 동일하다. 쿠폰이 높아지는 것은 예금의 이자로 설명하자면, 만약 예금 이자가 3%인데 1년을 예치하면 3%를 받고 2년을 예치하면 2년 치인 6%를 받는 것과 마찬가지다. 만약 만기까지 한

번도 조기상환이 이루어지지 않아 이 상품이 살아 있다면 만기 시의 두 주식의 주가 수준과 과거에 주가 수준을 모두 고려해 수익률이 결정된다. 만약 만기까지 두 주식 중 한 주식이라도 기준가의 55% 이하로 떨어졌던 적이 있다면, 즉 45% 이상 손실이 난 적이 있다면, 만기 시점의 주가가 기준가의 85% 이하일 경우(현재 주가보다 15% 이상 하락했을 경우) 주가가 떨어진 만큼 동일한 손실을 보게 된다. 그렇지만 만기 시점의 주가가 현재의 85% 이상이라면 30.6%의 수익을 얻게 된다. 그리고 만기 시점까지 두 주식 모두 45% 이상 손실을 본 적이 없다면 역시 30.6%의 수익을 얻게 된다. 여기에서 만기 시점의 기준이 되는 주가는 두 주식 중 기준가 대비 만기 시점의 주가 수준이 더 낮은 주식의 가격이 기준이다. 이 상품의 특징은 주가가 만기까지 한번도 45% 이상 떨어지지 않는 한 연 10.2% 수익을 얻게 되지만 주가가 45% 이상 떨어진 적이 있을 경우는 원금의 손실을 볼 수 있다는 것이다.

주식연계 파생상품은 참 매력적인 상품이다. 주가가 떨어져도 수익을 준다. 첫 번째 업앤아웃콜 상품은 비록 1.5%의 낮은 수익률이긴 하지만 주가가 아무리 떨어져도 수익을 주고, 두 번째 스텝다운 상품은 거의 반 토막이 나지 않는 이상 수익을 준다. 도대체 이 상품을 운용하는 곳에서는 어떻게 해서 주가가 떨어지는데도 고객에게 수익을 줄 수 있을까? 스텝다운 상품의 경우는 원금손실이 발생할 수는 있지만 주가가 일정 수준 이상 떨어지지 않으면 연 10.2%라는 꽤 높은 수익을 준다. 이렇게 좋아 보이는 상품의 수익과 리스크 속성은 과연 뭘까? 우선 기본적인 것부터 살펴보자.

좋아 보이는 상품의 비밀

주식연계 파생상품에서도 앞서 계속 언급했던 고수익, 고위험의 원칙이 적용된다. 우선 업앤아웃콜 상품을 가장 기본이 되는 예금 상품과 비교해보자. 요즘 1년 만기 정기예금의 금리는 조금씩 차이가 있지만 2.5% 수준이다. 이를 주식연계 파생상품의 수익률을 표시하는 것과 비슷하게 도식화해 보면 아래 그래프와 같다.

정기예금은 주식시장의 변동과 무관하게 어떤 상황에서도 2.5%의 수익을 보장한다. 반면 업앤아웃콜은 어떤 경우에는 정기예금보다 높은 수익을 얻을 수 있지만 어떤 경우는 정기예금보다 낮은 수익을 얻게 된다. 만약 이 업앤아웃콜 상품이 공정하게 설계되었다면 주가가 0~20% 상승할 확률을 모두 고려해서 평균적인 수익을 산출했을 때 정기예금의 수익과 비슷하게 나올 것이다. 다시 말해 원금보장이 되는 이 상품의 예상 수익률은 역시

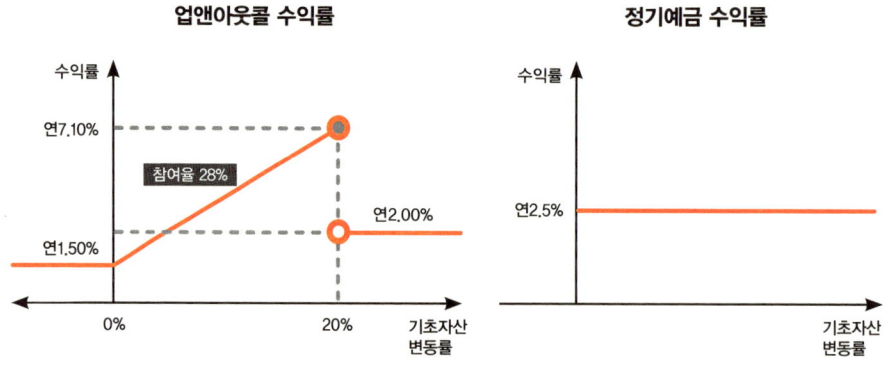

원금보장이 되는 정기예금의 수익률과 크게 다르지 않다는 뜻이다. 이것은 우리가 앞에서 계속 이야기했던 절대적인 초과 수익은 발생할 수 없다는 이야기와 일맥상통함을 알 수 있다.

고수익 고위험, 즉 수익이 높으면 손실 가능성도 크다는 원칙은 스텝다운 상품을 보면 이해가 쉽다. 스텝다운 상품의 수익 구조는 이 원칙을 설명하기에 안성맞춤이다. 본격적으로 설명하기 전에 주식연계 파생상품에 투자했던 한 투자자를 만나보자. 이 투자자는 ELS에 투자했는데 그 이후에 주가가 지속 하락하여 손실 발생 가능 기준에 해당하는 것을 보고 환매를 했던 경험이 있다.

필자: 재테크에 관심이 많으신 것 같은데 처음에 어떻게 ELS에 투자하게 되셨어요?

S씨: 신문이랑 인터넷에서 봤어요. 다들 많이 한다고 해서 시작했어요.

필자: ELS는 어디에서 구매하셨고, 어떤 기준으로 정하셨나요?

S씨: 증권사요. ELS를 하려고 마음먹었기 때문에 원금보장 안 되는 것은 이미 알고 있었고, 고수익이 목표였기 때문에 수익률 높은 것으로 골랐죠.

필자: 투자 시 상담은 안 하셨고요?

S씨: 증권사에서 설명은 다 들었는데 상품은 제가 정한 거예요. 거기서 파는 상품 리스트를 쭉 보니까 이 종목이 쿠폰이 제일 높더라고요.

필자: 아, 그러셨군요. 쿠폰이 높은 종목은 조기상환이 일어날 확률이 낮다는 것은 아셨어요?

S씨: 아니요, 그런 거 전혀 몰랐어요. 너무 복잡해서요.

필자: 그럼 그 많은 상품 중에 고르신 종목이 쿠폰을 가장 많이 주는 이유가 뭐라고 생각하신 거예요? 다른 기준이 동일하다면, 이 종목만 수익이 높은 게 이상하지 않았나요?

S씨: 그냥, 그게 더 높은 줄 알았어요. 다른 기준은 안 봤죠.

필자: 그러시군요. 처음부터 원금손실이 있을 수 있다는 것은 알고 투자하셨잖아요. 그런데도 손실 발생 가능 구간보다 주가가 더 떨어졌을 때 바로 환매를 하셨네요?

S씨: 처음엔 원금손실이 날 수 있다는 것을 알았는데 원금손실 발생 구간이 55%였어요. 그럼 3년 안에 주식이 절반 정도로 하락해야 손실이 난다는 거잖아요. 설마 큰 종목들인데 그렇게 떨어질 거라고는 생각도 안 했죠. 원래 자기가 사는 주식 떨어질 거라고 생각하는 사람이 어디 있겠어요?

이 대화는 주식연계 파생상품에 투자하는 사람들의 솔직한 마음을 대변한 것이라 생각된다. 투자자들은 수익률 기준으로 종목을 선정하고, 원금손실 발생 구간이 저렇게 낮은데 설마 저만큼이나 떨어질까 생각한다. 대화 속 S씨가 말했듯이 수익률 말고 다른 조건들은 다 복잡해보인다. 나는 수학이나 통계 전공자도 아닌데 어떻게 저걸 다 이해하나 싶은 생각도 들었을 것이다. 하지만 이 상품의 구조 속에 숨어 있는 원칙만 이해하면 그리 어렵지 않을지도 모른다. 그리고 그 숨어 있는 원칙이라는 것은 우리가 계속해 말하고 있는 바로 그 원칙, 고수익은 높은 손실 가능성을 의미하며, 절대적인 초과 수익이란 없다는 것이다. 결론부터 말하자면 비슷한 시점에 발행되는 여러 구조의 주식연계 파생상품은 기대 수익이 다 비슷하다. 기대 수익이라는 것은 모든 경우에 발생할 수 있는 수익의 평균이다. 이 기대 수익이 비슷해지려면 높은 쿠폰을 주는 주식연계 파생상품이 낮은 쿠폰을 주는 상품에 비해 쿠폰을 받을 가능성(수익이 날 가능성)은 낮고, 손실이 발생할 가능성은 더 높아야 한다. 쉽게 말해서 면적이 동일한 아래의 두 네모와 같다. A와 B는 면적은 동일하지만 가로, 세로의 길이는 서로 다르다. 이처럼 서로 다른 두 종목의 주식연계 파생상품이 다른 쿠폰을 제시한다면 쿠폰의 발생 확률이 다르다는 뜻이다. 쿠폰이 낮으면 쿠폰이 발생할 확률이 높고 쿠폰이 높으면 쿠폰이 발생할 확률이 낮은 것이다. 왜냐하면 이 세상에 공짜 점심은 없으니까.

그렇다면 쿠폰이 발생할 확률에 영향을 미치는 다른 조건들을 살펴보고 이들이 서로 어떤 관계가 있는지를 알아보자.

쿠폰의 수준과 쿠폰이 발생할 확률의 관계

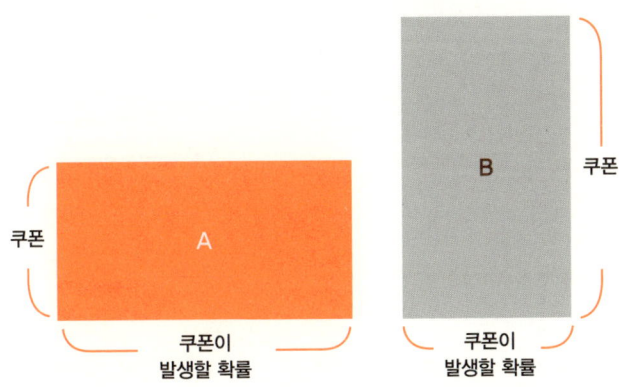

	기초자산	쿠폰	조기상환 기간	조기상환 판단 주가 수준	손실 발생 가능 기준
1	코스피200, HSCEI	10%	3개월	95% / 90% / 85%	55%
2	코스피200, HSCEI	10.5%	6개월	90% / 85% / 80%	45%
3	현대모비스, 현대산업	17%	6개월	90% / 85% / 80%	35%
4	현대차, 한진해운	19%	6개월	90% / 85% / 80%	35%

출처: 현대증권

위의 표는 2012년 4월에서 5월 사이에 한 증권회사에서 발행한 주식연계 파생상품 중 일부다. 4가지 상품 모두 서로 다른 쿠폰을 제시하고 있다. 우선 기초자산부터 살펴보자. 기초자산은 가격 변동이 적을수록 쿠폰을 받을 확률이 높다. 아래의 그림은 현재 주가 수준은 100%이고, 첫 번째 조기상환기준이 90%, 손실 발생 가능 기준은 55%인 주식연계 파생상품을 가정할 때 기초자산이 되는 주식의 변동성(물결무늬처럼 표시)이 어떤 영향을 미

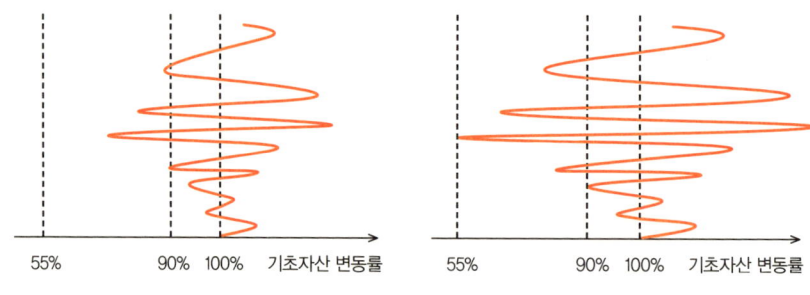

기초자산의 변동률에 따른 쿠폰 발생 확률 비교

기초자산이 A주식인 경우   **기초자산이 B주식인 경우**

치는지를 보여주는 것이다. B주식은 A주식에 비해 변동성이 크다. 즉 가격이 많이 움직인다. 한눈에도 A주식이 90% 이상 하락할 가능성이 더 적고(첫 번째 조기상환 시점에 조기상환될 가능성이 더 높고), 55% 이상 하락할 가능성도 더 적다(원금손실이 발생할 가능성이 더 적다). 기초자산의 변동성은 이렇게 쿠폰 발생 가능성에 영향을 미친다. 당연히 쿠폰 발생 가능성이 더 높고 원금손실 발생 가능성이 낮은, 즉 수익 발생 가능성이 높은 종목은 낮은 쿠폰을 제시할 수밖에 없다. 앞서 나온 네모 크기 비교 그림에서 A와 같은 경우다(61쪽). 62쪽 상단 표의 4가지 상품 중 다른 조건이 비슷한 2번과 3번 상품을 비교해보면 2번 상품은 기초자산이 모두 지수로 구성되어 있고 3번 상품은 기초자산이 개별 주식이다. '손실에도 목표가 있다' 장에서 상세히 설명하겠지만, 지수는 개별 주식에 비해 변동성이 작다. 그래서 2번 상품의 쿠폰이 3번 상품의 쿠폰에 비해 현저히 낮은 것이다.

　변동성 외에도 기초자산이 영향을 미칠 수 있는 요소가 한 가지 더 있는데, 바로 두 기초자산 간의 상관관계다. 상관관계라 함은 두 기초자산이 비슷한 방향으로 움직일지, 반대 방향으로 움직일지에 대한 것이다. 스텝다운형 상품들의 경우 조기상환 조건은 두 주식 모두 90% 위에 있어야 하고, 원금손실 기준은 한 주식이라도 55% 이하로 떨어지느냐이다. 만약 두 주식이 서로 비슷한 방향으로 움직인다고, 즉 상관관계가 높다고 생각해보자. 이 경우 서로 반대로 움직이는 두 주식에 비해 조기상환 판단 시 두 주식 모두 90% 이상의 위치에 있을 확률이 높고, 원금손실 기준으로 보더라도 두 주식 다 55%선 위에 있을 확률이 높다. 서로 반대로 움직이는 주식은 90%나 55%의 기준선을 사이에 두고 하나는 위, 하나는 아래에 있을 확률이 높다. 따라서 서로 상관관계가 높은 두 주식을 편입하는 경우 스텝다운형 상품은 수익이 발생할 확률이 높아지기 때문에, 쿠폰은 낮게 제시된다. 3번과 4번 상품을 비교해보면 다른 조건은 모두 동일하며 기초자산만 다른데 쿠폰이 서로 다르다. 여기서 짐작할 수 있는 것은 현대모비스와 현대산업의 쌍보다는 현대차와 한진해운의 쌍이 서로 다른 방향으로 움직이는 성향이 있을 것이라는 점이다. 실제로 2012년 1월 2일부터 2013년 12월 30일까지 2년간의 주가데이터로 산출한 일별 수익률의 상관관계를 비교해보면 현대모비스와 현대산업의 쌍은 0.20, 현대차와 한진해운의 쌍은 0.18로 3번 상품의 상관관계가 4번 상품의 상관관계에 비해 높았다.

조기상환 기간도 쿠폰에 영향을 미치는데, 조기상환 기간이 길면 길수록 쿠폰이 높다. 보통 첫 번째 조기상환의 판단 기준이 현재 주가 수준보다 낮게 설정되는데 기간이 길수록 주가가 조기상환 판단 기준보다 낮아질 확률이 높다. 즉 수익이 발생할 확률이 낮은 것이다. 따라서 높은 수익률이 제시된다. 또한 조기상환 판단 기준도 쿠폰에 영향을 미친다. 다른 조건이 동일하다면 조기상환 판단 기준이 높을수록 쿠폰이 높다. 조기상환 판단 기준이 90%인 경우와 95%인 경우를 비교해보면 90%인 경우가 조기상환의 발생 가능성이 더 높다. 왜냐하면 같은 기간(예를 들면 6개월) 내에 전자의 경우는 10% 이상 주가가 하락하지 않으면 조기상환이 되지만 후자는 5% 이상 하락하지 않아야 조기상환이 되기 때문이다. 따라서 조기상환 판단 기준이 높을수록 수익 발생 확률은 낮고 결과적으로 높은 쿠폰이 제시된다. 한편 손실 발생 가능 기준의 경우에는 높을수록 쿠폰이 높다. 이 기준이 45%인 종목과 35%인 종목을 비교해보면, 만기까지의 기간 동안 최저가가 현재 주가의 40%로 하락한 경우라 할 때 전자의 경우는 손실이 발생할 수 있고 후자의 경우는 손실이 발생하지 않는다. 따라서 손실 발생 가능 기준은 높을수록 수익 발생 확률이 낮고 따라서 쿠폰이 높다.

내가 원하는 수익과 리스크 찾기

이와 같이 주식연계 파생상품은 상품설명서에 복잡하게 여러 요소가 설명된 만큼 투자자의 수익에 영향을 미치는 요소가 많다. 따라서 다른 조건에 대한 것은 살피지도 않은 채 쿠폰이 높은 것만을 선택한다는 것은 바람직하지 않다. 하지만 상품을 선택할 때마다 이 모든 것을 일일이 따져보지는 않아도 된다. 앞에서 비록 자세하게 쿠폰과 수익 발생 확률의 관계에 대해서 말했지만 어떻게 이 모든 관계를 다 외우고 다니겠는가? 한 가지만 기억하면 된다. 쿠폰이 높을수록 수익 발생 확률이 낮고, 쿠폰이 낮을수록 수익 발생 확률이 높다는 것. 네모의 넓이는 같지만 어떤 네모는 가로가 긴 대신 세로가 짧고, 어떤 네모는 세로가 긴 대신 가로가 짧은 것이다. 상품이 합리적으로 설계되어 있다면 이 원칙에서 크게 벗어나지 않는다. 그렇다면 가로가 긴 네모가 좋은 것인가? 세로가 긴 네모가 좋은 것인가? 네모의 넓이가 같기 때문에 절대적으로 좋고 나쁘다는 판단을 하는 것은 적합하지 않다. 어떤 사람은 넓적한 네모를 좋아하고, 어떤 사람은 긴 네모를 좋아하는 것이다. 비록 낮은 확률에 베팅을 하지만 높은 수익률이 매력적이라고 생각하는 사람은 높은 쿠폰을 주는 종목에 투자하고, 비록 수익률은 그다지 높지 않지만 손실은 발생하지 않았으면 좋겠다고 생각하는 사람은 낮은 쿠폰을 주는 종목에 투자하는 것이다. 결국은 자신의 투자 성향에 따라서 해야 한다는 말이다.

주식연계 파생상품은 상품 구조가 다양하여 투자자에게 혼란을 주기도 하지만 대신 자신의 성향에 따라 자신에게 맞는 상품을 고를 수 있다는 이점도 있다. 원금손실이 발생하지 않도록 설계된 상품도 있고 원금손실이 발생한다 하더라도 일부만 발생하도록(예를 들면 원금 80% 보장 등과 같은 상품) 되어 있는 상품도 있고, 원금손실에 제한이 없는 상품도 있다. 원금손실에 제한이 없는 상품이라 하더라도 손실 발생 가능 구간이 투자 시점의 주가와 비교하여 낮은 수준이기 때문에 일반 투자자도 별로 거부감 없도록 만들어놓는다. 앞선 S씨와의 인터뷰에서 보았듯이 투자자들은 '설마 3년 안에 주가가 50% 이상 떨어지겠어?'라고 생각하는 경우가 많다. 사실 이 생각이 그리 터무니없어 보이지는 않는다. 우리나라 기업의 주가가 3년 안에 50% 이상 떨어지는 상황이 얼마나 있겠는가? 게다가 주식연계 파생상품에는 이름만 들으면 알만한, 대한민국의 손꼽히는 기업들의 주식이 편입되어 있지 않은가? 하지만 설마가 사람 잡는 법이다.

S씨가 투자한 주식연계 파생상품의 기초자산은 현대중공업과 현대모비스였다(67쪽). S씨가 투자한 시점인 2011년 8월 이후 두 주가는 다음과 같이 움직였다. 표에서 주황색 실선이 'KI배리어(원금손실 발생 구간)'인 55%선이다. 현대중공업은 원금손실 구간 이하로 주가가 하락한 적이 있어 S씨가 투자한 상품에서는 손실이 발생하는 것을 피하기 어렵게 되었다.

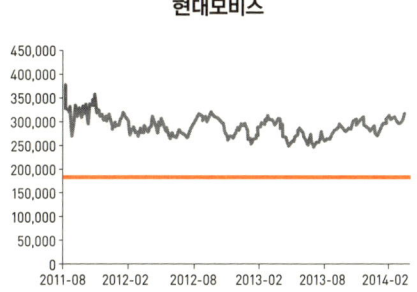

　　S씨가 투자한 종목처럼 의외로 원금손실이 발생하는 경우가 종종 있다. 2014년 3월 28일 금융감독원의 보도자료 '증권회사 ELS/DLS 발행·상환·잔액 현황(2013 연간)'을 보면 2013년 12월 말 기준으로 원금비보장형 주식연계증권의 잔액은 27.1조 원이며 이 중 10.7%에 해당하는 2.9조 원어치의 종목이 손실 발생 가능 구간에 도달한 적이 있는 것으로 나타났다. 물론 이 종목들이 다 손실 발생이 확정된 것은 아니다. 만기에 주가가 많이 회복하게 되면 손실 대신 높은 쿠폰을 가져갈 수도 있다. 하지만 '설마 그렇게 주가가 많이 떨어지겠어?' 하고 안심하고 있던 것을 생각해보면 놀라운 일이다. 대한민국의 대표 주식들의 주가가 3년 안에 50% 이상 떨어지기도 한다는 것은 사실 투자하는 시점에서 예측하기가 어렵다. 특히 내가 사는 주식은 왠지 절대 안 떨어질 것 같은 확신이 든다. 하지만 이러한 주가 하락이 발생할 수도 있다는 점을 간과해서는 안 된다.

　　그렇다면 왜 이 상품을 만드는 사람들은 해당 주식이 손실 구간 아래로 떨어질 것을 알면서도 이 상품을 만들어 파는 것일까? 그것도 투자자가 혹할 정도로 낮게 손실 구간을 정해서 투자하고 싶은 마음이 들도록 만든다.

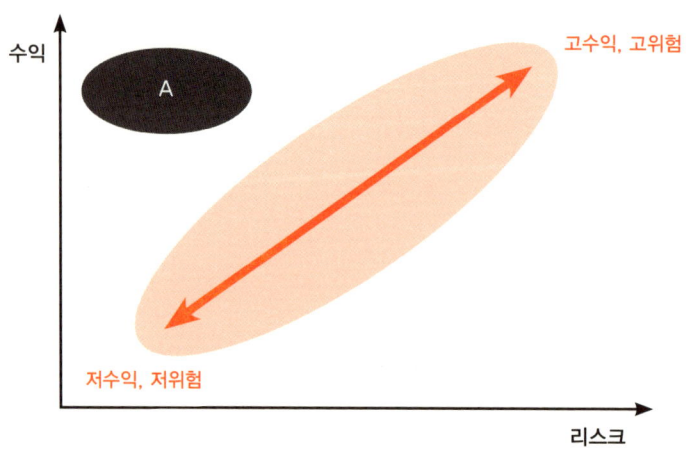

이 상품을 설계해서 만들어 파는 금융회사가 우리의 이런 긍정적이고 낙천적인 마인드를 이용하여 손실을 보게 만들고 자신들은 이로부터 이익을 취하기 위한 것인가? 그렇지는 않다. 이러한 구조의 상품은 주가가 폭락할 때 금융회사에게도 이익이 되지 않는다. 오히려 주가가 올라야 이익이 된다. 주가가 오르면 투자자도 금융회사도 행복한 상황이 된다. '금융회사'라고 꼭 투자자의 손실을 먹고 사는 게 아니며, 둘 다 수익을 얻을 수 있는 상황도 발생할 수 있는 것이다.

　　주식연계 파생상품을 통해 살펴본 원칙을 일반화해보면 투자 의사결정이란 나에게 적절한 수익-리스크 구조를 갖는 상품을 찾아나가는 과정이다. 금융상품들의 수익-리스크 간의 관계를 도식화하면 위 그림과 같다. 리스크는 낮고 수익은 높은 A지역에 위치한 상품이 있으면 참 좋을 것 같지만, 대부분의 상품들은 주황색 타원형 안에 위치해 있기 마련이다. A와 같은 상품이 존재한다는 것은 합리적이지 않다. 그렇기 때문에 우리의 투자의사결정은 주황색 화살표 상에서 움직이며, 그 선상에서 나에게 맞는 상품을 선택해야 한다. 다시 한 번 강조하지만 리스크가 낮다, 높다 하는 것은 상품 자체의 품질이 좋다, 나쁘다를 결정하는 기준이 아니다. 선택의 문제인 것이다. 리스크를 감수하면서도 높은 수익을 목표로 할지, 내 성향 혹은 형편상 손실은 절대로 용납 못하니 수익이 낮아도 리스크가 낮은 상품을 선택할지 하는 선택의 문제인 것이다. 어떻게 선택을 할지, 어떤 상품이 어떤 리스크 속성을 갖는지는 계속해서 알아보도록 하자.

리스크는 어디에서 오는가?

손실은 어디에서 오는가? 우리는 어떤 경우에 투자한 상품에서 손실을 입게 되는가? 손실이 어디서 오는지 알아야 이를 감수할지 말지를 선택할 수 있다. 여러 가지 상황에 의해 손실을 입을 수 있지만, 사실 이 상황들은 크게 3가지 경우로 묶어볼 수 있다.

첫 번째는 내가 가진 상품의 가격이 떨어지면서 오는 손실이다. 주식 가격이 떨어지면 주식에 투자한 사람, 이를 기초로 한 펀드나 ELS에 투자한 사람들은 손해를 보게 된다. 해외 채권과 같이 외화로 표시된 상품에 투자한 사람은 환율이 떨어지면 손해를 입게 된다. 이와 같이 상품의 가격이 변해서 손실을 입을 리스크를 '시장 리스크'라고 한다.

상품 종류	시장 리스크	신용 리스크
예/적금, RP, CMA 등 수신상품		O
주식	O	
채권*	O	O
장내파생상품	O	
ELS/DLS/ELW	O	O
금	O	
해외 채권*	O	O
장외파생상품	O	O

* 채권은 만기 전에 시가 변동에 따라 매도하여 수익을 얻으려는 경우는 시장 리스크에, 만기까지 보유하여 이자와 원금을 회수하려는 경우는 신용 리스크에 노출되는 것으로 구분하는 것이 일반적이다.

두 번째는 내가 투자한 상품의 발행자가 부도를 내거나 여러 가지 문제가 발생해 투자금을 돌려받지 못해 입게 되는 손실, 쉽게 말해 꿔준 돈을 떼여 입게 되는 손해. 회사채에 투자했는데 그 기업이 부도가 난다든지, 채권형 펀드에 투자했는데 이에 편입된 채권이 부도가 났다든지, 예금을 한 저축은행이 문을 닫는 경우가 이에 해당된다. 이러한 리스크는 '신용 리스크'라고 부른다.

세 번째는 내가 거래를 원하는 시점에 수요와 공급이 일치하지 않아 손해를 보는 경우다. 주식을 팔려고 내놓았는데 매수자가 없어 싼 가격에 처분할 수밖에 없다든지, 채권을 매도하려고 할 때 아무도 사가지 않아 처분을 할 수 없게 되면서 입게 되는 손해다. 이는 '유동성 리스크'라고 한다.

개인 투자상품은 거의 이 3가지 원인에 의해 손실이 발생되는데 하나씩만 발생할 수도 있고, 2개 이상 같이 발생할 수도 있다. 각 상품별로 어떤 리스크를 갖고 있는지는 위 표에 정리해두었다. 이 표는 리스크의 크기가 아닌 리스크의 종류만 표시하였기 때문에 여러 가지 리스크에 해당된다고 해서 꼭 리스크의 총량이 같이 커지는 것은 아니다(리스크의 총량에 대해서는 '투자 의사결정, 어떻게 해야 할까?' 장에서 확인해보자). 유동성리스크는 거의 모든 상품에 조금씩 있으므로 여기서는 별도의 표시를 하지 않았다. 세부적으로 어떤 경우로 인해 시장 리스크나 신용 리스크가 생기는지는 이 책 전반에 걸쳐 설명되어 있으니 해당 상품에 대한 내용에서 정확히 확인해보자.

3장

완벽한 헤지란 없다

리스크는 추가적인 수익의 원천이 되기 때문에 반드시 나쁜 것만은 아니지만 그래도 인간의 본성이 손실을 싫어하기에 가능하면 리스크를 피하려고 한다. 리스크를 회피하는 방법 중 하나가 '헤지'라는 것이다. 헤지는 앞 장에서 언급한 3가지 리스크 중 주로 시장 리스크, 즉 가격 변동에 의해 발생하는 손실의 가능성을 줄이는 방법이다. 주식이나 금리, 환율과 같이 시장에서 결정되는 가격 변수는 미래에 어떤 방향으로 움직일지 알 수 없으며, 그렇기 때문에 가격 변동으로 인해 손실이 발생할 수도 이익이 발생할 수도 있고, 이것이 리스크의 요인이 된다. 만약 미래에 발생할 거래에 대한 가격을 지금 정할 수 있다면 어떨까? 그렇게 되면 장래 거래에서 발생할 가격의 불확실성이 사라지게 되며 이는 리스크가 없는 상태를 의미하게 된다. 바로 이렇게 미래의 가격을 고정시켜 놓는 것이 헤지의 기본 개념이다.

'헤지(hedge)'라는 단어를 영어사전에서 찾아보면 그 뜻이 '울타리'라고 나온다. 울타리를 쳐 위험에 대비한다는 의미가 확장되어 리스크에 대비한다, 리스크를 회피한다는 의미로 사용되고 있는 듯하다. 여기서는 주로 환율 변동 리스크를 회피하기 위한 '환(換)헤지'를 통해 헤지의 기본 개념을 설명하려고 한다. 헤지를 위해 사용할 수 있는 방법은 여러 가지가 있으나 개인투자자가 주로 사용하는 방법은 환헤지다. 환헤지에 대해 이해를 하고 난 후 다음 이야기를 진행해보자.

환헤지의 기본 개념

개인의 경우도 환헤지를 할 수 있지만 아무래도 이 방법을 많이 사용하는 곳은 외환 거래가 많은 기업들일 것이다. 수출기업의 경우는 기업의 손익이 환율에 의해서 많이 변동하게 된다. 환율의 의존도가 크다 보니 수출기업들의 경우는 사업계획을 세우기 전에 미리 환율을 전망하기도 한다. 물론 전망한 대로 환율이 움직이면 문제가 없겠지만, 그렇지 않은 경우 기업은 환율 변동에 따라 그 해의 사업 손익이 크게 달라지게 된다. 기업의 사장으로서는 주력 사업의 성과가 우수했음에도 환율로 인해 손실이 나는 상황이나 이익이 감소하는 상황을 좋아할 리가 없다. 그래서 이런 경우를 대비해 '환헤지'를 실시하게 된다. 원래 환헤지는 주로 수출기업이 환율 변동으로 인한 리스크를 관리하기 위해 사용한 수단이었으나, 해외 투자가 많아지면서 이제는 개인투자자들도 환헤지를 사용하게 되었다. 그렇다면 개인투자자의 입장에서 환헤지를 왜 하려고 하는지 생각해보자.

투자자 B씨가 금융위기 이전인 2006년 초반에 F역외펀드에 투자했다고 가정해보자(역외펀드가 무엇인지는 '우리가 잘못 알고 있던 금융상식들 10' 장에서 확인해보자). 가입한 시기에 이 펀드의 기준가는 10달러였다. B씨는 1년 후에 펀드를 되팔았으며, 이때 펀드 기준가는 15달러였다(참고로 펀드의 수량 단위는 '좌'이며 펀드의 기준가는 1좌당 가격이다). B씨가 1000좌를 매수했다면, 1만 달러에 사서 1만 5000달러에 팔았으므로 50%의 수익을 얻은 것이다. B씨가 미국에 산다면 이런 단순 계산이 가능하다. 그러나 B씨는 한국에 살고 있는, 원화로 생활하고 있는 투자자이다. 이 경우 처음 투자 시점에 투자 자금 1만 달러를 마련하기 위해 가지고 있던 원화를 달러로 환전해야 한다. 가입할 당시에 환율이 1000원이었다고 한다면 1000만 원을 환전했을 것이다. 그리고 매도한 시점의 환율이 800원이었다면, 매도 시점에 투자자가 손에 쥐게 되는 돈은 1200만 원(1만 5000달러×800원)이 된다. 그렇다면 수익률은 20%로, 위에서 계산한 달러 기준 수익률 50%보다 낮아진다.

사람들은 이런 상황을 좋아하지 않을 것이다. 중국주식에 투자했는데 중국주식이 올랐음에도 환율이 떨어져서 수익이 줄어드는 상황은 누구도 탐탁지 않을 것이다. 기업이 환율 변동으로 인해 사업 손익이 흔들리는 것을 싫어하는 것과 마찬가지다. 이러한 이유로 기업이 하는 것과 같은 '환헤지'를 개인투자자들도 시행하게 되는 것이다.

개념상 환율을 미리 정해놓으면 이러한 손실을 막을 수 있을 것이라고 생각한다. 그래서 개인투자자는 금융기관과 환율을 미리 정하는 계약을 맺는다. 개인투자자들이 가장 많이 하는 헤지 방식으로 '선물환 거래'라는 것이 있다. 선물환은 영어로는 'Forwards'라고 하는데, 이 말은 '미래로, 앞으로'라는 의미가 있다. 말 그대로 미래의 어느 시점에 정해진 환율로 정해진 만큼의 외환을 사고파는 거래를 의미한다. 개인투자자의 경우는 미래의 특정 시점(펀드를 환매하는 시점)에 달러로 받은 돈을 원화로 바꾸는 계약 즉, 선물환 매도(달러를 팔기 때문에 매도) 계약을 금융기관과 맺는다.

B씨가 1만 5000달러에 대해 만기 1년, 선도환율 1000원으로 선물환 매도 거래를 했다고 가정하면, 앞으로 1년 후에 B씨는 1만 5000달러를 은행에 1달러당 1000원에 팔아야 한다. 다시 말해 1년 후에 B씨는 은행에 1만 5000달러를 주고 1500만 원을 받게 된다. 그렇다면 B씨가 펀드를 매입하는 시점에 은행과 이러한 선물환 거래를 체결했을 때, 펀드 환매로 인한 수익은 어떻게 바뀔까? B씨는 펀드 환매 후 1만 5000달러를 받았고, 선물환 거래에 의해 이 1만 5000달러를 은행에 주고 1500만 원을 받는다. 초기 투자비 1000만 원이 1500만 원이 되었으므로 수익률은 50%, 펀드에서 거둔 수익률이 고스란히 나의 실제 수익률이 된다.

 선도환율을 확인하는 방법

선도환율은 거래 상대방과 정하면 되는 환율이지만, 현실적으로 은행이 제시하게 되고 선도환율의 결정 방식에 대한 지식이 없는 개인투자자는 대부분 은행이 제시한 환율을 수용하게 된다. 현실적으로는 그렇다고 하더라도 투자자는 은행이 너무 낮은 환율을 제시해 자신에게 불리한 것은 아닌지 반드시 확인해야 한다. 선도환율은 서울외국환중개㈜ 사이트(www.smbs.biz/ExRate/FutureExRate.jsp)에서 만기별로 확인 가능하다.

그런데 서울외국환중개에서 보여주는 환율은 월말에만 업데이트가 되므로 실시간으로 변동하는 환율을 반영하지는 않는다. 이 경우 기준환율(Reference Rate)을 현재의 환율로 바꾸고 스왑포인트(Swap Point)를 더함으로써 선도환율을 대략적으로 가늠해볼 수 있다. 아래 그림에서도 기준환율 1033.20원에 1년 스왑포인트 16.60을 더하면 통화선도환율 1049.80원이 나옴을 알 수 있다. 따라서 현재 환율이 1020원이고 1년짜리 선물환 매도를 한다고 하면 대략 1020원에 16.60원을 더한 1036.60원이 대략적인 통화선도환율이 될 것으로 짐작해볼 수 있다. 단, 실제 선물환 계약을 체결할 때에는 실시간 스왑포인트를 반영하지 않는다는 점, 그리고 거래 시 거래 비용이 발생한다는 점 등의 이유로 1036.60원으로 계약이 가능하지 않을 수도 있음을 감안해야 한다.

통화선도환율

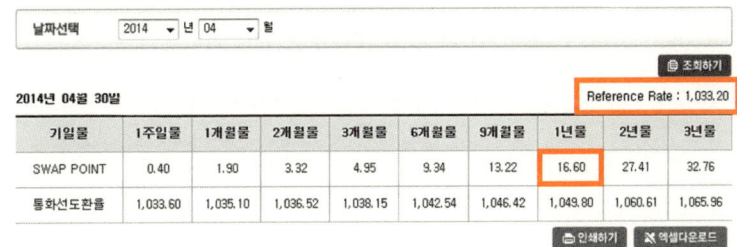

출처: 서울외국환중개㈜

환헤지,
무조건 좋을까?

이러한 방식으로 환율 변동에 의한 리스크를 없앨 수 있다니 놀랍다. 이제 외화로 표시된 상품을 거래할 때 환율로 인해서 머리가 아플 일이 없을 것 같다. 그렇다면 이제 리스크에 대한 고민은 모두 사라진 것인가? 그렇다면 얼마나 좋겠는가? 문제는 리스크를 완전히 없앨 수 없다는 점이다. 즉 '완전한 헤지란 존재하지 않는다.' 여기에는 여러 가지 이유가 있는데, 일단 헤지라는 것 자체에 비용이 들어간다는 점이다. 내가 싫어하는 리스크를 누군가에게 떠넘기는 것이 헤지라고 본다면 이를 위해 비용을 지불해야 한다는 것은 당연한 일이다. 이 헤지 비용을 고려한다면 환율을 고정시킴으로써 입지 않은 손해가 일정 부분 상쇄될 것이다. 또한 실질적으로 현실에서 '완전한 헤지'가 존재할 수 없는 이유들이 있다. 다음의 예를 살펴보자.

2008년도 후반, 우리는 역외펀드에 투자해 '깡통계좌'가 되었다는 기사를 많이 접해볼 수 있었다. 깡통계좌라 하면, 투자한 원금 이상의 손실을 보는 경우를 말한다. 펀드라 하면 상식적으로 생각해서 아무리 손실을 입어봤자 투자한 원금을 다 날리는 게 전부일 텐데, 어떻게 펀드를 샀는데 나중에 돈을 돌려받기는커녕 내가 추가로 돈을 더 내는 사태가 생길 수 있을까? 지금부터 투자자 H씨의 사례를 통해 어떤 경우에 깡통계좌가 될 수 있는지, 어떻게 해외투자와 환헤지를 통해 손실이 불어날 수 있는지에 대해서 설명하도록 하겠다.

2001년 당시 골드만삭스 자산운용의 짐 오닐 회장은 브라질, 러시아, 인도, 중국의 신흥국이 장차 세계 경제의 주도권을 잡을 것이라며 이들 국가를 브릭스(BRICs)로 명명하였다. 이들 국가 중에서도 성장의 중심에 있었던 중국 주식시장은 2000년 이후 급격히 성장하며 절대 후퇴할 것 같지 않은 모습을 보였다. 아래는 홍콩에 상장된 중국기업들을 대표하는 지수의 2000년 이후 흐름을 보여준다.

이런 흐름이라면 당연히 국내에서도 중국 시장에 관심을 가질 수밖에 없다. 2000년대 초중반 국내에 여러 가지 형태로 중국을 포함한 해외 주식

출처: http://finance.naver.com/world/sise.nhn?symbol=HSI@HSCE

시장에 투자할 수 있는 상품이 소개되며 투자자들의 자금이 몰리기 시작했다. 그러나 미국에서 시작된 서브프라임 모기지발 금융위기는 절대 물러설 것 같지 않던 중국 주식시장도 비켜갈 수 없었다. 아래의 그래프에서도 볼 수 있듯 중국주식은 바닥을 모르고 떨어졌다.

H씨는 2007년 후반에 중국 펀드에 투자해 큰 손실을 보았다. 그 이후 해외에 투자하는 상품이라면 무조건 손사래를 친다. H씨는 중국 펀드 투자가 생애 첫 주식 투자였다. 그전까지만 해도 공무원 생활 30년을 마치고 받은 퇴직금을 은행 예금에 넣어 이자를 받고 있던 중이었다. 그런데 과거와

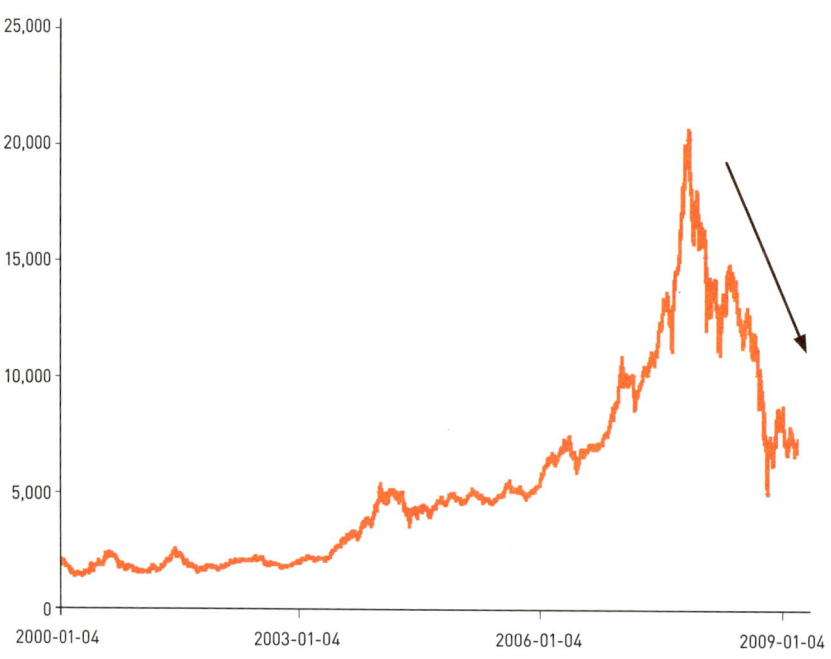

출처: http://finance.naver.com/world/sise.nhn?symbol=HSI@HSCE

다르게 너무 낮아진 예금 이자에 만족하지 못하고 있던 H씨는 은행에 갔다가 직원으로부터 중국 펀드를 권유받는다. 1년 전에 넣었더라면 수익이 2배 이상 되어 있었을 펀드라고 이야기한다. 중국은 과거에도 성장했지만 앞으로 계속 성장할 것이라고, 이제 국내에 투자해서는 답이 안 나온다고, 해외 시장에 투자해야 한다고 이야기한다.

실제로 주변을 둘러봐도 국내주식에 투자해서 돈 번 사람은 별로 없는 것 같았다. 이제 중국주식에 투자해야 하는 게 맞는 거 같다는 생각을 하게 된 H씨는 C역외펀드에 가입하게 된다. 펀드에 가입하고 나니, 은행 직원이 '환헤지'를 위해 선물환 계약을 해야 한다고 이야기한다. '환헤지'라는 말을 처음 들어본 H씨는 직원으로부터 설명을 듣는다. C역외펀드는 달러로 투자하기 때문에 환율이 낮아지면 손실을 볼 수 있다고 한다. 그래서 그 손실을 막기 위해 환헤지를 하는 거라고 한다. H씨는 중국주식에 투자하고 싶은 거지 환율에 투자하고 싶은 건 아니었다. 그리고 환율에 대해서는 직원이 오를 거라고 이야기하지도 않았고 과거에 오른 것도 아니었다.

어쨌든 환율로 인한 손실에 대한 걱정 때문에 H씨는 중국 투자 역외펀드에 가입하면서 은행과 선물환 계약을 체결하게 된다. 당시 H씨의 투자금은 1억 원. 그리고 1년 후 H씨는 원금보장은커녕 다른 통장에 있던 돈 500만 원을 은행에 추가로 납부하게 됐다.

왜 H씨는 펀드 투자로 돈을 벌기는커녕 생돈을 물어낼 수밖에 없었을까? H씨가 투자할 시점 C역외펀드의 기준가는 10달러였고, 총 1만 좌(총 10만 달러)를 매수했으며, 1달러당 1000원에 환전(총 1억 원)을 했다. 또한 은행 직원한테 안내받은 대로 환헤지를 위해 선물환 매도 계약을 체결했다.

총 달러 투자 금액인 10만 달러를 만기 1년 후 달러당 1000원에 팔기로 하는 계약이었다. 다시 말해 1년 후에 10만 달러를 팔고 1억 원을 받기로 약속하였다.

    1년이 지나고 선물환 만기가 되었다고 은행에서 연락이 왔다. 1년 후 C 역외펀드의 기준가는 3달러가 되어 있었고, 환율은 1500원으로 올라 있었다. 이 경우 선물환 만기 시점에 정산하는 방법은 두 가지가 있다. 계약 그대로 10만 달러를 은행에 주고 1억 원을 받거나, 10만 달러가 없다면 현재 환율 1500원에 10만 달러를 사고 1억 원을 받으면 된다. 두 번째 경우 은행에 10만 달러에 해당하는 1억 5000만 원에서 1억 원을 제한 5000만 원을 주면 된다. 펀드에서 이익이 났다면 펀드를 환매해서 이익금으로 은행에 5000만 원을 주면 되지만, 기준가가 10달러에서 3달러로 하락했기 때문에 환매한다고 해도 3만 달러밖에 받을 수 없다. 그리고 지금 환율은 1500원이므로 환전해도 4500만 원의 현금뿐이다. 따라서 은행에 줄 돈이 500만 원 모자라게 된 것이다.

    위의 사례에서 보면 H씨가 투자했던 시점의 펀드 기준가는 10달러이고, 환매한 시점의 기준가는 3달러이다. 즉 70%의 손실이 났다. 그렇다면 환헤지를 했으니 1억 원 원금 기준으로 생각하면 3000만 원이 남아 있어야 맞다고 생각할 수 있다. 그런데 남아 있기는커녕 500만원이 모자라는 상황이 발생하고야 만 것이다.

환헤지가
완전할 수 없는 이유

이처럼 환헤지가 완전할 수 없는 이유는 크게 세 가지다. 첫째, 내가 원하는 모든 통화를 헤지할 수는 없다. 이론상으로 선물환 거래는 한 쌍의 통화 간의 거래이기 때문에, 모든 통화 쌍에 대해 가능하지만 현실에서, 특히 한국 시장에서 거래가 되는 통화의 쌍이 그리 많지 않다. 둘째, 환헤지 계약을 체결해야 하는 시점에는 얼마의 금액으로 환헤지를 하느냐를 정확히 결정할 수 없다. 서두에 언급한 B씨의 경우 1만 달러를 투자하여 1만 5000달러를 벌었지만 선물환 계약은 투자 시점에 체결되기 때문에 미래에 내가 얼마나 환전을 해야 하는지 알기 어렵다. 셋째, 선물환 만기 시점을 가늠하기 어렵다. 국내에서 주로 외환 관련 거래를 하는 상품은 해외주식, 펀드, 금 관련 상품 등인데 이들 상품은 만기가 특정되어 있지 않은 상품들이다. 그렇기 때문에 투자 시점에는 언제 여기서 거둔 투자금을 환전할지를 모르는 경우가 많고, 따라서 선물환 만기 시점도 정하기 어렵다. 그럼 이제부터 구체적으로 이 세 가지 문제점이 환헤지에 어떻게 영향을 미치는지를 살펴보도록 하자.

첫째, 내가 원하는 통화로 헤지가 불가능할 때 생기는 문제다. 얼마 전 외국의 국채가 인기를 끈 적이 있었다. 국내채권에 비해 높은 수익률이 부각되며, 중위험 중수익 상품으로 꾸준한 관심을 받아오고 있다. 채권은 주식과는 달리 만기까지 보유한다고 가정할 때, 수익이 확정되어 있으므로 이론상으로는 완벽한 환헤지가 가능하다. 그러나 문제는 요즘 개인투자자를 대상으로 시중에 나오고 있는 해외채권은 대부분 신흥국 국채라는 것이다. 이 경우는 환헤지 비용이 너무 크기 때문에 환헤지가 사실상 어렵다. 예를 들어 헤알화로 표시된 브라질 채권에 투자하는 경우, 국내 투자자의 입장에서는 헤알화가 원화 대비 어떻게 변동하느냐가 수익에 영향을 미친다. 그런데 이 경우 투자자가 할 수 있는 선택은 환헤지를 전혀 하지 않거나, 원/달러에 대해서 환헤지를 하는 것이다(원/헤알화는 국내에서 거래가 원활하지 않다. 국내에서 그나마 활발히 거래되는 통화는 달러를 제외하면 엔, 유로, 파운드 정도이다. 그리고 달러를 제외한 나머지 통화는 원화를 일단 달러로 환전한 후, 달러를 그 해당 통화로 환전하는 것이기 때문에 원/헤알화로 직접 헤지하는 대신 원/달러에 대해 환헤지를 하는 것이다). 그러나 투자자가 확실히 알아야 할 점은

원달러 환율, 원헤알 환율의 변동

출처: info.finance.naver.com/marketindex

원/달러에 대해서 환헤지를 하는 경우에도 달러/헤알화에 대해서는 환율 변동으로 인한 리스크에 그대로 노출이 된다는 점이다. 86쪽의 그래프는 지난 3년간(2011년 7월~2014년 6월) 원/달러 환율과 원/헤알 환율의 움직임을 표시한 것이다. 두 환율 간의 움직임이 매우 상이함을 알 수 있다. 헤알화 표시 투자상품에 대해 원/달러 헤지를 실행할 경우 문제가 되는 경우는 헤알화가 달러에 대해 가치가 하락한 경우이다. 헤알화의 가치가 달러의 가치에 연계되어 있어 함께 움직인다면 원/달러 헤지를 실행해도 문제가 없을 것이다. 그렇지만 그래프에서 보듯이 두 통화는 서로 다르게 움직이기 때문에 원/달러 헤지는 원/헤알화 상품의 환율을 고정하는 효과가 별로 없다.

둘째, 정확한 금액으로 헤지를 하지 못할 경우에 발생하는 문제이다. B씨의 사례로 다시 돌아가자. B씨는 투자 시점에 1000만 원을 투자했다. 1년 후 시점에는 어떻게 되어 있을까? 펀드의 가치가 1만 5000달러가 될 것이라는 것을 투자 시점에 알 수 있었을까? 이를 모른 B씨는 초기 투자 자금인 1만 달러만 선물환 계약을 체결했다고 하자. 그리고 만기에 은행에 1만 달러를 주고 1000만 원을 받는다. 자, 그럼 B씨의 통장에 얼마나 남았을지 계산이 되는가? 펀드의 환매분 1만 5000달러에서 은행의 선물환 계약으로 1만 달러를 주고 남은 5000달러와 선물환 계약으로 받은 원화 1000만 원이 남아 있다.

선물환 계약을 체결했지만 1년 후에 원금을 제외한 수익인 5000달러에 대해서는 여전히 환 리스크에 노출되어 있다. 일단 B씨는 5000달러의 수익이 났으므로 이 돈을 원화로 환전했다. 환율이 1000원으로 변동이 없다면야 계좌에 총 1500만 원이 남아 있을 수 있겠지만, 펀드의 가치가 50% 변하

B씨의 투자 현금흐름

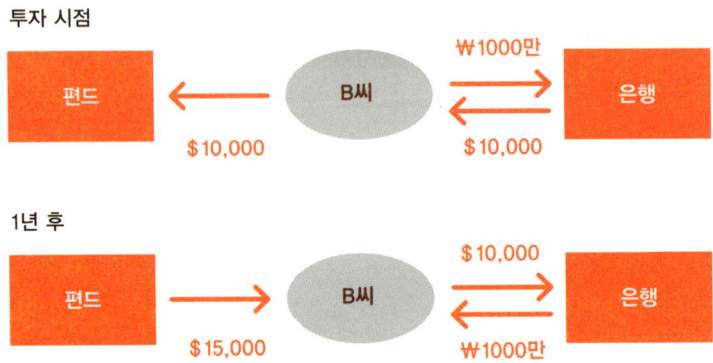

는 동안 환율이 가만히 있을 리가 없다. 만약 환율이 800원으로 낮아졌다고 가정하면, 1400만원이 통장에 남아 있게 된다. 즉, 수익률은 50%가 아닌 40%가 된다.

선물환 계약을 해서 완벽하게 환헤지가 될 줄 알았는데, 그렇지 않았다. 펀드에서 얻은 수익인 5000달러는 여전히 환율 변동 위험에 노출되어 있다. 여기서 우리는 환헤지를 해도 여전히 위험이 남아 있음을 알 수 있다. 그렇다면 금융전문가라고 완벽한 헤지를 할 수 있을까? 불가능하다. 해외 주식에서 완벽한 헤지를 하려면 그 주식이 얼마나 움직일지 알아야 한다. B씨의 경우 펀드의 가치가 1만 5000달러가 될 줄 알았다면, 선도환 계약 시 금액을 1만 5000달러로 했을 것이고, 선도환 만기에 달러를 남겨 환율에 노출되는 일이 없었을 것이다. 그러나 1년 후 주식시장을 예측하는 일은 신의 영역이다. 펀드에서 수익이 나면 그나마 다행이지만 손실이 발생하면 앞서 나온 H씨의 깡통계좌까지는 아니더라도 헤지를 하지 않은 상태보다 손실이 더 날 수도 있다.

　셋째, 투자금의 회수 시점과 선물환 만기가 일치하지 않을 경우에 발생할 수 있는 문제이다. 지금까지는 편의상 투자 기간을 1년으로 잡고 이야기했다. 투자 기간이 1년으로 고정되어 있다면 선물환 계약을 1년으로 했을 경우 만기 불일치 문제는 발생하지 않는다. 그러나 주식 투자에 있어서 투자 기간은 사전에 정해 놓지 않는 경우가 대부분이다. 예를 들어 1년 선물환 매도 계약을 했는데, 1년 후에 주가가 떨어져서 팔 수가 없었다. 주식을 팔지 않고(또는 펀드를 환매하지 않고) 계속 투자하고자 하는 경우 선물환 매도 계약을 다시 하지 않으면 환 리스크에 노출되게 된다. 그리고 다시 선물환 매도 계약을 했다고 하더라도 새로운 선물환 계약의 만기를 1년으로 했다고 하면, 새로운 만기 1년 이전에 펀드를 환매하게 될 때 선물환 매도 계약에 대해서도 언와인딩(unwinding, 만기 이전에 은행과 거래를 청산함)을 해야 한다. 선물환 계약의 만기는 반드시 1년이어야 하는 법은 없다. 원하는 만기로 은행과 체결하면 된다. 하지만 과연 적절한 선물환 계약의 만기를 알 수 있을까? 어려울 것이다. 그렇기 때문에 헤지도 완전할 수 없다.

　이처럼 투자상품과 헤지 계약의 불일치가 발생할 경우 헤지가 원하는 만큼의 효과를 거두지 못하며, 오히려 앞에서 살펴본 깡통계좌와 같이 예기치 못한 손실의 결과를 가져올 수도 있다. 여기에서 하고 싶은 말은 그렇기 때문에 헤지를 하지 말라는 것이 아니다. 헤지를 할지 말지 결정하기 전에, 헤지라는 것이 특정 조건이 완벽하게 갖춰져야만 100%의 효과를 발휘할 수 있음을 알아야 한다는 것이다. 환헤지라는 것 자체도 금융상품의 거래이기 때문에 리스크를 가지고 있다. 이 점에 대해서 사실 금융상품을 판매하는 창구에서 자세한 설명을 듣는 것은 쉽지 않다. 그렇기 때문에 환헤지를 완벽하게 할 수 있다는 것은 보기 드문 일이며 내가 투자하는 금융상품에 대해 환헤지의 효과를 최대로 하려면 어떻게 해야 하는지를 알아야 한다. 그렇지 않고 환헤지를 하는 경우 환헤지에 대한 비용은 비용대로 지불하면서 헤지 효과를 누리지 못할 가능성도 크기 때문이다. 일단 가장 중요한 세 가지는 통화, 금액, 만기를 가능하면 최대한 일치시키는 것이라는 점을 명심하자.

환 리스크를 피하는 다른 상품들

환율로 인한 위험을 회피하기 위한 금융상품은 이 외에도 다양하다. 각각 장단점이 있으니 자신에게 맞는 방법을 선택하자.

통화 선물

선물환 계약과 통화 선물은 개념적으로는 같다고 할 수 있다. 즉 일정 시점 이후에 일정 환율로 일정 금액을 사기로(혹은 팔기로) 약속한다는 점에서는 같다. 그러나 차이점은 선물환 계약은 상대방과의 1:1 계약인 반면, 통화 선물은 거래소를 통해서 나와 반대되는 방향의 거래를 찾아 체결되는 형태다. 앞에서 언급했던 상대방과의 1:1 계약을 우리는 '장외거래'라고 하고, 거래소를 통해서 거래하는 것을 우리는 '장내거래'라고 한다.

개인투자자가 선물환 계약을 한다고 하면, 거래 상대방은 항상 은행

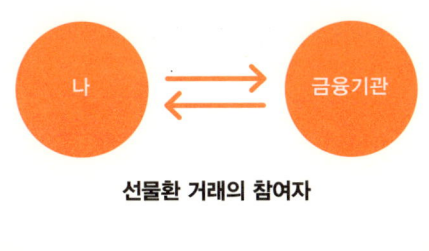

선물환 거래의 참여자

달러 선물 거래의 참여자

또는 증권회사 등 금융기관이 된다. 이 계약은 1:1 계약이므로 은행 또는 증권회사로부터 거래 조건을 받고 그에 대한 계약서를 주고받는다. 1:1 계약이므로 만기, 금액, 환율 등에 대해서는 쌍방 간에 정하면 된다. 반면 통화 선물은 주식에 투자하는 것과 같이 증권회사에 선물 계좌를 열고 거래하면 된다.

 거래소 홈페이지에서는 92쪽 표와 같이 미국 달러 선물의 체결가를 보여준다. 이 예에서 달러 선물은 만기가 2014년 7월 21일이고, 현재 가격이 1024.50원이다. 1만 달러 단위(거래승수)로 거래가 되기 때문에 10계약을 체결했다고 하면, 10만(10×10,000) 달러를 거래하게 되는 것이다. 통화 선물 거래의 내용은 이런 식으로 결정된다. 만기가 미리 정해져 있고, 거래가 활발한 종목(달러 선물에서 여러 종목이 존재하는 이유는 만기가 다양하기 때문이다. 따라서 거래 시에는 반드시 만기를 확인해야 한다)은 만기가 3개월 이내로 짧기 때문에 환헤지 기간과 맞지 않는 경우는 더 만기가 긴 선물로

미국 달러 선물 거래 상세

종목정보 _ 현재가정보

미국달러F 201407 [KR4175J70000]

미국달러F 201407 [KR4175J70000]

(2014/06/18 오후 1:23:23, 20분 지연 정보) (단위:원, 계약, %, p)

시간	13:03:06	종목	K175J7000
현재가 (전일대비)	1,024.50 (▲ 1.30)	기준가	1,023.20
거래량	39,580	현물가	0.00
거래대금 (백만원)	405,487	시장Basis	0.00
미결제약정	455,806	시장 Spread	0.00
시가	1,025.30	배당액지수	0.000000
고가	1,025.30	최고가 (일자)	1,030.00 (2014/05/09)
저가	1,024.00	최저가 (일자)	0.00 (-)
상한가	1,069.20	거래개시일	2014/05/09
하한가	977.20	최종거래일	2014/07/21
종목상장일	2014/01/21	잔존일수	34
거래승수	10,000		

시간	체결가	전일대비	체결수량
13:03:06	1,024.50	▲ 1.30	11
13:03:06	1,024.50	▲ 1.30	76
13:00:54	1,024.60	▲ 1.40	21
13:00:54	1,024.60	▲ 1.40	4
13:00:54	1,024.60	▲ 1.40	2
13:00:54	1,024.60	▲ 1.40	1
13:00:54	1,024.60	▲ 1.40	2
13:00:44	1,024.50	▲ 1.30	50
13:00:31	1,024.50	▲ 1.30	1
13:00:31	1,024.50	▲ 1.30	23
13:00:31	1,024.50	▲ 1.30	1
13:00:31	1,024.50	▲ 1.30	36

출처: 한국거래소(KRX) www.krx.co.kr

교체(롤오버)해야 하는 번거로움이 있을 수 있다. 하지만 선물환 계약은 거래 상대방이 계약을 이행하지 못할 리스크가 있는 반면, 통환 선물은 모든 거래가 한국거래소(KRX)를 통해 이루어지므로 계약 불이행의 위험이 없다.

달러 선물 인버스 ETF

통화 선물이 가지고 있는 가장 큰 번거로움은 만기 이전에 롤오버(Roll-Over)를 해야 한다는 점이다. 이 번거로움을 덜어줄 수 있는 상품이 달러 선물 ETF 및 달러 선물 인버스 ETF라고 할 수 있다. 달러 선물 ETF는 달러 선물을 매수한 것과 같은 수익을 추종하는 상품이며, 달러 선물 인버스 ETF는 달러 선물을 매도한 것과 같은 수익을 추종하는 상품이다. 해외 상품에 투자하는 경우, 환헤지 용도로는 달러 선물 인버스 ETF가 이용될 수 있을 것이다. 통화 선물에 비해 롤오버의 번거로움을 덜어주는 장점이 있지만 아직까지는 거래량이 많지 않다는 것이 단점이다. 거래량이 적기 때문에 발생할 수 있는 리스크에 대해서는 '만기 이전에 돈이 필요해진다면' 장에서 확인해보자.

환헤지 비율에 따른 수익률의 변화

환헤지 비율에 대한 설명에 앞서 역내펀드인 해외펀드와 역외펀드의 차이에 대해서 알아보도록 하겠다. 예를 들어 중국주식형 펀드로 해외펀드와 역외펀드가 있다고 가정해보자. 이 경우 일단 투자 대상이 중국주식이라는 점에서는 같다. 차이점은 역내펀드인 해외펀드는 국내에 설정이 되어 있고, 역외펀드는 해외에 설정이 되어 있다는 점이다. 역외펀드는 쉽게 생각하면 해외에서 펀드를 수입해서 국내에 판매한다고 생각하면 이해가 쉬울 것이다(자세한 사항은 '우리가 잘못 알고 있는 금융상식 10' 장을 참고하라). 따라서 대체로 해외펀드는 원화로 표시되어 있는 반면, 역외펀드는 달러 등 해외 통화로 표시되어 있는 경우가 많다. 내수제품을 살 때에는 원화가 필요하고 수입제품을 직접 구매시 달러가 필요하듯이, 역외펀드에 투자하려면 달러 또는 해당 국가의 통화로 투자해야 한다. 그렇기 때문에 역외펀드 투자자에게 환헤지는 투자자 본인의 몫이다. 국내에 설정된 해외펀드의 경우는 본인이 투자하려는 펀드가 '환헤지형'인지 '환노출형'인지 살펴봐야 한다. 펀드 내에서 환헤지가 시행되는 '환헤지형'인 경우에도 환헤지 비율 및 방식은 펀드매니저의 재량으로 결정된다. 따라서 투자설명서 등을 통해 환헤지 비율을 확인해봐야 한다.

환헤지 비율이란 내가 가지고 있는 외화자산에서 헤지가 된 자산의 비중을 의미한다. 환헤지 비율이 50%라면 내 외화자산 중 절반이 환헤지가 되어 있고, 나머지는 환율에 노출되어 있다고 이해하면 된다. 예를 들어 달러 자산이라면 환율이 오르면 추가 수익이 날 것이고, 환율이 떨어지면 추가 손실이 날 수 있다.

아래 그래프는 2012년 이후 일본을 대표하는 니케이 지수와 원엔 환율 추이를 보여준다. 2012년 이후는 일본 아베 총리의 엔저 정책에 의해 일본 주식시장은 상승, 엔화는 하락하는 모습을 보였다. 2012년 1월 2일부터 2014년 5월 13일까지 니케이 지수는 약 70% 상승했고, 원엔 환율 측면에서는 엔화가 약 30% 절하되었다. 이 기간 동안 같은 1억을 투자했다는 가정하에 니케이 지수에 투자하면서 완벽하

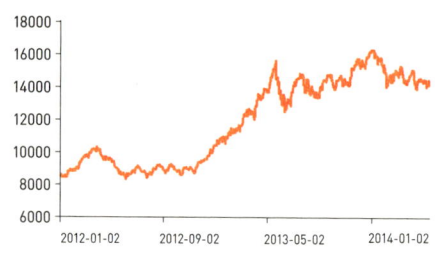

니케이 지수 추이
출처: http://info.finance.naver.com/marketindex/

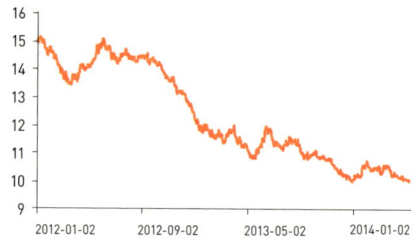

원엔 환율 추이
출처: http://finance.naver.com/world/

게 환헤지를 한 경우와 전혀 환헤지를 하지 않아 원엔 환율에 노출된 경우의 수익을 비교해보면 아래 그래프와 같다.

완벽하게 환헤지를 했을 경우는 7000만 원 가량의 수익을 얻는 반면, 환헤지를 전혀 하지 않았을 경우는 약 1300만 원의 수익을 얻게 된다. 환헤지 비율을 어떻게 가져가느냐에 따라서 수익이 엄청나게 달라질 수 있음을 알 수 있다.

아래 두 그래프를 보자. 자세히 보면 이상한 점이 발견된다. 100% 환헤지를 한 경우의 원화평가 금액이 환헤지를 전혀 하지 않은 경우의 원화평가금액에 비해 변동성이 크다는 점이다. 헤지가 변동성을 줄이는 일이라고 했는데 어째서 이런 일이 발생했을까? 여기서 이러한 현상이 발생된 이유는 헤지가 전체 자산(니케이 지수와 원엔 환율)에 대해서 수행된 것이 아니라 환율 변동에 대해서만 수행되었기 때문이다. 94쪽의 니케이 지수 추이와 원엔 환율 추이를 살펴보면 특이한 점이 있다. 두 그래프가 서로 반대 방향으로 움직인다는 점이다. 니케이 지수가 상승할 때, 엔화의 환율을 떨어졌기 때문에 원화로 환산한 자산의 가격은 니케이 지수의 상승폭보다 덜 움직이게 된다. 헤지를 한 경우는 니케이 지수의 움직임과 동일한

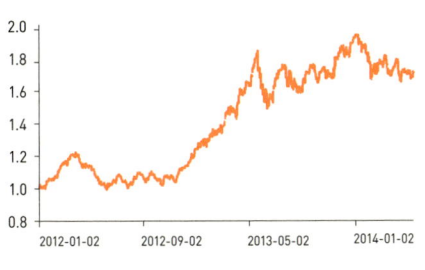

완벽한 환헤지를 가정했을 경우

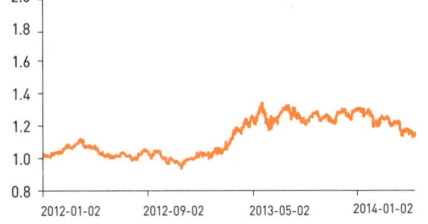

환헤지 비율이 0%일 경우

폭으로 움직였는데, 헤지를 하지 않은 경우는 니케이 지수의 상승폭을 환율이 반대로 움직이면서 상쇄시킨 것이다. 반대로 지수가 하락했을 때는 환율이 높아지면서 원화 환산가치를 밀어 올린다. 이러한 현상을 일반화해서 말하자면 투자 대상 해외자산(이 경우에는 니케이 지수)의 등락과 환율(원/엔 환율)의 등락이 반대로 움직일 때는 환헤지를 한 경우가 하지 않은 경우보다 원화자산의 가격변동폭이 크게 움직인다. 반대로 해외자산의 가격 등락과 환율의 등락이 같은 방향으로 움직이면 환헤지를 한 경우 원화자산의 가격 변동이 환헤지를 하지 않은 경우보다 작아진다. 자산의 가격과 환율은 항상 반대 방향으로, 또는 같은 방향으로 움직이는 것이 아니다. 어떤 자산과 환율의 조합이냐에 따라서, 또는 시기에 따라서 주가와 환율이 같은 방향으로 움직일 수도 있고 다른 방향으로 움직일 수도 있다. 따라서 경우에 따라 헤지로 인해 수익도 축소되고 손실도 축소되는, 즉 수익의 변동성이 작아지는 결과를 낳을 수도, 반대의 결과를 낳을 수도 있는 것이다.

NO FREE LUNCH!

4장

리스크, 피하지만 말고 이용하라

앞에서 리스크가 높은 상품이 반드시 나쁜 상품을 의미하는 것은 아님을 배웠다. 또한 자신의 투자 성향상 리스크가 싫다면 여러 가지 상품을 통해 헤지를 할 수 있지만, 이 헤지에도 어느 정도의 한계가 있음을 배웠다. 하지만 리스크는 꼭 회피해야만 하는 것이 아니며 오히려 적극적인 투자자라면 리스크를 이용해 더 높은 수익을 올릴 수도 있다. 그렇다면 어떻게 적극적으로 리스크를 이용할 수 있을까?

리스크를 적극적으로 활용하기 위해서는 자신의 투자 스타일을 먼저 점검해봐야 한다. 이 세상 어떤 투자자도 본인이 투자한 원금에 손실이 발생하는 것을 쉽게 받아들일 수는 없을 것이다. 어찌 보면 이는 인간의 당연한 본성이라 할 수 있다. 그럼에도 불구하고 많은 투자자들이 위험자산에 투자한다. 이를 어떻게 봐야 할까?

자신의 재산이나 수입에 맞지 않게 과소비하는 것이 위험한 것처럼, 자신의 투자 성향에 맞지 않게 투자하는 것은 매우 불행한 결과를 초래할 수 있다. 특히 우리나라는 투자상품의 쏠림 현상이 심한 편이다. 옆 친구가 어디 투자해서 수익을 얻었다고 하면 나의 투자 성향과는 상관없이 무조건 투자하는 경우가 많다. 또한 2009년 이전에는 금융기관에서도 투자자들의 성향에 맞지 않는 금융상품을 소개하는 경우가 잦았다. 예를 들면 일정한 소득이 없이 퇴직금으로 생활하는 사람들에게 주식 투자를 권유한다든가, 중국주식에 투자를 권유한다든가 하는 것이다. 물론 최근에도 본인의 투자 성향에 맞지 않게 투자하는 경우를 볼 수 있으나, 요즘 투자자들은 자신의 투자 성향을 스스로 파악해 결정하는 경우가 많은 편이다. 올바른 투자를 위해서는 자신에게 맞는 상품을 선택하는 것이 매우 중요하며, 자신에게 맞는지 여부는 투자 성향을 체크하는 리스트 등을 통해 어느 정도 확인해볼 수 있다. 현재 은행·보험·증권사들은 금융투자협회가 정한 표준투자권유 준칙에 따라 자체적으로 고객의 투자 성향을 5단계로 분류해, 고객 성향에 맞는 위험도의 상품을 권유하도록 하고 있다. 금융상품에 투자하고자 했던 투자자라면 다음과 비슷한 내용의 질문지를 받아본 적이 있을 것이다.

일반투자자 투자 정보 확인서

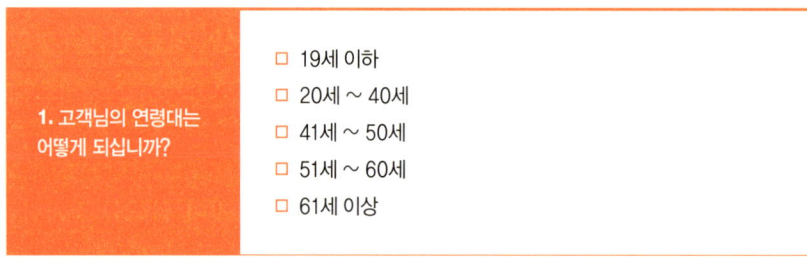

2. 고객님께서 투자하고자 하는 자금의 투자 가능 기간은 얼마나 되십니까?	☐ 6개월 미만 ☐ 6개월 이상 ~ 1년 미만 ☐ 1년 이상 ~ 2년 미만 ☐ 2년 이상 ~ 3년 미만 ☐ 3년 이상
3. 다음 중 고객님의 투자 경험과 가장 가까운 금융상품은 어느 것입니까? (중복응답 가능)	☐ 은행 예·적금, 국채, 지방채, 보증채, MMF, CMA 등 ☐ 금융채, 신용도가 높은 회사채, 채권형 펀드, 원금보장형 ELS 등 ☐ 신용도 중간 등급의 회사채, 원금의 일부만 보장되는 ELS, 혼합형 펀드 등 ☐ 신용도가 낮은 회사채, 주식, 원금이 보장되지 않는 ELS, 시장수익율 수준의 수익을 추구하는 주식형 펀드 등 ☐ ELW, 선물옵션, 시장수익율 이상의 수익을 추구하는 주식형 펀드, 파생상품 펀드, 주식 신용거래 등
4. 고객님께서는 금융상품 투자에 대한 본인의 지식 수준이 어느 정도라고 생각하십니까?	☐ **매우 낮은 수준** 투자 의사결정을 스스로 내려본 경험이 없는 정도 ☐ **낮은 수준** 주식과 채권의 차이를 구별할 수 있는 정도 ☐ **높은 수준** 투자할 수 있는 대부분의 금융상품의 차이를 구별할 수 있는 정도 ☐ **매우 높은 수준** 금융상품을 비롯해 모든 투자 대상 상품의 차이를 이해할 수 있는 정도
5. 고객님께서 투자하고자 하는 자금은 고객님의 전체 금융자산(부동산 등을 제외) 중 어느 정도의 비중을 차지합니까?	☐ 10% 이하 ☐ 10% 초과 ~ 20% 이하 ☐ 20% 초과 ~ 30% 이하 ☐ 30% 초과 ~ 40% 이하 ☐ 40% 초과

6. 다음 중 고객님의 수입원을 가장 잘 나타내는 것은 어느 것입니까?	☐ 현재 일정한 수입이 발생하고 있으며, 향후 현재 수준을 유지하거나 증가할 것으로 예상 ☐ 현재 일정한 수입이 발생하고 있으나, 향후 감소하거나 불안정할 것으로 예상 ☐ 현재 일정한 수입이 없으며, 연금이 주 수입원임
7. 고객님의 투자 원금에 손실이 발생할 경우 다음 중 고객님이 감내할 수 있는 손실 수준은 어느 수준입니까?	☐ 무슨 일이 있어도 투자원금은 보전되어야 한다 ☐ 투자원금에서 최소한의 손실만을 감수할 수 있다 ☐ 투자원금 중 일부의 손실을 감수할 수 있다 ☐ 기대 수익이 높다면 위험이 높아도 상관하지 않겠다

출처: 금융투자협회 표준투자권유준칙

    금융기관은 질문지의 결과에 따라서 고객의 투자 성향을 안정형, 안정추구형, 위험중립형, 적극투자형, 공격투자형의 5단계로 나누고 고객의 투자 성향에 맞는 금융상품을 소개하도록 되어 있다. 금융기관의 입장에서는 고객을 알고 고객에 맞는 상품을 소개하고자 할 때 이용할 수 있는 자료라고 할 수 있다. 투자사의 투자 스타일이 공격투자형이라면 예금만이 정답이 아니고, 적절한 위험을 가진 자산에 투자함으로써 고수익을 기대해볼 수 있을 것이다.

    금융상품이 가지고 있는 위험을 피하는 것이 항상 좋은 것은 아니다. 계속해서 살펴봤듯이 리스크라는 것은 금융상품이라면 필연적으로 동반할 수밖에 없어 피하기 어렵고, 리스크는 고수익을 얻을 수 있는 근원이 되기 때문이다. 본인의 투자 성향이 공격적이라면 투자 성향에 맞는 정도의 위험을 가진 금융상품에 투자함으로써 고수익의 기회를 얻을 수 있다.

투자 성향에 맞지 않는 투자의 예

● **60대 연금생활 투자자가 원금이 보장되지 않는 형태의 ELS/DLS에 투자한 경우**

ELS/DLS는 원금 비보장 가능성이 있기 때문에 높은 쿠폰을 제공할 수 있는 것이다. 원금 비보장 가능성의 정도는 상품의 구조마다 차이가 있겠지만, 본인의 원금에서 손실이 발생하는 것을 원하지 않는 투자자에게는 적합한 상품이 아니라고 할 수 있다.

● **20대의 월급생활자로 초기 투자 자금을 마련하려고 하지만 적금 외에 투자상품이 없는 경우**

이 투자자는 지금 생활에 필요하지 않는 자금, 즉 투자 자금을 마련하는 것이 목표이며, 향후 꾸준한 근로소득이 있을 것으로 예상되며 앞으로 예상되는 투자 기간이 길기 때문에 고수익을 목표로 다소 리스크를 감수하는 상품에 투자금의 일정 부분을 배분하는 것이 적정해 보인다.

● **원금손실을 싫어하는 투자자가 롱숏 펀드에 투자한 경우**

롱숏 펀드란 주가가 오를 것 같은 종목을 매수하고, 상대적으로 덜 오를 것(또는 하락할 것)으로 예상되는 종목을 매도함으로써 포트폴리오 전체적으로는 시장에 대한 위험은 줄이고 절대 수익을 추구하는 펀드를 말한다. 주가지수의 오르내림에 상관없는 수익을 추구하는 펀드인 것은 맞지만 오를 것으로 예상되어 매수했던 종목이 오르지 않거나, 떨어질 것으로 예상되었던 종목이 너무 많이 오른다거나 하는 경우에는 원금손실이 발생할 수 있으므로 원금손실을 싫어하는 투자자에게는 적합한 투자가 될 수 없다.

만약 자신의 투자 성향을 공격적으로 리스크를 감수하는 스타일이라고 판단했다면, 더욱더 리스크와 수익을 높일 수 있는 방법들이 있다. 레버리지 투자라는 것을 활용하거나 리스크를 줄이기 위한 헤지 상품을 자신이 직접 판단해본 후 추가 가입하지 않는다든지 하는 방법이다. 우선 레버리지 투자를 중점적으로 살펴보자.

레버리지(leverage)의 사전적 의미는 '지렛대'이다. 지렛대를 이용하면 작은 힘으로도 무거운 돌을 들 수 있다. 이와 같이 투자에 있어서 레버리지란 투입된 투자 금액에 비해 높은 수익률을 올릴 수 있는 종류의 투자를 말한다. 레버리지 투자는 높은 수익률을 기대할 수 있는 만큼 리스크도 일반 상품에 투자하는 것에 비해 크다. 여기에서는 레버리지 투자에 사용할 수 있는 상품으로 선물과 옵션 등의 장내파생상품과 레버리지 ETF라는 것을 알아보도록 하겠다.

공격적 투자자의 선택, 선물과 옵션

장내파생상품이라는 것은 시장 내, 즉 거래소에서

거래되는 파생상품을 말하는데 대표적인 것이 선물과 옵션이다. 여기에서는 가장 거래가 활발한 주가지수 선물과 옵션을 예로 들어 설명하겠다. 선물(futures, 先物) 거래란 만기에 기초자산을 특정 가격에 사기로(혹은 팔기로) 약속하는 거래를 말한다. 주식 투자와 비교해보면, 주식 투자는 사기로 한 시점에 투자 자금을 지급해야 하지만, 선물은 당장에 그만큼의 돈이 필요하지 않다. 왜냐하면 지금 당장 사기로 한 것이 아니기 때문이다. 또한 미래 시점의 자산을 사고파는 거래이기 때문에 주식과 다르게 만기가 있다. 선물은 만기가 되면 만기 시점의 주가로 수익이 결정된다.

어떤 물건을 사러 상점에 갔는데 지금 현재 그 물건이 없다고 가정해보자. 그런데 그 물건이 한 달 뒤에 들어온다고 상점 주인이 얘기한다면, 여기서 선물 거래가 일어날 수 있다. 한 달 뒤에 그 물건을 1만 원에 사기로 약속을 했다고 하자. 그러면 나는 당장 그 주인한테 1만 원을 주지는 않을 것이다. 왜? 물건을 꼭 내가 사게 된다는 보장이 없기 때문이다. 그렇다면 주인 입장에서는 무작정 그 고객을 위해서 물건을 다른 사람한테 안 팔고 기다릴 수는 없을 것이다. 그렇기 때문에 주인은 일정한 금액(증거금)을 받고 한 달 뒤에 물건을 팔기로 약속한다. 이것이 금융시장에서 말하는 선물 거래이다.

그렇다면 선물 거래에서 어떻게 레버리지가 발생할 수 있을까? 선물 거래는 위에서 설명한 것처럼 일정 수준의 증거금이 필요하다. 이 증거금이란 상대방이 만기에 결제를 하지 않을 가능성에 대비해 쌓아놓는 일종의 보증금 같은 것으로 생각하면 된다. 예를 들어 투자자가 코스피200 선물 매수를 했다고 가정해보자. 만기는 1개월 후이고, 선물 계약의 내용은 1개월 후에 코스피200지수를 1000만 원에 사기로 하는 내용이었다고 하자. 만기에 사기로 약속했기 때문에 현재 돈을 지불할 필요는 없다. 그러나 만기에 매수자가 지불하지 않을 가능성에 대비해 보증금의 형태로 일정 부분을 예치해놓아야 한다. 이것을 증거금이라고 한다. 즉 투자자는 지금 당장 1000만 원이 없더라도 코스피200지수에 투자할 수 있는 것이다. 예를 들어 증거금을 20%만 예치해놓아도 된다면, 200만 원만 예치해놓고 1000만 원을 코스피200에 투자한 것과 같은 수익을 얻을 수 있다. 단, 증거금율은 거래 대상마다 조금씩 다르므로 거래하기 전에 증권사를 통해서 미리 확인해야 한다.

자, 만기인 1개월 후에 이 선물 계약은 어떻게 될까? 1개월 후 코스피200지수가 1000만 원 보다 높은 1100만 원이라고 가정하면, 투자자는 1000만 원에 사기로 약속했으므로 100만 원의 수익을 얻게 된다. 이 경우 투자자가 지불해야 할 돈은 없다. 투자금으로 생각하면 1000만 원을 투자한 것이 아니라 200만 원을 투자했으므로 50%(200만 원을 투자하여 100만 원의 수익을 거둠)의 수익률을 거두었다. 만약에 선물 투자가 아니라 코스피200지수를 현물 시장에서 그냥 1000만 원을 주고 샀다고 가정하면 1000만 원을 투자하여 100만 원의 수익을 얻었으므로 10%의 수익을 얻은 것이다. 이것이 선물 투자에서의 레버리지 효과이다. 손실에서도 레버리지 효과는 마찬가지로 나타난다. 만약 1개월 후 코스피200지수가 800만 원이 된다면 투자자는 800만 원짜리를 1000만 원에 사기로 했기 때문에 200만 원의 손실을 입었다. 이 경우에는 200만 원의 투자원금 전액이 손실을 입게 되며, 코스피200지수가 800만 원 이하로 떨어지면 투자자는 투자원금 이외에도 추가로 돈을 물어내야 되는 사태가 생긴다(일일정산이라는 제도가 있어서 만기에 한꺼번에 손실을 납부하지는 않지만 누적손실금액을 다 합치면 그렇게 된다). 오를 때 다른 상품에 투자하는 것보다 몇 배 기쁨을 누렸다면, 떨어질 때는 몇 배의 아픔을 참아야 하는 것이 레버리지 투자의 속성이다.

선물과 함께 장내파생상품으로 분류되면서 거래소에서 거래되고 있는 상품으로 옵션(option)이 있다. 이 상품도 적은 금액으로 큰 수익의 변동 효과를 누릴 수 있다는 점에서 레버리지 투자의 상품으로 활용될 수 있다. 옵션이란 미래 특정 시점에 특정 가격으로 상품을 사거나 팔 수 있는 권리를 의미한다. 권리라는 말만 제외하면 선물과 매우 유사하다. 하지만 이 권리라는 말이 옵션의 특성을 규정하는 중요한 의미를 지닌다. 구체적인 상품을 예로 들어서 옵션이란 무엇인지를 살펴보자. 한국거래소에서 거래되는 상품 중 다음과 같은 상품이 있다.

종목명: 코스피200 C 201407 260.0
상품 종류: 콜옵션
만기일자: 2014년 7월 10일
옵션 가격: 3.50
기초자산: 코스피200
행사 가격: 260

출처: 한국거래소(KRX) www.krx.co.kr

이 상품은 만기일인 2014년 7월 10일에 기초자산인 코스피200이 얼마를 기록하느냐에 따라 주고받는 돈이 결정되는 상품이다. 콜옵션(call option)이라는 것은 상품을 살 권리이며, 반대로 상품을 팔 권리를 의미하는 풋옵션(put option)이라는 것이 있다. 내가 이 종목 1단위를 샀다고 했을 때 투자원금과 만기의 수익을 살펴보자. 옵션은 각 종목마다 권리를 사고파는 가격이 시장에서 정해진다. 이 종목은 오늘 가격이 3.50이었으며 내가 이 옵션을 살 때 지불해야 하는 금액은 거래승수 50만 원을 곱한 175만 원이다. 만약 만기일에 코스피200의 종가가 260이었다고 가정해보자. 그렇다면 나는 260짜리 상품을 260에 살 수 있다. 사나 사지 않으나 별 차이가 없다. 받는 돈은 0이다. 하지만 만약 만기일에 코스피200의 종가가 270이라면 어떻게 될까? 270짜리 상품을 260에 살 수 있으니 나는 10만큼 이익이다. 따라서 내가 받게 되는 돈은 이익 10에 거래승수 50만 원을 곱한 500만 원이 된다. 최초의 투자원금 175만 원을 고려하면 수익률이 무려 186%이다. 그럼 만약 만기일에 코스피200의 종가가 250이라면 어떻게 될까? 250짜리를 260이나 주고 사는 거니까 10만큼 손해다. 그러나 여기서 생각할 점은 옵션은 '권리'라는 것이다. 권리는 행사해도 되고 행사하지 않아도 된다. 따라서 손해가 될 상황에서는 행사하지 않으면 된다. 코스피200의 종가가 250이라면 손해를 보기 때문에 권리를 행사하는 대신, 권리를 포기하면 된다. 그렇다면 나의 손실은 초기의 투자원금인 175만 원이 된다. 이와 같이 옵션을 **살 경우 최대로 발생할 수 있는 손실은 옵션을 행사하지 못할 경우에 발생하**는 손실인 투자원금 전액이며, 최대로 발생할 수 있는 수익은 주가 수준에 따라 다르지만 이론상으로는 무한대이다.

선물의 경우는 선물을 사거나 팔거나 리스크 속성이 크게 다르지 않다. 사는 경우는 주가가 떨어지면 손해를 보고 파는 경우는 주가가 오르면 손해를 보는 방향상의 차이는 있지만, 내가 선물을 사는 시점의 선물 가격과 만기 시점의 주가지수의 차이의 정도가 손익이 된다는 점에서는 사거나 팔거나 동일하다. 하지만 옵션의 경우는 사는 경우와 파는 경우의 리스크의 속성이 상당히 다르다. 앞에서 살펴본 바와 같이 옵션을 사는 경우, 손실은 내가 투자한 원금으로 한정이 되어 있는 반면, 수익은 상당한 규모까지 커질 수가 있다. 어떤 경우에든 사는 사람의 이익은 파는 사람의 손실이며, 사는 사람의 손실은 파는 사람의 이익이다. 옵션의 경우도 마찬가지여서 파는 사람의 수익은 옵션을 팔아서 얻은 금액(옵션 가격×거래승수 50만 원)으로 한정되는 반면, 손실은 무한정으로 커질 수도 있다.

옵션의 수익 구조

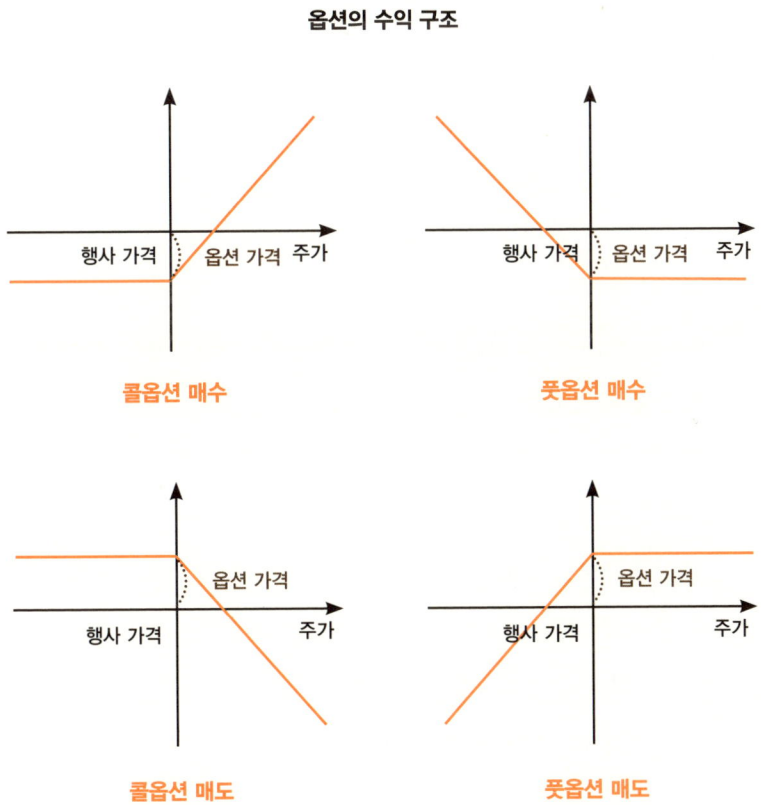

이처럼 옵션이라는 상품은 매수자에 비해 매도자의 리스크가 더 큰 상품이라고 하겠다. 경우에 따라서는 매도자가 초기에 투자한 원금의 몇 배나 되는 돈을 물어내야 하는 경우도 생긴다. 앞의 그림(111쪽)은 콜옵션과 풋옵션을 매수했을 때와 매도했을 때, 만기 시점의 주가 수준에 따라 어떻게 손익이 달라지는지를 나타낸 것이다.

옵션이 권리를 사고파는 것이라고 하면 권리를 가진다는 것은 큰 이점이다. 반대로 말해 권리를 판다는 것은 큰 이점을 타인에게 넘기는 것이다. 그렇다면 이렇게 이익은 한정되어 있고 손실은 어마어마해질 수 있는 옵션 매도 거래를 하는 사람은 무엇을 기대하고 이런 거래를 하는 걸까? 우선 옵션이 행사될 가능성이 매우 낮다고 생각하는 경우다. 옵션이 행사되지 않는다면 옵션을 매수한 사람은 권리를 행사하지 않기 때문에 만기 시에 아무 일도 발생하지 않고 그렇다면 매도자는 옵션을 파는 시점에 받은 돈이 고스란히 자기의 이익이 된다. 만기에 옵션 행사 가능성이 매우 낮다고 판단하면 이것을 노릴 수 있다. 또 한 가지 경우는 옵션의 만기가 되기 전에 매도한 물량을 청산하는 '전매수거래'를 통해 이익을 얻는 것이다. 그렇게 되면 매도한 가격과 전매수 가격의 차이가 옵션 매도자의 손익이 된다.

이처럼 옵션은 굉장히 복잡한 상품이다. 옵션의 수익 구조 그림에서 보듯이 옵션은 선형적인 상품이 아니기 때문에 이로 인해 여러 복잡한 문제가 발생한다. 옵션의 매수는 일반적인 금융상품에 비해 리스크가 크긴 해도 손실이 제한적이지만 옵션의 매도는 리스크가 매우 크며 엄청난 손실을 가져올 수 있다는 점에 반드시 유의하자.

옵션 매도의 함정

옵션의 매도라는 투자 전략은 매우 큰 손실을 불러올 수 있음에도 이러한 전략을 전문적으로 사용하는 투자자도 있다. 행사될 가능성이 별로 없는 옵션(행사될 가능성이 없기 때문에 가격이 매우 싸다)을 매도하면 판 옵션의 가격만큼이 내 수익으로 돌아오기 때문이다(옵션 한 계약당 가격이 싸기 때문에 대량의 옵션을 팔아야 어느 정도 수익이 된다). 이 전략은 주가가 예상한 범위대로 움직일 때에는 문제가 없다. KRX에서 주로 거래되는 옵션은 기초자산이 코스피200이며, 이 지수는 비교적 안정적인 편이다. 문제는 이 지수가 갑자기 예상 범위를 크게 초과해서 움직일 때 발생한다.

일례로 2001년 미국에서 9·11사태가 일어났을 때를 보면, 그다음 날인 9월 12일 한국의 주식시장은 9·11사태의 여파로 코스피200지수가 전일의 66.55에서 58.59로 무려 11.96%나 하락했다. 코스피200지수의 급락은 이를 기초로 하는 장내옵션에도 엄청난 영향을 미쳤는데, 행사가가 60이며 다음날인 9월 13일에 만기가 도래하는 풋옵션의 가격은 전일의 0.01에서 3.00으로 무려 300배나 상승했다. 풋옵션을 매수한 사람은 전일에 비해 300배에 해당하는 수익을 얻었지만 매도한 사람은 이와 반대로 300배에 해당하는 손실을 입게 된 것이다. 100만 원 어치 옵션 매도 포지션을 가지고 있던 사람은 3억 원에 가까운 손실을 입었다.

이외에도 일명 '도이치 사태'라고 불리는 2010년 11월 11일 발생한 주가 폭락으로 인해 모 자산운용사가 900억 원에 가까운 손실을 입었고, 결국은 그 사건의 여파로 인해 시장에서 퇴출된 사건도 옵션의 대량 매도로 인한 것이었다. 옵션의 만기

일이었던 이 날 도이치증권이 장 종료 즈음 주식을 대량(1조 6000억 원 가량)으로 매도하면서 지수가 3%에 가깝게 하락했고, 풋옵션 매도 포지션을 취했던 투자자들은 엄청난 손실을 입었다. 특히 만기일의 옵션 거래 시간이 종료된 이후의 일이어서 투자자들은 대응조차 할 수 없었다. 물론 이 사건은 비정상적인 일이었지만 옵션 매도가 얼마나 위험할 수 있는지를 보여주는 사건이라 하겠다.

ELW와 WR

옵션과 수익 구조가 매우 유사하며 거래소를 통해 거래를 할 수 있는 상품으로 ELW(주식워런트증권)와 WR(신주인수권증권)이 있다.

먼저 ELW(주식워런트증권)에 대해 간단히 알아보자면, ELW는 옵션과 똑같이 생겼다. 조기종료형이라고 해서 변형된 형태도 있긴 하지만, 일반적인 ELW는 옵션의 수익 구조를 하고 있다(111쪽 '옵션의 수익 구조' 참조). 콜과 풋이 있으며, HTS(Home Trading System, 홈트레이딩시스템)를 통해 거래소에서 매매할 수 있다는 점도 옵션과 같다. 코스피200지수를 기초로 한 것도 있고 개별 주식종목을 기초로 한 것도 있다. ELW가 장내옵션과 다른 점은 ELW는 파생상품이 아닌 증권회사에서 발행한 증권이라는 점이다. 증권회사에서 발행한 것이기 때문에 투자자는 살 수만 있고, 산 증권의 매도가 아닌, 사지 않은 증권에 대한 순매도는 할 수 없다. ELW는 장내옵션과 리스크 속성도 약간 다른데, 장내옵션보다 더 위험한 점은 ELW는 증권회사가 발행한 증권이므로 해당 증권회사가 부도가 나면 투자자가 그 손실을 떠안게 된다는 점이다. 장내옵션에는 부도의 개념이 없다. 반면 ELW가 장내옵션보다 안전한 점도 있다. 우선 순매도가 불가능하기 때문에 투자한 원금을 초과한 손실을 입을 수 없다. 또한 ELW는 옵션에 비해서 거래량이 많아 유동성이 매우 좋은데, 특히 개별 주식종목을 기초로 한 경우에는 이것이 매우 뛰어난 장점이다. 유동성이 좋은 증권은 내가 가지고 있는 보유량을 청산할 때 가격이 하락하거나 청산을 하지 못할 위험이 적다. 또한 ELW는 옵션에 비해 가격 단위가 낮아 수량을 조정하기가 쉽다는 장점도 있다.

　WR(신주인수권증권)은 신주인수권부사채(발행 기업이 신주를 발행하면 미리 정해진 가격에 투자자가 이 주식을 살 수 있는 권리가 붙어 있는 회사채)에 붙어 있는 신주를 인수할 수 있는 권리를 말한다. 신주인수권부사채 중 채권 부분과 이 권리의 부분을 분리할 수 있는 것이 있는데 이 권리 부분을 분리해서 거래소에 상장한 것이 WR이다. WR은 미리 정해진 가격에 주식을 살 수 있는 권리이기 때문에 콜옵션과 동일하다. WR은 거래소에 상장되어 있기 때문에 HTS를 통해 매매가 가능하다. ELW가 증권회사에서 발행한 옵션 모양의 증권이라면, WR은 회사채의 발행사가 발행한 옵션 모양의 증권이다. 따라서 투자자는 ELW와 마찬가지로 매수만 할 수 있고 매도는 할 수 없다. 이런 점에서 WR에서 발생할 수 있는 최대 손실은 투자원금 전액이 된다. WR는 장내옵션이나 ELW와 달리 만기가 상당히 길다. 장내옵션이나 ELW의 만기가 3개월 정도인 것에 비해 WR은 대개 1년 이상이다. WR을 투자할 때 가장 주의할 점은 WR을 발행하는 기업들이 신용도가 그다지 높지 않을 수 있다는 점이다. WR을 발행한 기업이 부도가 나면 WR은 휴지조각이 된다(그 이전에 발행 기업의 주가가 떨어지면 이미 WR은 가치가 상당부분 훼손된다). 또한 WR은 거래소에서 거래되는 증권이지만 가격 변동의 상하한선이 없어 가격의 변동폭도 상당히 크다. 가격 변동 역시 해당 기업의 신용도에 많은 부분 연계가 되어 있기 때문에 WR 거래시에는 발행한 기업을 잘 살피는 것이 중요하다.

이처럼 두 상품이 옵션과 가지는 가장 큰 차이는 두 상품 모두 매도는 불가능하며 매수만 할 수 있다는 것이다. 이 말은 내가 산 ELW나 WR을 되팔 수 없다는 의미가 아니라 순수한 매도 포지션을 취할 수 없다는 것이다. 옵션은 내가 옵션을 가지고 있지 않아도 매도가 가능하다. 하지만 ELW나 WR은 내가 산 분량만큼만 팔 수 있고 매도만 하는 것은 불가능하다. 따라서 ELW나 WR은 최대 손실이 내가 투자한 원금으로 한정된다. 여기서 매도와 대비하기 위해 매수의 경우는 최대 손실 금액이 투자원금으로 '한정'된다고 말을 하긴 했지만 사실은 투자금 전액을 잃는 것이므로 리스크는 상당히 큰 것이다.

레버리지 ETF

그럼 이제 레버리지 ETF란 무엇인지 알아보도록 하자. ETF란 'Exchange Traded Fund'의 약자로 주식처럼 거래소에서 사고 파는 펀드를 말한다. 펀드라면 일반적으로 자산운용사에서 펀드를 만들고 판매사인 은행과 증권사를 통해 투자자가 거래를 할 수 있는데, ETF는 거래소에서 주식을 거래하는 것과 동일한 방법으로 펀드를 사고판다. ETF는 상장되어 있으므로 주식처럼 쉽게 거래할 수 있는 장점이 있다. 모든 ETF는 추종하는 지수가 있다. 이 말은 ETF의 가격 움직임이 지수의 움직임에 연계되도록 설계되어 있다는 뜻이다.

ETF 중 레버리지 ETF라는 것은 대상이 되는 지수의 2배만큼 움직이는 펀드를 말한다. 만약 코스피200지수를 추종하는 레버리지 ETF라고 한다면, 지수가 1% 오를 때 펀드의 가격은 2% 오르고 지수가 1% 내리면 펀드의 가격은 2% 내린다.

현재 한국거래소에 상장된 레버리지 ETF는 KODEX 레버리지 ETF, TIGER 레버리지 ETF, KINDEX 레버리지 ETF, KStart 레버리지 ETF, 그리고 KOSEF 10년 국고채 레버리지 ETF가 있으며 이들 중 KOSEF 10년 국고채 레버리지 ETF를 제외하고는 모두 코스피200지수의 2배 수익률을 추구하는 ETF다.

해외거래소에 상장된 ETF까지로 범위를 넓히면 원자재, 해외주가지수, 금리 등 다양한 기초자산을 대상으로 한 레버리지 ETF를 찾아볼 수 있고, 해외주식을 거래하듯이 쉽게 레버리지 ETF를 거래할 수 있다. 어떤 ETF가 증권거래소에 상장되어 있는지 확인하고 싶다면 거래소 홈페이지(etf.krx.co.kr)에서 확인할 수 있다.

주식이 오르는 것 이상의 수익을 얻고 싶다면, 레버리지 펀드나 레버리지 ETF에 투자하면 된다. 하지만 주식시장이 상승할 때는 2배 수익을 낼 수 있지만, 주식시장이 하락할 때에는 2배 손실이 발생한다는 점을 꼭 유의하

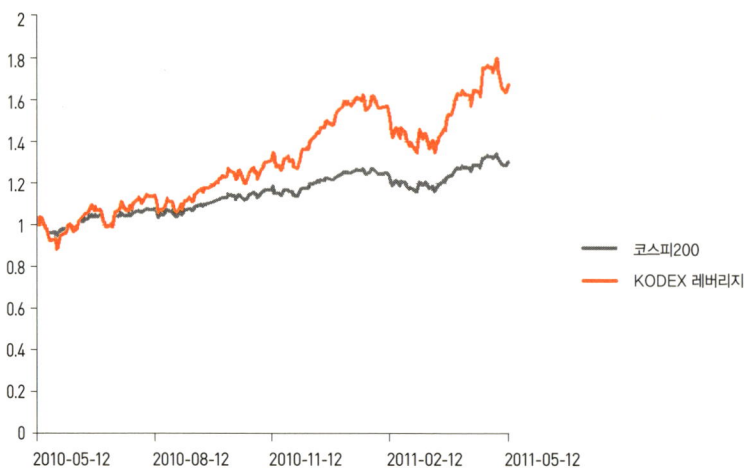

출처: 한국거래소(KRX) www.krx.co.kr

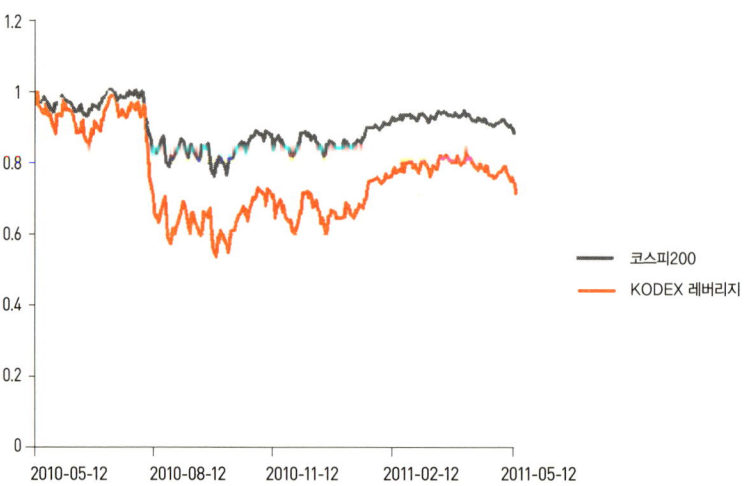

출처: 한국거래소(KRX) www.krx.co.kr

자. 레버리지 상품에 투자했다는 것은 수익이 커질 수도 있지만, 손실의 가능성도 커짐을 의미한다.

그런데 레버리지 ETF는 복리효과라는 것이 존재해 투자 시 주의해야 한다. 이를 설명하기 위해 레버리지 ETF를 좀 더 자세히 들여다보자. 다음과 같이 2010년 5월 12일부터 1년 동안 KODEX 레버리지 ETF에 투자했다고 가정해보자. KODEX 레버리지 ETF는 코스피200지수의 2배 수익을 추종하는 ETF이다. 1년 동안 코스피200지수가 30.37% 오르는 동안 레버리지 ETF는 67.56%가 올랐다. 아주 성공적인 레버리지 투자의 예라 할 수 있다. 실제로 거의 2배 가까이 수익을 얻었으니 말이다. 1억을 투자했다면 1년 동안 6700만 원 이상의 수익을 얻었을 것이다.

이제는 2011년 5월 12일부터 1년 동안 투자했다고 가정해보자. 이 기간에는 주식시장이 하락세였다. 코스피200지수가 16.88% 하락했고, 같은 기간 동안 레버리지 ETF는 29.45%가 하락했다. 레버리지 투자로 손실이 2배 가까이 발생한 사례다.

2배 레버리지 투자는 위의 예에서처럼 내가 투자한 기간 동안 수익 또는 손실이 항상 2배만큼 나는 것은 아니다. 지금부터 그 이유를 설명하기 위해 위의 두 기간을 합한 2년 동안 투자를 했다고 가정해보자. 투자 기간 동안 코스피200지수와 KODEX 레버리지 ETF의 수익 변화를 그래프로 그려보면 아래와 같다(120쪽). 즉 2년 동안 코스피200지수는 15.37%가 상승한 반면, KODEX 레버리지 ETF는 2배에 못 미치는 20.01%가 상승했다. 이것이 레버리지 투자의 함정이다. 지금부터 왜 이러한 일이 벌어지는지에 대해 알아보도록 하자.

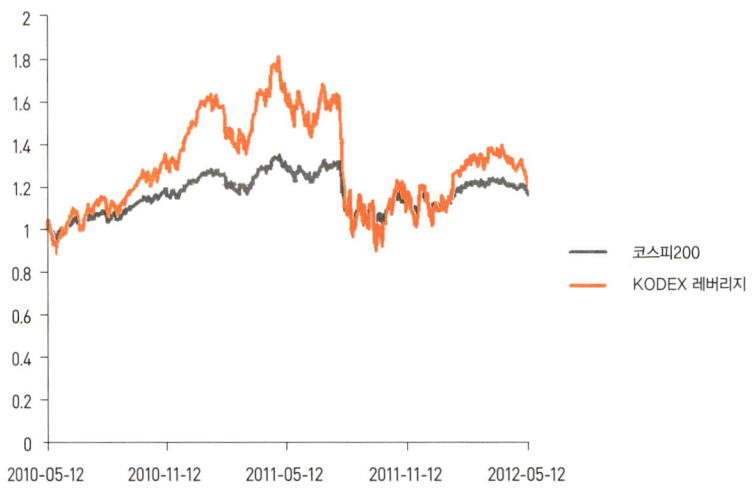

출처: 한국거래소(KRX)www.krx.co.kr

쉬운 이해를 위해 121쪽 표와 같은 두 가지 경우를 비교해보자.

첫 번째 경우는 1년씩 각 1억 원을 투자했을 경우이고, 두 번째 경우는 1억 원을 연속해서 2년 투자하였을 경우이다. 첫 번째 경우는 첫 1년 동안 1억 원의 수익이 났고, 2년째에는 5000만 원의 손실이 나서 총 5000만 원의 수익이 났다. 반면, 두 번째 경우는 2년 동안 전혀 수익이 발생하지 않았다. 왜 두 경우의 수익이 다른지 생각해보자. 투자자가 1억 원을 2년 동안 투자했다고 가정하고 1년씩 나누어서 생각해보면, 위에서 설명한 첫 번째 1년 투자 기간 이후에 1억 원은 2억 원이 되어 있다. 따라서 두 번째 1년 투자 기간이 시작할 시점에는 1억 원을 투자한 것이 아니라 2억 원을 투자한 셈이 된다. 레버리지가 생겨서 수익이 더 생긴 만큼 투자 금액도 커지는 효과가 생겼고, 따라서 하락하는 2년째 구간에서도 손실이 2배가 된 것이다.

각 1년씩 투자했을 경우

	1년차	2년차
투자 금액	1억 원	1억 원
평가 금액	2억 원	5000만 원
손익	1억 원	−5000만 원

총 수익: 1억 원−5000만 원＝5000만 원

2년 연속 투자했을 경우

	2010. 5. 12. ~ 2011. 5. 11.	2011. 5. 12.~ 2012. 5. 11.
투자 금액	1억 원	2억 원
평가 금액	2억 원	1억 원
손익	1억 원	−1억 원

총 수익: 1억 원−1억 원＝0원

이것이 레버리지 ETF에서 볼 수 있는 복리 효과다. 레버리지 ETF는 내가 1억 원을 투자했다고 하더라도 그다음 날에는 1억 원에 투자 손익이 더해져 투자되는 효과가 있다. 예를 들어 1억 원을 투자했는데 그다음 날 1억 1000만 원이 되어 있다면, 그다음 날에는 1억 1000만 원을 투자하는 꼴이 되는 것이다. 자연스레 복리 효과가 발생하는 것이다. 그렇기 때문에 레버리지 ETF는 수익이 나는 경우는 수익이 더욱 늘어나는 효과가, 손실이 나는 경우에는 손실이 더욱 늘어나는 효과가 생긴다.

복리의 마술

아인슈타인은 인류 역사를 통틀어 가장 위대한 발견은 복리의 발견이라고 했다고 한다. 여기서 잠깐 복리의 마술과 관련한 유명한 일화를 소개하고자 한다.

세계 금융의 중심지인 뉴욕의 맨해튼. 이곳의 땅값은 비싸기로 유명한데, 이 맨해튼을 인디언이 1626년 네덜란드 서인도 총독이었던 피터 미누이트에게 단돈 24달러에 매각했다고 한다. 그리고 1989년 맨해튼의 땅값은 1000억 달러(약 100조 원)이 되었다고 한다. 금싸라기 땅이 된 맨해튼을 24달러에 판 인디언들의 판단이 어리석었던 것일까?

24달러를 363년(1626년부터 1989년까지) 동안 연 8% 복리이자로 투자했다고 하면, 약 32조 달러(약 3경 2000조 원)가 되어 있을 것이다. 1989년 맨해튼의 땅값의 320배에 해당하는 금액이다. 인디언들의 판단이 어리석었다고 할 수 없다. 믿겨지지 않는다면 계산기를 두드려보자. 24달러가 1년 후에는 24×(1+8%)인 25.92달러가 되어 있을 것이고, 다시 25.92달러를 8%에 투자하면 25.92×(1+8%)인 27.99달러가 되어 있었을 것이다. 이런 식으로 363년을 투자했다고 하면, $24 \times (1+8\%)^{363}$이 되어 약 32조 달러가 된다. 이것이 복리의 마술이다.

복리와 관련하여 '72의 법칙'이라는 것이 있다. 투자 금액이 2배가 되는 데 걸리는 시간을 계산하는 법칙으로, 예를 들어 내가 연간 6% 수익이 나는 상품에 투자했다면, 내가 투자한 금액이 2배가 되는 데 걸리는 시간은 72÷6, 곧 12년이 걸린다. 실제로 계산해보면 $(1+6\%)^{12}$는 2 정도가 된다. 내가 투자한 돈이 2배가 되는데 걸리는 시간을 계산하는 간단한 계산 방식으로, 투자자에게 유용한 법칙이 될 수 있으니 기억해두도록 하자.

리스크를 활용하는
또 다른 방법

지금까지 알아본 장내파생상품과 레버리지 펀드들이 고수익 고위험의 상품을 선택함으로써 적극적으로 리스크를 활용하는 사례였다면, 지금부터 알아볼 사례는 헤지를 하지 않음으로써 상품에 내재된 리스크를 활용하는 방법이 되겠다. 필자가 최근에 만난 한 개인투자자는 금에 투자하면서 더 많은 수익을 얻기 위해 금융기관에서 권유한 원/달러 헤지를 하지 않았다. 우선 이 투자자의 사연을 들어보자.

필자: 처음에 어떻게 해서 금에 투자하게 되었나요?
C씨: 당시에 금값이 계속 오르고 있었어요. 뉴스에도 연일 금값 상승 보도에다가, 온스당 1000달러가 넘은 후 떨어지겠거니 했는데, 계속 오르는 거예요. 그래서 지금이라도 들어가면 어떨까 생각하고 있었는데, 방법을 몰랐었거든요. 그런데 주변에서 금에 투자해서 수익을 봤다고 하는 분이 계시더라고요. 은행에 쉽게 적립할 수 있는 상품이 있어서 괜찮겠다 싶어서 저도 투자하게 됐죠.
필자: 금 가격은 원화가 아니라 달러에 연동되어서 움직이는데 혹시 처음 투자할 때 은행에서 환헤지를 권유하지는 않았나요?
C씨: 환헤지를 하겠냐고 물어보더라고요. 그런데 제가 아는 분이 수익을 본 이유가 금값이 좀 떨어지긴 했는데 환율이 올라서 수익이 났다고 하셨거든요. 그리고 한창 중국 펀드에 투자하면서 환헤지 때문에 깡통

계좌가 나왔다는 기사도 많이 보고 해서, 환헤지를 하지 않기로 마음먹고는 있었어요. 그래도 혹시 몰라 직원에게 물어봤죠. 환헤지 금액이랑 만기를 어떻게 해야 하냐고. 언제 얼마나 금이 올라서 팔고 싶을지 모르는데, 그걸 확정할 수 있을지 궁금했어요. 그랬더니 직원이 금값이 어떻게 될지 모르니 대략 투자한 원금의 120% 정도를 1년 만기로 하면 될 것 같다고 하더라고요. 정확하게 헤지할 수는 없다고. 헤지가 정확히 안 되는 문제보다 제가 금에 투자하는 이유가 예금 이자 바라고 하는 게 아니잖아요. 금값 변동을 보고 하는 건데 달러까지 올라서 더 이익을 보면 좋을 것 같았고요. 일단 과감하게 투자하는 쪽으로 결정했기 때문에 환헤지는 하지 않았어요.

다음의 그래프는 C씨가 투자를 시작한 2011년 하반기부터 3년간 환율이 올랐을 때와 내렸을 때의 금 가격을 원화로 환산한 것이다(125쪽). 환헤지를 한 경우와 하지 않은 경우의 자산 가치 변화를 살펴보자. 이 기간 동안 금은 온스당 1500달러 선에서 1900달러 선까지 상승했다가 1200달러까지 하락한 후 최근에는 1300~1400달러 사이를 오가고 있으며, 원달러 환율은 1000원에서 1200원 사이에서 움직임을 보이고 있다. 왼쪽 그래프를 보면 전반적으로 헤지를 하지 않은 경우가 헤지를 한 경우보다 원화 환산 가치가 조금 높게 나타난다. 그러나 이것이 반드시 그런 것은 아니다. 만약 원화가 강세를 보이게 되면 금값이 오른다 해도 원달러 환율 하락으로 인해 오히려 헤지를 하지 않은 경우의 자산 가치가 헤지를 한 경우보다 낮아질 수 있다(오른쪽 그래프 참고). 그렇기 때문에 만약 투자자가 스스로 환헤지에 대한

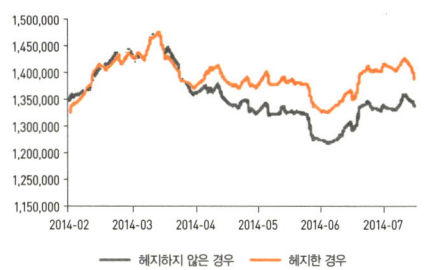

출처: 신한은행www.shinhan.com

손실을 관리할 수 있다고 생각된다면 금값과 달러의 동반 상승을 노리고 환헤지를 하지 않기로 자신의 판단하에서 선택할 수 있는 것이다.

리스크를 이용하여 높은 수익을 올리고자 하는 투자 시 유의할 점은 이른바 '몰빵(한 상품이나 한 종목에 모든 자산을 투자하는 것)'이라고 하는 행태의 투자를 지양하는 것이다. 이 장에서 소개된 투자상품들은 고수익을 올릴 수 있는 만큼 원금을 전부 잃거나 혹은 원금을 초과하는 손실을 입을 수 있는 상당히 위험한 상품들이다. 단순히 어떤 상황에서 얻을 수 있는 높은 수익만을 바라보면서 이러한 상품들에 전 재산을 투자하는 것은 '투자가 아닌 투기'이며 도박과 다를 바가 없는 것이다. 따라서 이러한 상품들을 이용해서 고수익을 노릴 때에는 반드시 여유자금을 이용하여야 하며 본인의 투자자산 전체에서 이러한 고위험 상품이 차지하는 비중이 일정 수준을 넘지 않도록 관리해야 한다. 투자는 한방에 한몫 잡아서 인생을 역전시키는 로또가 아니라 오히려 장기간의 계획에 따라 차근차근 밟아나가는 과정이다.

금에 투자하고 싶다면

일반적으로 금은 안전자산이라고 생각한다. 보통 세계경제가 불안정할 때 금으로 자금이 몰리는 것도 이 때문이다. 인플레이션이 와도 가치가 떨어지지 않으며 환금성도 높은 특성으로 볼 때 금이 안전자산은 맞지만, 사실 금의 가격은 엄청나게 변동이 심하다. 일례로 금은 하루에 온스당 141달러가 급락한 적이 있었는데(2011년 8월 25일) 하락율로 보면 전일대비 7% 이상 하락한 엄청난 가격 변동이라 하겠다. 게다가 앞에서 말한 것과 같이 금은 보통 달러로 거래되기 때문에 원달러 환율의 변동에도 노출되어 있다. 하지만 금은 여전히 매력적인 투자상품이기 때문에 개인 투자자가 할 수 있는 금 투자상품에는 어떤 것이 있는지 살펴보자.

금 적립통장

금을 보유하고 있는 투자자들은 대부분 분실 위험에 대해서 걱정한다. 금을 보유하고 싶은데 집에 보관하고 있자니 불편하고 분실이 걱정되는 투자자라면 은행에서 금 적립통장을 만들어 가입하는 방법이 있다. 단, 금 적립통장은 은행에서 만드는 통장이지만 예금자 보호가 되지 않음을 유의하자.

금 현물

금 통장을 만드는 방법 외에 금 현물에 투자하는 또 다른 방법은 거래소에 상장된 금 현물에 투자하는 방법이 있다. 금 현물시장은 개장한 지 얼마 되지 않았으나(2014년 3월), 일반 투자자들의 관심을 끌며 거래량이 꾸준히 증가하고 있는 추세이다. 거래소에 상장된 금 현물에 투자하는 것은 주식에 투자하는 것과 같은 절차로 주식 대신 금을 산다고 생각하면 된다.

금 선물

금을 기초자산으로 하는 선물 거래도 있다. 내가 금 일정량(예를 들어 1트로이온스)을 투자한다고 가정하면, 금 현물에 투자하는 것과 선물에 투자하는 것과는 어떤 차이가 있을까?

한국거래소에도 미니 금 선물을 거래할 수 있긴 하지만 거래량이 많지 않다. 이에 비해 해외 거래소(COMEX)는 금 선물의 거래량이 많다. 선물이든 현물이든 거래량을 따져봐야 하는 이유는 사고팔 때 참여자가 적으면 내가 원하는 가격에 사거나 팔기가 힘들어질 수 있기 때문이다. 거래량이 많아야 참여자가 많은 것이고, 그래야 사자 호가와 팔자 호가의 가격 차이가 줄어들면서 거래가 성사된다. 부동산 거래를 생각해도 쉽게 이해가 될 것이다. 시장에 집을 사려는 사람만 있고 팔려는 사람이 없으면 아무리 싼 가격에 사고 싶어도 결국 비싼 가격에 살 수밖에 없다. 이는 팔 때도 마찬가지다. 사려는 사람이 별로 없으면 결국에는 싼 가격에 팔아야 하는 상황이 발생할 수 있다.

거래량과 관련해서는 뒤의 '만기 이전에 돈이 필요해진다면' 장에서 더 자세히 이야기하도록 하겠다. 여기서는 유동성의 문제를 고려하여 해외거래소의 선물 투자에 대해 설명하겠다.

첫째, 한국거래소에서 금 현물을 거래하게 되면 투자 자금 전부를 지불해야 한다. 반면 선물 거래 시에는 증거금만큼만 지불하면 된다.

둘째, 금 현물 거래는 원화 표시 금 가격의 수익에 연동이 되지만, 해외 선물 거래는 달러 표시 금 가격의 손익에 연동된다.

셋째, 해외 선물 거래시에는 증거금을 달러로 납부해야 한다. 따라서 증거금만큼은 원달러 환율에 노출이 된다.

넷째, 해외 선물 거래시에는 선물 만기 이전에 다른 만기로 롤오버 해야 한다. 해외 선물은 일반적으로 한 달 혹은 세 달에 한 번씩 만기가 돌아오므로 그 이전에 다음 번 만기인 선물 계약으로 바꾸어주어야 한다. 이 과정을 '롤오버'라고 한다.

원/달러 환율과 상관없이 순수하게 국제 금 가격의 수익을 얻고 싶다면 해외 선물에 투자하는 것이 더 적절하지만, 선물 투자 시에는 증거금을 달러로 납부해야 하고, 롤오버를 해야 하는 등의 불편함이 있는 것이 사실이다. 이런 불편함을 해결할 수 있는 투자 수단이 지금부터 소개할 금 ETF라 할 수 있다.

금 ETF

금 ETF는 해외에서 거래되는 금 선물(주로 COMEX 금 선물) 가격을 추종하는 상품이다. 다음 그래프에서 보듯이(129쪽) COMEX에서 거래되는 금 선물의 가격과 KODEX 골드 선물 ETF의 가격 움직임은 거의 같다. 금 ETF는 펀드운용자가 원달러 환율에 대해서는 헤지를 하는 것이 일반적이기 때문에 온전히 금 가격 변동에만 투자하고 싶은 투자자에게 적격이다.

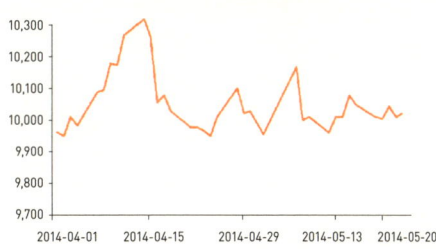

출처: www.cmegroup.com, www.krx.co.kr

금 DLS(Derivatives Linked Securities)

ELS와 유사한 구조를 가지면서 대신 주가 변동이 아닌 금 가격 변동에 연계되어 수익이 결정되도록 은행이나 증권회사에서 발행하는 상품이다(은행에서는 예금의 형태로 취급한다. 자세한 사항은 '은행에서 판다고 다 안전한 것은 아니다' 장의 ELS와 ELD의 차이를 참고하라). 금 한 가지 상품뿐만이 아니라 은이나 원유와 같은 다른 상품과 함께 기초자산을 구성하는 경우도 있다.

5장

친구 따라 강남 가지 마라

이 장의 제목을 풀어보면 '돈 벌었다는 친구 따라 투자하지 마라'가 된다. 지금부터 이 말이 무슨 뜻인지 찬찬히 살펴보기로 하자. 다음은 실제 과거에 일어났던 주가의 그래프이다. 이 그래프만 보고 주가가 오를지 내릴지 맞춰보자.

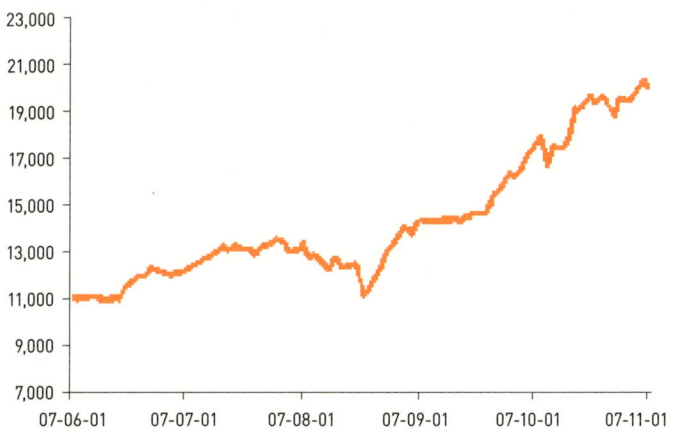

5장 친구 따라 강남 가지 마라

뭐 이런 황당한 질문이 있을까? 속으로 '이걸 어떻게 맞추라는 거야? 내가 점쟁이도 아니고'라고 생각할지도 모르겠다. 감춰진 부분을 펼쳐보면 정답은 바로 아래와 같다.

이 그래프는 홍콩에 상장된 중국기업들의 주식들로 구성된 HSCEI라는 지수가 2007년 6월부터 2008년 3월까지 채 1년이 되지 않는 기간 동안 움직인 모습을 표시한 것이다. 5개월 만에 2배 가까이 상승한 지수는 비슷한 기간 동안 반 토막이 났다. 주가야 오를 때도 있고 내릴 때도 있는데 어떻게 앞부분 그림만 보고 뒷부분을 예측하냐고 하는 것은 매우 합리적인 생각이다. 하지만 이런 당연한 생각이 왜 우리가 막상 투자를 결정하려고 할 때는 바로바로 떠오르지 않는 걸까?

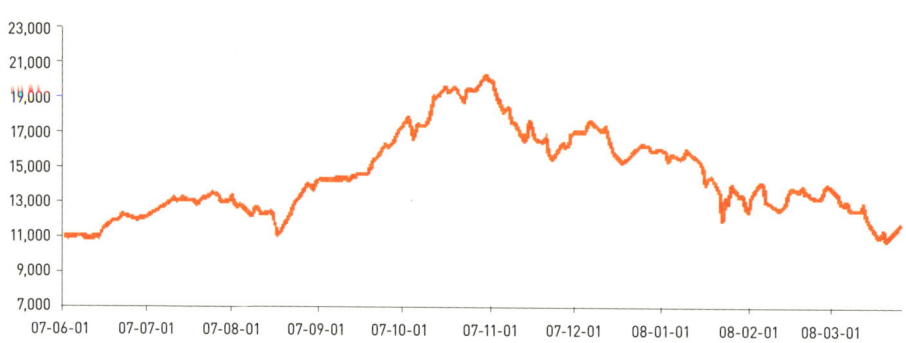

출처: http://finance.naver.com/world/sise.nhn?symbol=HSI@HSCE

어제의 성공이
내일의 성공?

'서문'에서 언급했던, 펀드와 ELS에서 손실을 보고 마음에 큰 상처를 입었던 투자자(A씨라 칭하자)의 사례를 다시 자세히 살펴보기로 하자. 일단 이 투자자가 어떤 마음으로 투자를 했는지 들어보자.

필자: 먼저 자기소개를 해주세요.

A씨: 30대 초반의 재테크에 관심이 많은 회사원입니다. 월급만으로 생활하기도 빠듯하고, 남들은 재테크로 돈을 많이 벌었다는데……. 저도 돈을 벌고 싶어서 뛰어들었죠.

필자: 펀드나 ELS 투자 전에는 어떤 금융상품을 이용해봤나요?

A씨: 은행 예금과 적금이요.

필자: 투자상품을 사기 전에 금융 지식이 어느 정도였나요?

A씨: 영문학을 전공해서 이쪽은 전혀 몰라요. 그러니까 예금만 했죠.

필자: 그럼 왜 갑자기 투자를 하기로 마음이 바뀌었나요?

A씨: 펀드를 해보고 싶었어요. 그게 예금보다 낫겠다고 생각했죠.

필자: 예금보다 낫다고 생각한 근거가 궁금하네요.

A씨: 그냥요. 그냥 이게 더 나은 거 같아서요.

필자: 흠……. 그럼 예금은 뭐가 불만이었나요?

A씨: 넣어봤자 이자가 얼마 안 되잖아요.

필자: 아……. 그럼 펀드가 더 낫다고 생각한 게 수익률이 높다는 것 때

문이었나요?

A씨: 그렇죠. 사람들이 펀드로 돈 많이 벌었다고 하니까. 주위에서도 신문에서도 펀드 하면 돈 번다고 하고……. (참고로 A씨가 처음 투자를 결정한 때는 2010년 후반쯤으로 이때는 서브프라임 모기지 사태로 주식시장이 급락한 후 주가가 상승세를 타고 있을 때였다).

필자: 그럼 누군가의 투자 권유를 받았나요?

A씨: 그런 건 아니고, 그냥 제가 증권사에 찾아갔어요. 가서 펀드하고 싶다고. 상담하는 분이 친절하더라고요. 무슨 법이 바뀌어서 그렇게 해야 된다며 설명하는 데 1시간 이상 걸렸어요. 이것저것 굉장히 많은 이야기를 들었는데 사실 무슨 말인지 이해한 건 하나도 없었어요.

필자: 그럼 펀드 종목은 직접 인터넷에서 골라서 간 거였나요?

A씨: 아뇨. 상담하는 분이 추천을 몇 개 해주었는데 그중에서 제가 고른 거예요.

필자: 그럼 왜 그 종목을 골랐나요? 본인의 기준이 있었을 텐데 그게 뭔가요?

A씨: 그게 돈을 제일 많이 벌었더라고요. 일단 상담원이 추천해준 게 과거 수익률이 높은 거였고, 저는 그중에서 가장 높은 걸 골랐죠. 그분 말씀이 그게 앞으로도 잘 나갈 거라고……. (이렇게 해서 A씨가 선택한 종목은 삼성그룹주에 투자하는 주식형 펀드였다).

필자: 펀드가 원금손실이 발생할 수 있다는 건 알았나요?

A씨: 알았죠. 금융 쪽에 무지하긴 해도 그 정도는 알고 있어요. 그런데 투자를 권유한 분도 '이게 이렇게 오르는데 떨어지겠냐. 여태까지 손실

난 사람은 없다'고 하고, 저도 '설마 이게 떨어지겠냐' 싶은 생각이 있었던 거 같아요.

필자: 처음에 가입할 때 만기는 어떻게 설정했나요? 펀드에서 만기의 의미가 뭔지는 아시죠?

A씨: 네. 설명은 들었는데, 별 의미가 없다고는 하더라고요. 전 만기를 2년으로 설정했는데 환매하면 수수료 문다고도 해서 너무 길게 가져가고 싶진 않았고 1년은 너무 짧은 거 같았어요. 그런데 결국 중간에 자금이 필요해서 만기까지 못 가고 정리했죠. 결국 원금보다 약간 손해 봤어요. 중간에는 펀드가 막 올라서 좋았는데 말이죠.

여기까지 볼 때 일견 A씨의 투자 의사결정에는 큰 문제가 없어 보인다. 증권사 직원의 충분한 리스크 관련 설명도 들었고 본인의 판단하에서 투자 상품을 골랐다. 문제라면 주가가 하락한 상태에서 펀드를 정리한 것뿐이었다. 하지만 시장 상황이 그런 걸 어쩌겠는가? 마침 자금이 필요할 때 힘을 못 쓴 주식들을 탓할 수밖에. 하지만 A씨의 투자 의사결정 과정을 면밀히 들여다보면 투자자들이 흔히 하는 두 가지 실수를 찾아볼 수 있다. 첫 번째는 과거의 수익률이 미래의 수익률에도 영향을 미칠 것이라고 생각한 것이고, 두 번째는 자금의 만기에 대한 고려가 없었다는 것이다.

사실 주가나 금리와 같이 시장에서 거래되는 상품의 가격 수준이 어떻게 될지는 아무도 모른다. 금리라면 가능할 수도 있겠지만 주가를 예측하는 것은 거의 신의 경지에 속하는 일이다. 지수가 아니고 개별 주식으로 가면 더더욱 그렇다. 증권사 내에서도 고액 연봉자가 많은 부서 중 하나가 리서

치 센터인데 여기서 일하는 애널리스트는 선망의 대상이 되는 직업이다. 그들은 그만큼 전문성을 갖춰야 하며, 이미 어느 정도 전문성을 인정받은 사람들이다. 그런데 온갖 통계적, 이론적 도구를 갖춘 애널리스트들도 맞추기 힘든 것이 주식시장의 움직임이다. 점쟁이라도 알 수 없는 게 주가다. 미래의 주가가 어떻게 될지 알 수 있는 방법이 없기 때문에 사람들은 과거 주식 수익률이라는, 거의 유일하게 온전한 정보에 의존할 수밖에 없다. 일단 눈에 보이고 손에 만져지는 것이 과거 수익률이니까.

　게다가 남이 잘 되면 배 아파하는 본성을 지닌 인간에게는 누가 망했다는 소식보다는 누가 돈을 벌었다더라 하는 소식이 더 많이 들려온다. 펀드에 대해서도 제공되는 것은 주로 과거 수익률이다(물론 과거 수익률이 미래 수익률을 보장해주지 않는다는 내용이 자그마한 글씨로 펀드 설명서에 반드시 적혀 있다). 과거에 연 수익이 30%가 넘었다는데 혹하지 않을 사람은 드물다. 게다가 펀드는 아무것도 모르는 내가 그 위험한 주식을 하겠다고 뛰어드는 것도 아니고 이른바 전문가들이 다 알아서 운용해주는 것 아닌가?

　아래의 표는 A씨가 투자한 것과 유사한 구조를 지닌 한 펀드의 과거 수익률 공시자료이다. A씨가 진입한 시점에는 그 전해 수익률이 거의 30%였지만 그다음 해에는 수익률이 -15%를 기록했음을 알 수 있다.

삼성그룹주 펀드의 연도별 성과

2014.04.07, 단위: %

2009년	2010년	2011년	2012년	2013년	2014년
	31.86	-15.73	12.78	-4.78	-3.75

출처: 펀드닥터www.funddoctor.co.kr

아래 그래프는 A씨가 투자한 펀드의 기준가격이 매일 매일 어떻게 변했는지를 보여주는 것이다. 첫 번째 박스 안의 구간이 이 펀드가 처음 만들어지고 나서 A씨가 투자할 시점까지 펀드가 어떤 성과를 거두었는지를 보여준다. 중간에 오르락내리락하긴 했지만 펀드의 가치가 오르긴 올랐다. 두 번째 박스 안의 구간은 A씨가 펀드를 보유하고 있던 기간인데 애석하게도 가격이 많이 내렸음을 볼 수 있다.

이렇듯 어느 시점에 펀드를 구매하고 환매하느냐에 따라서 투자자의 손익은 엄청나게 달라질 수 있다. 절대적인 우위를 가지는 펀드가 없다는 이야기며, 오히려 과거 수익률이 높았다면 편입자산이 실제 가치보다 높은 가격으로 거래되고 있기 때문이 아닌지, 만약 그렇다면 앞으로 남은 것은 가격 하락뿐이므로 의심해봐야 된다.

출처: http://info.finance.naver.com/fund/

누구에게나 자신만의
투자 체질이 있다

여기 또 다른 펀드 투자자 B씨의 사례가 있다. 이 투자자 역시 펀드 투자에서 손실을 입었다. B씨는 경영컨설턴트로, 다양한 상품에 투자하는 것을 좋아하는 개인투자자이다. 2003년 중반쯤 처음 펀드에 투자하게 됐고, 그 전에는 은행 예·적금만 가지고 있었고, 부지런히 주식시장을 들여다보면서 사고팔 자신이 없어서 주식 투자 경험은 없었다.

펀드를 처음 시작하게 된 계기는 직장 동료의 추천이었다. 아직 펀드가 활성화되지 않았을 때였지만, 직접 투자보다는 나을 수 있겠다는 생각에 시작하게 됐다. 동료에게 추천받은 펀드는 이른바 당시 '4대 천황' 중 하나인 중국주식형 펀드로, 그는 해외 자산운용사가 운용하는 상품을 적립식으로 가입했다. 중국이 10%대의 성장을 거듭하던 시기라 더욱 관심이 갔다. 이 펀드의 수익이 좋았고, 그는 추가로 인도주식형 펀드로 가입했다. 각각 만기는 3년이었지만, 만기 이후에도 추가 불입 없이 계속 놔두었고 평가액은 계속 불어났다. 그러다 거의 원금의 2배 가까운 수익을 올린 2007년 말쯤 정리했다. 너무 올랐다는 불안한 마음이 들었기 때문이다.

하지만 그때쯤 이머징마켓 붐이 일었고, 수익에 대한 남아 있는 미련 때문에, 환매 금액의 3분의 1 정도를 다른 회사에서 운영하는 브릭스(BRICs) 펀드(브라질, 러시아, 인도, 중국의 주식에 투자하는 펀드)에 넣었다. 그런데 그 이후 중국 주가가 쭉쭉 떨어지기 시작했다. 심할 때는 반 토막까지 떨어졌다. 여윳돈으로 투자한 상황이라 참고 기다리다 2012년 말쯤 정

슈로더브릭스 자펀드의 기준가 변동 추이

출처: http://info.finance.naver.com/fund/

리했는데, 그나마 많이 회복해 15% 정도의 손실로 마무리했다. 위의 그래프는 B씨가 마지막으로 투자했던 브릭스 펀드의 평가액(원화로 환산한)이다. 박스 안의 기간이 B씨의 투자 기간이다.

 A씨와 B씨 모두 비슷하게 과거 수익률을 보고 펀드를 선택했고 모두 손실을 본 경험이 있다. 하지만 이들의 투자 행태에서 명확히 다른 차이점을 발견할 수 있는데 그것은 투자 전 얼마나 해당 상품을 알고 있었는지에 대한 것이다. A씨의 경우 과거 수익률과 투자상담사의 말에 전적으로 의존해 곧 사용하게 될 자금으로 펀드를 구입했고, B씨의 경우 과거 수익률이 이어질 것이란 기대도 있었지만 이것이 미래 수익률을 담보하는 것이 아님을 알고 충분한 수익을 거둔 후에 투자 금액을 하향 조정했고, 당장 용처가 정해져 있지 않은 자금(일명 여윳돈)을 투자함으로써 만약 손실이 발생한다

하더라도 손실을 회복할 때까지 기다리거나 아니면 손실을 감당할 수 있도록 했다. 따라서 A씨와 달리 B씨는 손실을 감내할 수 있었다. 바로 이것이 A씨의 두 번째 실수이다.

A씨가 만약 여유자금을 가지고 펀드의 평가 금액이 회복되길 기다릴 수 있었다면 손실을 경험하지 않았을지도 모른다. A씨는 처음 펀드를 샀을 때 4~5개월간은 행복에 빠졌다. 펀드의 평가 금액이 날마다 올랐기 때문이다. 하지만 실제로 손에 쥔 것은 원금보다 적은 금액이었다. 반대로 B씨는 브릭스 펀드를 산 이후로는 뉴스도 보기 싫었다고 했다. 결국은 손실로 마무리됐지만 자신의 의사판단 하에서 매도 시점을 결정했다.

'과거에 돈 번 친구 따라 투자하지 말라'는 원칙은 주식형 펀드에만 적용되는 것이 아니다. 회사채, ELS 등 우리 주변의 모든 투자상품에 이 원칙이 적용된다. 기업어음(CP)을 예로 들어보자(기업어음에 대한 구체적인 설명은 '신용등급에 의존하지 마라' 장을 참고하자). 필자 주변의 어떤 사람은 동양그룹에서 발행한 기업어음을 샀다. 그것도 한번만 산 것이 아니었다. 이 기업어음을 선택한 이유는 매우 단순했다. 은행 예금보다 돈을 많이 주기 때문이었다. 발행 기업이 망하면 손해를 본다는 것도 알았다. 하지만 3개월 내로 설마 동양이 망하겠냐는 생각을 가지고 별 걱정 없이 샀다. 한동안 그러다가 집을 사게 돼서 투자자산을 모두 청산했다. 얼마 후 동양그룹 사태가 터졌다. 그럼 이 사람과 동양이 부도난 시점에 기업어음을 가지고 있던 사람의 차이는 무엇인가? 아무것도 없다. 단지 운이 좋았을 뿐.

이것이 과거 수익률에 의존하면 안 되는 이유이다. 또 누가 뭘 투자해서 돈을 벌었다더라는 이유로 무턱대고 나도 뛰어들어서는 안 되는 이유이다. 일단 그 상품이 무엇인지, 어떤 경우에는 돈을 벌지만 어떤 경우에는 손실이 나는지, 손실이 난다면 얼마만큼 날 수 있는지, 그 손실은 내가 감당할 수 있는 정도인지를 따져봐야 한다. '묻지도 따지지도 않고 투자'해도 되는 상품은 없다.

친구 따라 투자를 결정할 수 없는 또 한 가지 이유는 사람마다 투자에 대한 성향이 다르다는 것이다. 요즘에는 다이어트를 할 때도 먼저 체질을 따져 보고 각 사람의 체질에 따라 다른 방법을 취한다. 이처럼 투자에 대한 체질도 각 사람마다 다르다. 어떤 사람은 투자를 함에 있어 원금에서 손해를 보는 것을 끔찍이도 싫어한다. 반면 어떤 사람은 예금에 가만히 돈을 넣고 2%대에 그치는 이자를 받는 것을 참지 못한다. 또 과감한 투자를 선호하는 사람의 경우에도 어떤 때는 자금 사정상 원금이 반드시 보장되는 곳에 돈을 맡겨야 하는 경우도 있다.

이렇게 사람마다 또는 자금 사정에 따라 그때그때 자신에게 맞는 투자의 체질이라는 게 있다. 걷기 운동을 즐기는 사람이 있는가 하면 산악자전거를 즐기는 사람이 있는 것처럼 예금을 좋아하는 사람이 있는가 하면 주식 투자를 좋아하는 사람이 있다. 이것은 어느 것이 좋다 나쁘다의 문제가 아니다. 그냥 각 사람의 스타일일 뿐이다. 나는 원금에서 손해가 나는 것은 정말 싫은데, 또 1년 후에 꼭 필요한 자금인데, 옆 사람의 펀드가 대박이 났다고 해서 무작정 이를 따라 해서는 안 되는 것이다. 투자에 들어가기 전에 나는 어떤 투자 성향을 가진 사람인지, 내가 가지고 있는 자금이 손실을 충분히 감내할 수 있는 수준인지를 반드시 먼저 따져보자.

6장

손실에도 목표가 있다

투자를 할 때는 누구나 목표로 하는 수익이 있게 마련이다. 그리고 사람마다 목표 수익의 정도는 다르다. 어떤 사람은 고수익을 선호하는 반면, 수익률은 낮지만 안정적으로 꾸준한 이익을 얻는 것을 선호하는 사람도 있고, 중간 정도의 수익을 선호하는 사람도 있다. 그런데 투자 전 수익 목표를 설정하는 것은 일반적인 데 비해, 손실에 대해서 목표를 정하는 사람은 드문 것 같다.

수익 목표처럼 손실 목표도 투자 전에 반드시 정하고 시작해야 한다. 손실에 목표를 설정하는 것이 이상하다고 느낄 수도 있다. 보통 우리가 목표라고 하면 열심히 노력해서 달성해야 할 어떤 것으로 생각하는데, 손실이라는 것은 피하면 피할수록 좋은 것이지 달성해야 할 목표라고 생각하기 어렵기 때문이다. 그렇다면 손실의 '목표'를 손실의 '한계'라고 바꾸어 부른다면 어떤가. 이렇게 하면 손실의 목표는 지향해야 하는 어떤 지점이 아니라 더 이상 추가적으로 발생해서는 안 되는 한계선의 의미를 가지게 된다.

왜 손실 한도를
정해야 하는가

보통 금융기관에서도 투자를 할 때 손실의 한계를 정한다. 이를 '한도'라는 이름으로 부른다. 물론 투자를 해서 돈을 번다면 좋겠지만 여러 가지 상황으로 인해 손실이 발생하는 것도 피할 수 없다. 손실이 발생하기 시작했는데, 그리고 그 규모가 커지는데, 내가 감당해낼 만한 적당한 손실의 규모를 미리 정하지 않았다면 언제 어떤 조치를 취해야 할지를 결정하는 것이 상당히 곤란할 것이다. 게다가 손실의 규모가 감내할 수 있는 범위를 초과할 수 있다. 그렇기 때문에 미리 손실의 한도를 정하고 가는 것이다. 또 한 가지 손실 한도가 필요한 이유는 이것이 어디에 얼마나 투자를 해야 할지를 정해주는 일을 하기 때문이다. 상품마다 발생할 수 있는 손실의 크기가 다르기 때문이다. 손실이 발생하기 시작했을 때 손실 규모가 내 현재 상황 및 목표에 비추어 적정한지를 판단하고 어떻게 다음 행동을 취해야 할지를 결정하는 것이 손실 한도의 사후적인 기능이라면, 투자자산의 배분에 대한 가이드라인을 제시해주는 것은 손실 한도의 사전적인 기능이다.

이 책은 투자를 하기 전에 알아야 할 상식을 다루는 책인 만큼 손실 한도의 사전적인 기능에 대해서 보다 깊이 생각해보자. 보통 투자 목표를 세울 때 어디에 투자할 것인지를 다 정한 다음에 목표를 세우는 경우는 없을 것이다. 투자상품을 이미 다 정했다면 예상 수익률은 이에 따라 결정되기 마련이어서, 그 이후에는 목표를 세우는 것이 의미가 없다. 목표가 먼저 서 있고 이 목표를 충족시킬 수 있는 금융상품을 선택하는 것이 순서이다. 한도도 마찬가지다. 먼저 한도를 설정한 후 이 한도에 맞출 수 있도록 금융상품을 고르는 것이 순서이다. 그렇다면 한도는 어떤 식으로 정하는 것인가? 보통 금융기관에서는 투자하는 상품도 다양하고 관련 부서도 다수일뿐더러 세밀한 관리가 가능하기 때문에 여러 가지 한도를 설정해서 관리한다. 하지만 개인투자자에게 이러한 정도의 관리는 불가능할 뿐 아니라 그다지 필요하지도 않다. 개인투자자에게 적당한 한도 설정 방법은 최대로 감내할 수 있는 손실의 정도를 정하는 것이다. 내가 현재 투자 규모가 이 정도이니 최대 얼마까지의 손실은 발생해도 괜찮겠다고 금액으로 정하는 것이다. 아니면 몇 % 정도까지는 괜찮다고 비율로 정해도 좋다.

사람마다 리스크에 대한 성향은 다르기 때문에 정해진 손실을 용인할 수 있는 정도도 다를 것이다. 단, 여기서도 잊지 말아야 할 원칙은 리스크가 높으면 수익도 높다는 것이다. 손실 한도는 매우 작게 잡아놓고 수익 목표는 크게 잡는다면 앞뒤가 맞지 않는다. 즉 달성할 수 없는 목표가 된다. 따라서 손실 한도와 수익 목표가 거의 비례하도록 설정하는 것이 합리적이다. 수익 목표가 크면 손실 한도도 크게 잡는 것이 맞다. 본인이 리스크를 회피하고자 하는 성향이 강하다면 리스크 한도가 적어질 것이고 수익 목표도 이에 따라 그리 높지 않게 설정되어야 한다. 또한 리스크 한도를 설정할 때 본인의 성향과 함께 고려되어야 할 것은 자금의 성격이다. 자금이 언제 어디에 쓰일지가 확실히 정해져 있다면 당연히 손실 한도도 이에 따라 낮아져야 한다. 어떤 사람의 경우는 리스크 한도가 아예 0일 수도 있다. 원금에서 손실이 발생하면 안 된다고 생각하는 사람들이다. 이 경우에는 예금과 같이 원금이 보장되는 상품을 고르면 된다. 단, 높은 수익도 기대해서는 안 된다.

손실 한도가 정해졌으면 그다음 순서는 그 손실 한도에 적합한 상품 구성을 선택하는 것이다. 상품을 단 하나만 산다고 하면 이미 예상 수익과 손실 한도는 대략 결정나버리고 만다. 하지만 여러 개의 상품에 자산을 나누어서 투자한다면, 내가 자산을 어떻게 구성하느냐에 따라 자신이 설정한 손실 한도를 맞출 수 있다. 내가 대략 손실 한도를 투자자산의 10%라고 정했다 치자. 그리고 내가 투자할 수 있는 상품은 예금, 회사채, ELS 세 가지라고 가정하자. 예금은 손실이 발생하지 않으니 여기서 예상되는 손실률은 0%이다. 회사채는 우량한 것으로 선택해 예상 손실률을 5%라고 하고, ELS는 원금비보장 중 쿠폰이 높은 것을 선택해 예상 손실률이 20%라고 하자. 이들을 적절히 섞어서 예상 손실률이 10%가 나오도록 구성하려면, 어떻게 구성해야 할까? 예를 들어 예금에 20%, 회사채에 40%, ELS에 40% 투자하면 될까? 이렇게 되면 $0.2 \times 0 + 0.4 \times 0.05 + 0.4 \times 0.2 = 0.1$이 되어 손실 목표인 10%라는 숫자가 산출된다. 산술적으로는 예금과 회사채와 ELS에 2:4:4의 비율로 배분하면 전체 투자 금액의 리스크량이 10%라는 계산이 나오지만 실제로 이렇게 운용을 하게 되면 리스크량은 10%보다 작아지게 된다. 그 이유가 무엇일까?

이때 알아둬야 할 것 중 하나가 포트폴리오 효과라고 하는 것이다. 포트폴리오라는 것이 내가 가지고 있는 자산의 구성을 말한다. 하나의 자산만으로 자신의 포트폴리오를 구성하는 경우도 있을 것이고, 다양한 자산을 골고루 선택해 포트폴리오를 구성하는 경우도 있을 것이다. 그럼 하나의 자산으로만 투자한 경우와 두 개의 자산에 투자한 경우 어떻게 수익과 리스크가 달라지는지를 살펴보자.

신기한
포트폴리오 효과

　　　　　　　　세 명의 투자자가 주식을 투자하려고 한다. 모두 2014년 1월 2일에 1000만 원어치 주식을 매입했다고 가정하고(이렇게 가정하면 매입 주식수가 정수가 아닐 수도 있다. 예를 들어 1월 2일의 삼성전자의 주가는 130만 9000원이므로 매입 주식수는 약 7.65주가 된다), 3월 31일까지 이들의 자산가치가 어떻게 바뀌는지를 살펴보려고 한다. A씨는 삼성전자 주식만을, B씨는 현대차 주식만을, C씨는 삼성전자와 현대차 주식을 5:5의 비율로 매입했을 때, 이들 각 투자자의 성과가 어떻게 달라지는지 시뮬레이션을 해보자. 편의상 매일의 종가로 실제 수익이 발생했다고 가정하겠다.

　　152쪽의 그래프를 보면 해당 기간 동안 현대차의 수익이 삼성전자에 비해 좋았으므로 가장 많은 수익을 얻을 것으로 예상되는 사람은 B씨다. 두 주식을 반반씩 투자한 C씨가 그다음이고, A씨가 가장 낮은 수익을 얻을 것이다. C씨는 정확히 A씨와 B씨의 평균만큼 수익을 얻게 될 것으로 예상된다. 실제로 C씨의 평균 자산가치가 A씨와 B씨의 평균 자산가치를 평균 낸 것과 정확하게 일치한다. 그러나 이것이 자산의 변동성, 즉 리스크를 중심에서 보면 이야기가 달라지는데, 세 사람 중 리스크가 제일 적은 사람은 가장 수익이 낮은 A씨가 아니라 C씨다. 여기서 자산의 변동성은 일별 자산가치의 표준편차로 측정한다. 고등학교 수학 시간에 통계를 배우면서 구하던 바로 그 표준편차 맞다. 표준편차는 각 자산가치가 얼마나 많이 변했는지를 보여준다. 표준편차가 큰 주식은 변동이 심해서 오를 때 많이 오르고 내릴

삼성전자 주가 움직임

현대차 주가 움직임

출처: 한국거래소(KRX)www.krx.co.kr

단위: 원

	A씨	B씨	C씨
평균 자산가치	9,924,858	10,573,588	10,249,223
최대 자산가치	10,305,577	11,202,673	10,607,096
최소 자산가치	9,449,962	9,888,641	9,887,025
자산 변동성	202,544	345,742	200,829

세 사람의 포트폴리오 가치의 변동

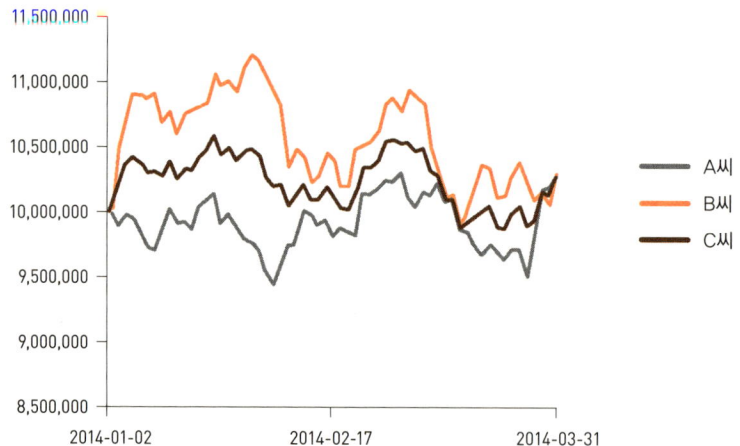

때 많이 내린다. 따라서 표준편차가 큰 주식은 돈을 벌 때도 많이 벌지만 손실이 날 때도 많이 나게 된다. 우리가 앞에서 계속 말해 온 것이 '수익이 높으면 리스크가 크다'는 것이었는데 어떻게 C씨는 수익은 2위를 차지하면서도 가장 적은 리스크를 가지게 되었을까?

이에 대한 답은 세 사람 간의 최대 자산가치와 최소 자산가치를 비교함으로써 찾을 수 있다. C씨의 최대 자산가치는 약 1060만 원이며 최소 자산가치는 989만 원 정도로 A씨와 B씨의 최대 자산가치 평균인 1075만원과 최소 자산가치 평균인 967만 원과 일치하지 않는다. 예상 수익이 되는 평균 자산가치는 정확히 두 사람의 중간이었는데, 왜 최댓값과 최솟값은 두 사람의 중간이 아니었을까? 이에 대한 답은 삼성전자와 현대차의 주가 움직임 그래프에서 찾을 수 있다. 두 주식의 움직임 양상은 매우 다르다. 삼성전자가 하락세를 걷고 있을 때 현대차는 오르기도 하고 현대차가 내리막을 걸을 때 삼성전자는 오른 적도 있다. 대략 살펴보자면 삼성전자가 최고가에 이른 날, 현대차의 주가는 최고가가 아니다. 또한 삼성전자가 최저가에 이른 날, 현대차의 주가는 최저가가 아니었다. C씨의 최대 자산가치가 A씨와 B씨의 최대 자산가치의 평균이 되려면 두 주식은 정확히 같은 날 최고가를 기록해야 한다. 한 주식은 올랐지만 한 주식은 내렸기 때문에 C씨의 최댓값과 최솟값은 A씨와 B씨의 최댓값과 최솟값의 중간값이 아니다. 그래서 C씨의 경우에는 최댓값과 최솟값의 차이가 A씨나 B씨에 비해 적으며 이는 낮은 자산 변동성으로 나타나는 것이다.

이것이 바로 소위 포트폴리오 효과라는 것이다. 포트폴리오에 서로 다른 성격의 자산을 담으면, 수익은 각 자산들의 수익의 평균이 되지만 리스크는 각 자산들의 리스크의 평균보다 낮아지게 된다. 위에서 설명한 것처럼 이러한 현상이 발생하는 이유는 각 자산들의 움직이는 방향이 서로 다르기 때문이다. 삼성전자 주가가 떨어질 때 현대차 주가는 떨어질 수도 있고 오를 수도 있다. 이때 삼성전자 주식만을 가지고 있는 사람은 삼성전자 주가 하락만큼 손실이 발생하는 것이지만, 삼성전자와 현대차 주식을 모두 가지고 있는 사람이라면 이날 현대차 주가도 동반하락 한다면 손실을 입게 되겠지만 현대차 주가가 올라간다면 삼성전자에서의 손실이 상쇄될 수도 있다. 이러한 이유로 손실의 폭이 줄어드는 것이다.

    서로 다른 주식들이 정확히 같은 방향, 같은 정도로 움직일 확률은 매우 낮다. 그래서 서로 다른 주식을 섞으면 리스크를 낮출 수 있다. 물론 대박 날 확률도 낮아지겠지만 앞의 예시에서 본 것처럼 수익이 줄어드는 폭에 비해 리스크는 훨씬 더 많이 낮아진다.

    포트폴리오 효과는 편입된 자산이 서로 다른 방향으로 움직이는 정도가 크면 클수록 확실해진다. 서로 다른 두 개의 자산이 얼마나 비슷하게 움직이는지를 측정하는 지표가 있는데 이를 상관관계(correlation)라고 한다. 위의 예에서 삼성전자와 현대차의 상관관계는 0.0055였다. 상관관계는 -1에서부터 1까지로 측정되는데 상관관계가 -1이면 정확히 반대 방향으로 움직인다는 의미고 1이면 정확히 같은 방향으로 움직인다는 의미다. 서로 같은 방향으로 움직이면 두 주식의 오르는 날이랑 내리는 날이 거의 일치하기 때문에 손실의 상쇄 효과가 적어 포트폴리오 효과도 적다. 상관관계가 낮을수록, 그러니까 -1로 갈수록 포트폴리오 효과가 크다. 상관관계 0.0055 정도면 낮은 편이라 하겠다. 그래서 앞의 예에서 리스크가 더 많이 줄어든 것이다.

포트폴리오를 구성할 때 모든 주식 쌍의 상관관계를 측정하는 것은 불가능하다. 그리고 의미도 없다. 왜냐면 상관관계라는 것은 불변의 숫자가 아니라 측정 시점에 따라 계속 달라지는 것이기 때문이다. 앞의 그래프에서도 보면 1월 말부터 2월 중순까지는 두 주가가 반대로 움직이지만, 3월 초순 즈음에는 비슷하게 움직인다.

그렇다면 상관관계를 어떻게 고려해 포트폴리오를 만들어야 하는가? 때로는 정확한 수리적 측정보다는 직관에 따라 선택하는 것이 더 나을 수 있다. 서로 비슷하지 않은 두 주식을 선택하면 된다. 동일한 산업 내의 두 주식은 서로 다른 산업 내의 두 주식보다 같은 방향으로 움직일 확률이 높다. 건설업 경기가 안 좋을 때 건설주들이 같이 떨어지는 것을 보면 확실히 그렇다. 특정 그룹 내의 두 주식은 서로 다른 그룹의 두 주식에 비해 같은 방향으로 움직이는 경향이 있다. 특정 그룹 주식이라면 그 그룹에서 발생한 나쁜 뉴스로 인해 한꺼번에 하락할 가능성이 높기 때문이다.

이러한 방식으로 서로 다른 성격을 가진 주식들을 찾아 섞으면 포트폴리오 효과를 더 높일 수 있다. '계란은 한 바구니에 담지 마라'라는 주식시장의 고전적인 금언이 바로 이 포트폴리오 효과를 가리키는 것이다.

이 효과는 두 주식 사이에서만 적용되는 것이 아니라 보다 많은 주식으로 확장될 수 있다. 포트폴리오의 가장 대표적인 것이 지수다. 지수라는 것은 많은 주식 종목의 가치 변화를 하나의 숫자로 표현한 것으로 '시장 포트폴리오'라고도 한다. 코스피, 코스피200 이러한 것들이 지수다. 이 지수들은 많은 주식을 묶어서 만든 것이기 때문에 개별 주식에 투자하는 것보다 훨씬 리스크가 적다(물론 모든 주식이 한꺼번에 떨어지는 시장 붕괴와 같은 상황에서는 지수도 어쩔 수 없지만). 지수에 투자하는 방법에는 선물이나 옵션에 투자하는 방법, 지수를 추종하는 펀드에 투자하는 방법 등이 있는데, 개인 투자자가 가장 손쉽게 할 수 있는 방법이 ETF라는 상품에 투자하는 것이다(ETF에 대한 상세한 설명은 이 장 끝의 'BOX 9'를 참고하라).

포트폴리오는 주식에만 적용되는 것이 아니며 주식이면 주식, 채권이면 채권과 같이 하나의 자산 구분 내에서만 적용되는 것도 아니다. 주식과 채권, 주식과 예금 이러한 방식으로 서로 다른 종류의 자산을 섞어도 동일한 효과를 얻을 수 있다. 그렇다면 주식과 채권을 섞는 경우 어떻게 되는지 살펴보자.

일반적으로 금리가 인하되면 주가는 오른다고 생각한다. 금리 인하로

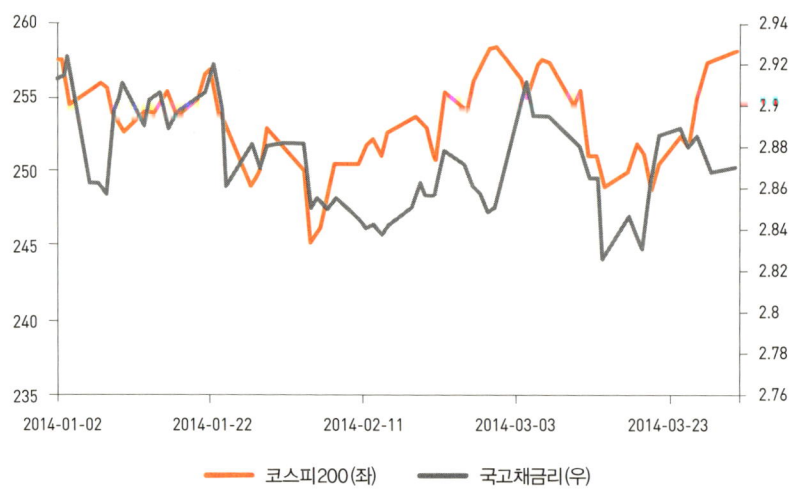

주가지수와 국고채 금리의 변동 추이

출처: www.krx.co.kr, www.kofiabond.or.kr

인해 풍부해진 유동성이 주식시장으로 흘러드는 이른바 유동성장세 때문이다. 그런데 앞의 그래프를 보면 반드시 그런 것 같지는 않다. 앞의 그래프는 2014년 1월부터 3월까지의 3개월간 일별로 코스피200의 움직임과 3년 만기 국고채 금리의 움직임을 도식화한 것이다. 두 시장 지표가 상당히 유사하게 움직이는 것을 볼 수 있다. 또한 채권의 가격은 금리의 움직임과 반대이므로, 주식과 채권 가격의 움직임은 서로 반대 방향에 가깝게 나타났다고 볼 수 있다. 따라서 주식과 채권으로 포트폴리오를 구성함으로써 리스크를 완화시키는 효과를 볼 수 있다.

손실 한도를 정확히 계량할 필요는 없다. 개인투자자가 금융기관 수준으로 할 수는 없다. 대략적인 수준을 정하면 된다. 상품마다 예상되는 손실의 값을 계산할 수는 있겠지만, 개인 차원에서 이러한 정도로 정교하게 계산하는 것은 들이는 시간과 노력 대비 효용이 크지 않다. 차라리 자신의 위험 성향을 상, 중, 하 또는 5단계 정도로 나누어서 여기에 해당되는 상품과 매치해보고 결정하는 것을 권고한다. 상품별로 수익과 리스크의 크기가 어떻게 다른지는 '투자 의사결정, 어떻게 해야 할까?' 장에서 설명할 것이다. 앞에서 말했듯이 수익과 리스크의 목표치를 정하는 것이 우선이다. 이에 대해서는 애석하게도 이 책에서 도움을 줄 수 있는 것이 그리 많지 않다. 왜냐하면 본인의 성향과 상황이 가장 중요한 결정 요소이기 때문이다. 자신의 상황을 냉정하게 점검한 후에 목표를 정했다면 '리스크 맵'(투자 의사결정, 어떻게 해야 할까' 장 참조)에서 후보가 될 만한 상품을 고르고 이 상품들을 서로 섞어 리스크를 낮추어보자.

ETF 종류별 차이

거래소에서 거래되는 주식 종목 중 ETF라는 것이 있다. 이것은 사실 주식이라기보다 Exchange Traded Fund라는 이름에서 알 수 있듯이 펀드상품이다. 은행이나 증권회사에서 살 수 있는 간접투자상품인 보통의 펀드(예를 들면 이머징마켓 펀드나 가치주 펀드 등과 같은)와 마찬가지로 자산운용사에서 운용한다. 차이가 있다면 이 펀드는 주식시장에 상장되어 일반 주식(삼성전자, 현대차 등의 주식)처럼 HTS를 통해서도 쉽게 사고팔 수 있다는 점이다. ETF는 펀드이기 때문에 꽤나 다양한 종류가 거래되고 있다. 주로 개별 주식을 합쳐 만든 특정 지수(Index)를 따라 움직이도록 구성이 되어 있다. 코스피200을 추종하는 종류도 있고 특정 그룹이나 섹터를 추종하는 종류도 있고 채권 같은 비주식 상품을 추종하는 종류도 있다. 특정 지수의 2배만큼 가격이 움직이도록 설계된 ETF도 있고(레버리지 ETF), 특정 지수와 반대로 움직이도록 설계된 ETF도 있다(인버스 ETF).

특정 지수를 추종하는 ETF와 그 지수의 인버스 ETF, 레버리지 ETF의 가격 움직임이 서로 어떤 관계에 있는지는 다음의 그래프를 비교함으로써 알 수 있다(159쪽). 코스피200 추종 ETF는 거의 코스피200과 수익률이 1:1의 관계에 있다고 보면 된다. 반면 코스피200이 1% 상승하면 인버스는 1% 하락하고 레버리지는 2% 상승한다.

그렇다면 이 ETF들의 리스크는 어떻게 다를까? 앞에서 포트폴리오라는 개념을 설명하면서 언급했듯이 코스피200이라는 지수를 추종하는 ETF는 개별 주식에 직접 투자하는 것보다는 리스크가 낮다. 코스피200이 지수이기 때문에 포트폴리오 효과에 의해 개별 주식보다 리스크가 낮아지는 것이다. 대신 계속 언급되고 있

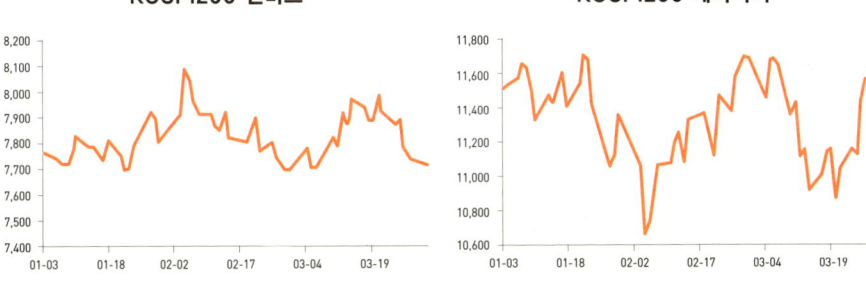

출처: 한국거래소(KRX)www.krx.co.kr

는 고수익 고위험의 원칙을 적용해보면 개별 주식보다 대박의 확률은 적다. 개인 투자자의 입장에서는 투자 자금 여력이라든지, 투자 후 관리의 문제라든지 하는 이유로 개별 주식을 다양하게 투자하는 데 한계가 있다. 이럴 때 ETF는 개별 주식처럼 손쉽게 사고 팔 수 있으며(ETF는 유동성도 충분하다. 유동성이 리스크에 미치는 영향에 대해서는 '만기 이전에 돈이 필요해진다면' 장에서 자세히 설명하고 있다), 포트폴리오의 안정성을 제공해주는 좋은 대안이 될 수 있다.

인버스 ETF는 지수와 방향은 반대로, 움직이는 크기는 비슷하게 움직인다. 인버스 ETF를 1주 사서 가지고 있는 것은 같은 금액의 동일 지수 추종 ETF를 파는 것과 같다. 이와 유사한 개념이 주식의 공매도인데, 특정 주식이 하락할 것이 예상될 때 활용하는 전략이다. 이름이 공매도(公賣渡)인 것은 내 손에 가지고 있지 않은 주식을 파는 것이기 때문이다. 예를 들어 A사 주식이 1만 원인 시점에서 내가 주식을 빌려와서(아무리 공매도라도 빌려와서 팔아야 함) 1주를 판다고 치자. 주가가 9000원으로 하락하면 시장에서 이 주식을 사서 빌린 주식을 갚는다. 그럼 9000원에 사서 1만 원에 파니까 1000원이 남는 셈이다.

이와 비슷한 거래가 주가지수 선물이나 개별 주식 선물을 매도하는 것이다. 선물의 경우는 내 손에 없어도 매수, 매도가 모두 가능하다. 선물 매도도 돈을 버는 전략은 공매도와 마찬가지다. 가격이 비쌀 때 팔고, 쌀 때 되사는 것이다. 그렇지만 공매도나 선물 매도가 개인투자자 입장에서 쉽게 다가갈 수 있는 것은 아니다. 일단 공매도는 제도상 여러 가지 제약이 있다. 공매도가 가능한 주식의 종류도 한정되어 있고, 시장 상황에 따라 일정 기간 관리 당국의 결정에 의해 중단되기도 하며, 주식을 빌리는 데 드는 수수료도 있다. 선물의 경우는 증거금 제도라는 것이 있어 개인투자자가 선뜻 뛰어들기 어렵다. 또한 매도의 경우 주식을 빌려줄 때 만기가 있고 선물도 3개월마다 만기가 돌아오기 때문에 그 만기 이전에 원하는 대로 주가가 움직이지 않을 경우 손실을 볼 가능성도 있다.

반면 인버스 ETF는 거래할 수 있는 단위가 작고 주식과 같이 만기가 없으며 거래 수수료도 저렴한 편이어서 훨씬 활용도가 높다. 개인이 가지고 있는 주식 포트폴리오는 일반적으로 매수 한 방향이기 때문에 이를 이용해서 리스크 헤지를 하는 것도 가능하다(헤지에 대해서는 '완벽한 헤지란 없다' 장을 참조). 그리고 이 역시 개별 주식의 포트폴리오인 지수를 추종하기 때문에 개별 주식보다 가격 변동폭도 적다.

레버리지 ETF는 고수익을 얻는 데 좋은 만큼 리스크도 높다. 벌 때는 2배의 돈을 벌지만 이는 반대로 이야기하면 손실도 두 배가 된다는 것이다. 그렇기 때문에 지수를 추종하긴 하지만 비교적 위험이 높은 편이다. 레버리지 ETF에 대해서는 이미 '리스크, 피하지만 말고 이용하라' 장에서 상세히 다룬 바 있다. 자신의 투자 성향에 따라, 그리고 현재 가지고 있는 자산의 구성에 따라 적절히 선택한다면 좋은 투자가 될 것이다.

7장

은행에서 판다고 다 안전한 것은 아니다

우리가 금융상품에 대해서 흔히 갖고 있는 생각 중 하나는 은행에서 사는 상품이 증권회사나 다른 금융기관에서 사는 상품보다 안전할 것이라는 것이다. 이는 맞는 말이기도 하고 틀린 말이기도 하다. 왜 이러한 생각을 갖게 되었는지는 쉽게 짐작이 간다. 은행이 증권회사에 비해 안전하다는 것은 널리 알려진 상식이며, 이는 은행에서 사람들이 가장 많이 가입하는 상품이 예금이기 때문일 것이다. 예금은 실제로 가장 안전한 상품 중 하나이다. 은행이 망하는 경우에 예금주에게 손실이 발생하게 되는데, 은행이 망하면 국가 경제적으로 큰 문제가 발생하기 때문에 이를 방지하기 위한 여러 가지 장치들이 설계되어 운영되고 있다. 따라서 은행이 망할 확률은 지극히 낮다고 봐도 된다. 또한 은행이 망한다 하더라도 예금자 보호제도를 통해 가입자들은 어느 정도 보호를 받을 수 있다.

한편 증권회사에서 사람들이 주로 이용하는 것은 투자상품이다. 예금과는 달리 투자상품은 원금을 반드시 보장하지 않기 때문에 더 위험한 것이 사실이다. 그래서 사람들은 은행은 안전한 곳, 증권회사는 위험할 수도 있는 곳이라는 생각을 무의식적으로 하고 있는 듯하다.

그런데 은행에서 파는 것이 증권회사에서 파는 것보다 안전하다는 생각에는 근본적인 한 가지 오해가 숨어 있다. 바로 은행에서 파는 것이 모두 다 은행에서 '만든' 상품일 것이라는 오해이다. 사실 은행에서 파는 상품 중 상당 부분은 은행에서 '만든' 상품이 아니라 은행에서 '떼다 파는' 상품이다.

우리가 재테크의 수단으로 활용할 수 있는 금융상품 중 은행에서 취급하는 것은 대략 예금, 적금, 신탁, 펀드, 보험 등으로 구분할 수 있다. 이 중에서 은행에서 만든 상품은 예금과 적금밖에 없다. 신탁, 펀드, 보험은 은행에서 판매만 하는 것이다. 그럼 여기서 '만든' 상품과 '팔기만 하는' 상품의 차이를 살펴보자.

만든 상품과 팔기만 하는 상품의 차이는 이 상품이 은행의 대차대조표에 포함이 되느냐 아니냐 하는 것이다(여기서의 대차대조표는 은행의 고유자산과 부채를 표시하는 '은행계정'을 의미한다. 신탁상품의 경우는 '신탁계정'이라고 하여 별도의 대차대조표가 있으나 여기에 기입된 대부분의 자산, 부채는 은행이 가진 고유의 것이 아니므로 제외하기로 한다). 대차대조표라는 것은 특정 시점의 어떤 은행 또는 회사의 재무 상태, 즉 현재 가지고 있는 자산은 얼마이며 부채는 얼마인지를 보여준다. 자산은 받을 돈이고 부채는 갚을 돈이다. 은행의 예금과 적금은 은행의 입장에서 보면 예금주들의 요구가 있을 때 내어주어야 하는 돈이므로 갚을 돈, 즉 부채이다. 따라서 예금이나 적금은 은행의 대차대조표의 '부채'에 표기된다. 하지만 펀드의 경우는 은행에서 판다고 해도 은행의 대차대조표에 기표되지 않는다. 즉 은행이 갚아야 할 의무가 없는 돈이다. 그러니까 사실상 이 상품들은 은행의 안정성과는 무관하다.

은행이 증권회사보다 안전하다?

아래 표는 펀드 정보를 제공하는 사이트에서 인용한 것으로, 하나의 특정 펀드 상품이 어디에서 판매되고 있는지를 보여주는 것이다. 표에서 보는 것처럼 동일한 상품을 은행에서도 팔고 증권사에서도 팔고 있다. 이 동일한 펀드 상품에 대해 은행에서 팔면 안전하고 증권회사에서 팔면 덜 안전하다고 생각하는 것은 아무래도 이상하다. 우리가 가공식품을 구매할 때 동일한 제조사에서 만든 동일한 상품이라면 대기업이 운영하는 대형마트에서 사든 동네 조그마한 슈퍼마켓에서 사든 그 안정성은 동일하지 않겠는가. 그 식품의 안정성에 영향을 미치는 것은 어디서 샀는지가

A펀드의 판매사 정보

판매사	판매잔고(억 원)	비중(%)	문의처
기업은행	15.00	7.79	02-729-6114
미래에셋증권	103.78	53.89	02-3774-1700
삼성증권	28.76	14.93	02-2020-8000
한국씨티은행	24.07	12.50	02-3455-2114

출처: 펀드닥터 www.funddoctor.co.kr

아니라 어디서 만들었느냐 하는 것이다. 그래서 우리는 가공식품을 살 때 식품의 제조사를 확인하지, 대형마트에서 판다고 무조건 믿지 않는다. 이와 마찬가지로 금융상품도 그 상품의 리스크와 관련된 사항을 따질 때는 그 상품의 판매사가 아니라 제조사(운용사)를 확인해야 하는 것이다.

당연히 은행은 증권회사보다 안전하다. 우리나라의 감독기관이 증권회사에 대해서도 은행만큼의 건전성 관리를 요구하기 때문에 증권회사들의 안정성이 꽤 높긴 하지만 은행이 더 안전하다는 데에는 별다른 이견이 없을 것이다. 하지만 은행이 안전하기 때문에 리스크가 낮다고 할 수 있는 상품은 은행에서 자신의 고유계정에 가지고 있는 상품뿐이다. 단지 판매를 대행하고 있는 펀드, 신탁, 보험 상품은 은행의 자체적인 리스크와 무관하다. 이 이야기가 의미하는 바는 펀드나 신탁상품이 은행 예금보다 위험하다는 것만이 아니다. 핵심은 은행의 신용도가 은행에서 '팔기만 하는' 펀드나 신탁상품에 미치는 영향이 없다는 것이다. 예를 들어 내가 펀드나 신탁을 가입한 은행이 부도가 났다면 예금은 손실이 발생할 수 있지만 펀드나 신탁은 이와 무관하게 손실을 입지 않는다. 즉 리스크가 서로 구분되어 있다는 이야기다.

이해를 돕기 위해 굉장히 성격이 비슷하고 심지어는 이름마저 비슷해서 우리를 헷갈리게 하지만, 이 장의 주제와 매우 밀접하게 관련되어 있는 상품들을 예로 들려고 한다. 바로 집합적 의미의 주식연계 파생상품이다. 이름이 거창해서 이건 또 무슨 복잡한 상품일까 할지도 모르겠으나 요즘 많이들 투자하고 있는 ELS(주식연계증권)와 비슷한, 친척관계에 있는 상품들의 모임이라고 생각하면 된다(주식연계 파생상품의 구조와 이로 인한 리스크 속성은 '리스크가 높으면 나쁜 상품인가?' 장에서 상세히 설명하고 있다). 주식연계 파생상품 안에는 4가지 상품군이 있다. ELD, ELS, ELT, ELF가 그것이다(요즘 나오는 ELB는 ELS와 성격이 비슷하므로 이에 포함시키도록 한다). 너무나도 헷갈린다. 한글도 아닌 세 개의 영어 알파벳으로 되어 있는데다가 앞의 두 글자는 똑같다. 서로 동일한 앞의 두 글자는 이들이 서로 친척지간임을 알려준다.

주식연계 파생상품이라는 가족의 형제들인 4가지 상품 ELD, ELS, ELT, ELF에 공통적으로 들어가는 두 글자 EL은 Equity Linked의 약자로 '주식연계'로 번역된다. 주식연계 상품에 대해서는 앞에서 상세하게 다뤘으므로 여기서는 뒤의 세 번째 알파벳을 중심으로 살펴보겠다. D는 예금(deposit), S는 증권(security), T는 신탁(trust), F는 펀드(fund)의 약자이다. 따라서 이 상품들은 주식연계라는 공통의 성질을 가지고 있으면서 어떤 종류의 상품으로 금융소비자에게 팔리게 되느냐 하는 점에서 차이가 있는 상품들이다. 즉 포장이 다른 것이다. 이 상품들이 비슷하면서도 리스크 속성이 조금씩 다른 것은 바로 이 포장의 차이에서 발생한다. 포장의 차이가 만드는 사람이 누구냐 하는 기본적인 차이에 의해 생기기 때문이다. 이제 각 상품을 자세히 들여다보자.

한 글자 차이가 중요하다

ELD는 예금이긴 하지만 보통의 예금처럼 이자가

처음부터 정해져 있는 것이 아니라 만기 시점의 주가 수준에 따라 정해진다. ELD는 예금이라는 상품 구분으로 인해 다른 주식연계 상품과 근본적으로 차별되는 점이 있는데, 그것은 반드시 은행에서 만들어야 한다는 것과 원금보장이 돼야 한다는 것이다. 원래 예금은 은행뿐 아니라 수신을 취급하는 금융기관, 예를 들면 저축은행, 신용금고 등에서도 취급이 가능하다. 하지만 ELD는 내부에 복잡한 파생상품의 구조가 포함되어 있어 은행만 취급할 수 있다. 또한 예금은 원칙적으로 원금 부분에서 손실이 발생하면 안 된다. 원금에서 손실이 발생하면 그것은 예금이 아니라 '자본시장과 금융투자업에 관한 법률'상의 증권이 된다('서문'의 투자상품의 정의를 참고하자). 그래서 ELD에서는 스텝다운형 상품과 같이 원금에서 손실이 발생할 수 있는 구조의 상품은 찾아볼 수 없다. 또한 ELD는 예금이기 때문에 예금자 보호법에 의해 보호를 받을 수도 있다.

ELS는 증권회사에서만 만들어 판다는 것이 ELD와는 근본적으로 다르다. 예금이 아닌 증권이기 때문에 원금손실이 가능한 구조로도 설계가 가능하다. 그래서 ELD에 비해 훨씬 다양한 종류의 상품이 제공된다(최근에 원금보장형 ELS가 ELB(Equity Linked Bond)라는 이름으로 출시되고 있어, 투자자로서는 더욱 혼란스럽다. Bond는 회사채를 의미하는데 회사채는 증권(securities)에 포함된다. ELS는 인가를 받은 증권사만 발행할 수 있지만, 회사채는 은행에서도 발행할 수 있다. 일단은 증권회사에서 발행되는 ELB는 ELS와 동일하게 취급하자). ELS는 증권회사에서 발행되는 채권의 일종이기 때문에 증권회사의 신용도와 깊이 관련되어 있다. ELS의 구조상 기초자산의 주가가 올라 높은 수익을 얻을 수 있는 조건이 충족된다 할지라도, ELS의 만기 이전에 이를 발행한 증권회사가 부도가 난다면 ELS를 보유한 투자자는 원금마저 돌려받지 못할 수도 있다(동양 사태 이후의 뉴스를 찾아보면 이 무렵 동양증권의 ELS 환매가 급증했다는 기사를 찾아볼 수 있는데, 이는 동양증권마저 부도가 날까 우려한 투자자들이 투자 자금을 회수하기 위하여 취한 조치라고 해석된다). 이러한 측면에서 보면 ELS는 그 증권회사가 발행한 회사채나 마찬가지다.

ELD의 경우에도 이를 만든 은행이 부도가 나면 이를 돌려받지 못할 수 있다. 일반 예금이 은행이 부도가 나면 돌려받지 못하는 것과 마찬가지다. 하지만 ELD의 경우와는 달리 ELS는 예금자 보호법상 보호의 대상이 아니다. 증권회사의 부도 위험에 완전히 노출되어 있는 것이다. 하지만 우리나라의 경우 증권회사도 금융감독원으로부터 높은 수준의 자본 적정성을 요구받을 뿐 아니라, 장외파생상품 거래업무 인가제도라는 것이 있어 금융감독원으로부터 여러 가지 심사를 통과해 장외파생상품업자로 승인을 받은 증권회사에서만 ELS를 발행할 수 있기 때문에 증권회사의 부도로 인한 손실 위험은 매우 제한적인 수준이라 하겠다. 금융감독원이 적정한 수준의 자본이 쌓여 있고 상품을 구조화하거나 이에 대한 위험을 관리할 역량이 되는 증권회사에 대해서만 ELS의 발행 자격을 주는 이유가, 바로 한 증권회사가 부도가 나면 그 증권사에서 발행한 ELS에 투자한 투자자들이 직접적인 손실을 떠안게 되기 때문이다.

ELT는 신탁이기 때문에 신탁업 인가를 받은 금융사에서 취급할 수 있으며 신탁업은 은행과 증권회사에서 모두 수행할 수 있다. 보통은 신탁업을 담당하는 조직에서 ELT를 구조화해 운용하는 대신, 증권회사로부터 ELS를 사 와서 편입해 운용한다. 신탁의 경우 투자자는 편입자산에서 발생한 수익과 손실을 고스란히 안게 되며, 신탁업자는 이에 관여할 수 없다. 따라서 이 상품의 경우 중요한 것은 신탁업자, 즉 주식연계상품의 구입처라기보다 ELS 자체를 만든 증권회사이다. 오히려 신탁업자의 경우는 투자자 보호를 위해 신탁상품의 리스크와 절연이 되어 있다. 따라서 신탁업자가 망한다 하더라도 신탁상품의 투자자는 거의 영향이 없다. 하지만 신탁상품에 편입된 ELS의 발행자인 증권회사가 부도가 나면 직접적으로 영향을 받게 되어 있다. 따라서 신탁상품의 경우 어디서 사느냐(신탁업자)보다 어디서 만들었느냐(편입된 ELS의 발행자)가 중요해진다. 이런 점에서 ELT는 바로 뒤에 나올 ELF와 리스크 속성이 유사하다.

ELF는 펀드이기 때문에 자산운용사에서만 만들 수 있다. 자산운용사에서 다양한 ELF 상품을 만들지만, 대부분 ELT와 마찬가지로 다른 증권회사에서 만들어놓은 ELS를 사서 편입하는 형태지 직접 운용해서 수익을 돌려주는 형태가 아니다. 자산운용사도 ELF의 리스크 속성에 거의 영향을 미치지 않는다. 자산운용사의 부실 위험이 펀드 투자자에게 미치지 않도록 제도적으로 절연이 되어 있기 때문이다. 자산운용사는 펀드마다 재산을 명확히 구분하고 있으며 자신들이 보유하고 있는 자기 재산과도 분리하고 있어, 자산운용사의 부도 위험은 투자자에게는 크게 문제가 되지 않는다. 오히려 문제가 되는 것은 내가 산 펀드에 편입되어 있는 ELS 발행자의 신용도다. 실제로 ELF 상품에 편입된 ELS의 발행사가 부도가 나서 크게 문제가 되었던 적이 있다. 물론 이때 ELF를 운용한 자산운용사는 멀쩡한 상태였다.

ELF에 편입된 ELS 부도 사례

사건의 개요는 이렇다. W자산운용사에서 운용하던 ELF 상품에 리먼브라더스에서 발행한 ELS가 편입되어 있었다. 2008년 9월 발생한 리먼브라더스의 부도는 워낙 세상을 떠들썩하게 만들었기 때문에 모르는 사람이 없을 것이다. 부도가 나기 직전까지 이 회사는 세계 4위의 투자은행이었기 때문에, 이 회사의 부도는 매우 충격적이었고 연쇄적인 금융 위기를 불러왔다. 그런데 이 회사의 부도로 W사에서 운용하던 ELF도 같이 부도가 나버렸다. 이 펀드의 경우 문제가 됐던 것은, 단순히 리먼브라더스가 파산하면서 우리나라의 개인투자자들에게 영향을 미쳤기 때문이라기보다는, 이 자산운용사에서 ELS의 발행자를 BNP파리바라는 투자은행에서 리먼브라더스로 바꾸면서 고객의 동의를 얻지 않았기 때문이다. 이 내용은 차치하고서라도, 여기서 알 수 있는 것은 ELF의 경우 편입되어 있는 ELS의 발행자가 부도가 나면 그 손실이 고스란히 ELF의 투자자에게 미친다는 것이다. 자산운용사의 경우는 이 상품의 손실을 보전해줄 의무가 없으며 보전해주어서도 안 된다. 따라서 ELF의 경우도 ELT의 경우처럼 판매처가 아니라 제조사를 꼭 확인해야 하는 것이다.

파는 사람보다 중요한 것은
만드는 사람

그럼 다시 과연 은행에서 파는 상품은 다 안전한 것인가 하는 문제로 돌아가보자. 앞에서 언급한 4가지 주식연계 파생상품 중 은행에서 살(가입할) 수 있는 상품은 ELD, ELT, ELF 세 가지다. 앞에서 살펴보았듯이 이 중 ELD만이 은행에서 직접 만든 상품이기 때문에 은행의 신용도와 관련되어 있다. ELT와 ELF의 경우 은행의 역할은 판매자이기 때문에 이 상품의 경우 은행의 신용도와는 무관하다. 동일한 증권사에서 발행한 ELS를 편입한 신탁상품과 펀드상품을 A은행에서 팔 수도, B은행에서 팔 수도, C증권사에서 팔 수도 있다. 이 경우 모두 해당 상품의 리스크는 동일하다. 동일한 상품을 은행에서 판다고 증권사에서 파는 것보다 더 안전하다거나 대형은행에서 판다고 조금 규모가 작은 은행에서 파는 것보다 안전하다는 논리는 성립되지 않는다. 중요한 것은 만든 사람이 누구냐 하는 것이다.

이 상품들에서 EL이라는 앞의 두 글자를 떼어내면 이 상품들의 만든 이와 파는 이에 관련된 리스크를 일반화할 수 있다. 예금(D: deposit)은 예금을 취급하는 금융기관이 만들고 판다. 은행이나 저축은행, 신용협동조합 등에서 취급하는데 이 취급 금융기관의 리스크가 예금에 직접적으로 영향을 미친다. 이 기관들이 부도가 나면 예금주들이 그 피해를 입게 된다. 이에 대한 상세한 사항은 '공부하라, 생각처럼 어렵지 않다' 장에서 확인하기 바란다.

증권(S: securities)은 증권의 발행자가 만든 사람에 해당하며, 파는 사람은 단순 판매자일 수도 있고, 만든 이일 수도 있다. 주식이나 채권은 해당 기업이 만든 이이며, ELS는 증권사가 만든 이다. 이 상품들도 역시 만든 이가 부도가 나면 투자자는 손해를 입는다. 하지만 판매자와는 상관이 없다. 예를 들어 A증권사 창구를 통해 B기업의 회사채를 샀다고 하자. 이 투자자에게 손실을 미치는 것은 A증권사의 부도가 아니라 B기업의 부도이다.

펀드(F: fund)는 만드는 이가 자산운용사이며, 파는 이는 증권사나 은행이다. 펀드는 만드는 이나 파는 이의 부도가 투자자에게 영향을 미치지 못한다. 왜냐면 자산운용사가 부도가 난다 하더라도 그 자산운용사에서 편입한 자산은 그대로 있기 때문이다. 운용사는 만드는 이긴 하지만 자산을 원천부터 만드는 이가 아니고 여기저기서 다른 자산을 사와서 조합해서 펀드를 만들기 때문이다. 펀드는 편입된 자산의 부도 여부가 투자자의 손실을 결정한다.

신탁(T: trust)은 펀드와 유사하다. 만드는 이와 파는 이는 신탁업자이지만 신탁상품을 구성하여 만들 권한과 책임은 전적으로 투자자에게 있기 때문에 신탁업자가 부도가 난다 하더라도 그 속에 투자자산은 그대로 남아 있어 투자자에게는 손해가 미치지 않는다. 이 경우도 개별 투자자산 자체의 부도 여부가 투자자에게 손실을 미치는 요소가 된다. 간단히 말해 펀드와 신탁은 중간에 개입된 금융기관들이 복잡한 상품의 운용을 대신해주는 것일 뿐 그들의 리스크가 직접 이 상품에 영향을 미치지는 못한다는 것이다.

요즘에는 은행에서도 다양한 투자상품을 취급하게 되면서 투자자들은 증권사나 보험사에서 파는 상품들도 은행을 통해 살 수 있게 되었다. 그러면서 자칫 가질 수 있는 오해는 은행에서 파는 상품은 다 예금처럼 원금이 보장되는 것 아닌가 하는 점이다. 하지만 모두 다 그런 것은 아니라는 점을 반드시 알아야 한다. 특히 펀드나 신탁이라는 이름이 붙은 것이 그렇다. 이들은 절대 예금이 아니며, 원금보장이 안 되는 상품을 편입할 수도 있고, 또 상품 자체의 손실이 발생한다고 해서 은행에서 손실을 보전해주지도 않는다(물론 일부 법적으로 은행에서 손실을 보전해줄 수 있는 상품을 허용해주었지만 일반 투자자가 살 수 있는 상품에는 이러한 것이 거의 없다고 생각하면 된다). 앞으로는 은행에서 파는 상품은 무조건 안전할 것이라는 생각을 버리고 반드시 이 상품의 제조사가 누구인지를 따져보도록 하자.

신용등급에 의존하지 마라

이 책을 읽는 독자들은 대부분 주식 투자를 해본 경험이 있을 것이다. 물론 주식 투자를 해보지 않은 투자자도 있겠지만, 최소한 주변에 주식 투자를 해본 경험이 있는 사람을 만나본 적은 있을 것이다. 주식 투자를 할 때 사람들은 어떤 기준으로 주식을 선택할까? 투자자마다 주식을 선택하는 기준은 다양하다. 배당을 많이 주는 기업, 회사의 이익 대비 주가가 저렴한 기업, 앞으로 성장이 기대되는 기업, 주가가 그동안 너무 많이 떨어져서 오를 것으로 기대되는 기업 등등. 그런데 이들의 공통점이 있다. 바로 주가가 오를 것으로 예상되는 기업에 투자한다는 점이다. 이들은 기업의 부도 가능성보다는 주가의 상승 가능성에 초점을 둔다. 왜냐하면 그에 따라서 본인의 수익이 달라지기 때문이다.

이제 채권 투자자를 생각해보자. 채권은 주식과 다르게 만기가 있고, 만기까지 그 기업에 돈을 빌려주고 일정한 수준의 이자를 받기로 약속하는 것이다. 때문에 그 회사가 부도가 나지 않는 이상은 만기에 정해진 이자를 받게 된다. 즉 만기까지 부도가 나지 않는다면, 나의 수익은 정해져 있다. 이것이 채권 투자자들이 그 기업의 수익성보다 부도 가능성에 관심을 가져야 하는 이유이고, 신용등급을 확인해야 하는 이유이다. 개인투자자들은 신용등급을 통해 그 회사의 부도 가능성을 짐작해보곤 한다. 금융기관도 크게 다르지는 않다. 신용등급별로 투자 한도를 정하고, 그 이상 투자하지 못하도록 관리한다. 또한 금융기관마다 신용 위험을 분석하는 전문가가 있다. 그럼에도 불구하고 금융기관에서 투자하고 있는 채권도 부도가 나는 경우가 발생한다. 이렇듯 신용 위험(부도날 위험)을 관리한다는 것은 전문가들이 있는 금융기관에서조차도 쉽지 않은 일이다.

채권에도 내신이?

신용등급은 그 회사의 신용도를 점수화한 것이라고 생각하면 된다. 그런데 세상은 그 점수대로 움직이지 않음을 우리는 이미 경험했다. A등급의 신용등급을 가지고 있는 회사가 파산하거나 법정관리에 들어가기도 했다. 대표적인 예로, 리먼브라더스는 2008년 파산되기 직전 국제 신용평가사 S&P 기준 신용등급이 A등급이었다. A등급이면 우리나라의 신한은행, 우리은행, 하나은행 등과 같은 등급이다. 이 밖에 우리나라에서도 최근 A등급이었던 KT ENS가 법정관리를 신청한 바 있으며, 이 외에도 법정관리를 신청한 기업들이 실제 부도가 발생하기 전, 부도를 짐작할 수 있는 낮은 등급을 받고 있었던 것이 아니었다. 신용등급은 계단과 비슷하다. 오를 때는 한 단계씩 오르지만 내려올 때는 한 번에 굴러 떨어질 수 있는 위험이 있다. 물론 그 가능성이 높다고 말하는 것은 아니다. 하지만 신용등급에만 의존하고 투자하는 것은 위험하다. 왜일까? 우선 신용등급이 무엇인지부터 알아보자.

우리는 그 동안 언론을 통해서 신용등급과 관련된 기사를 많이 접해보았다. 기업들의 신용등급 변동과 관련된 뉴스도 많이 접해보았지만, 유럽 국가들의 신용등급 강등, 우리나라의 신용등급 상향 조정, 미국의 신용등급 강등 등 국가 신용등급의 변동도 자주 언급된다. 이렇듯 기업뿐만 아니라 국가에 대해서도 신용등급이 매겨진다. 그렇다면 이런 등급은 누가, 왜 매기는 걸까?

국제적으로 신용등급을 매기는 대표적인 기관(신용평가사라고 한다)으로는 스탠더드앤드푸어스(S&P), 무디스(Moody's), 그리고 피치(Fitch) 등이 있으며, 국내에는 한국신용평가, 한국기업평가, 한국신용정보평가 등이 있다. 그럼 이들은 왜 신용평가를 하며, 이들이 부여하는 신용등급은 어떤 역할을 하는 걸까?

신용등급의 필요성에 대해서는 발행자와 투자자 각자의 측면에서 모두 생각해볼 수 있다. 자금을 조달해야 하는 발행자 입장에서는 신용등급을 부여받음으로써 자금을 끌어오는 데 도움을 받는다. 등급이 없다고 가정해보자. 투자자에게 어떤 회사이며, 빌린 돈을 갚을 능력이 어느 정도 되는 회사인지 일일이 다 설명해야 하고, 그 이후 투자자가 의사결정을 하는 데까지 시간이 얼마나 걸릴지 모를 일이다. 이렇듯 자금이 필요한 발행자 입장에서는 신용등급이 자금을 적기에 조달받을 수 있도록 도와주는 수단이 된다. 특히, 좋은 신용등급을 받을 수 있다면 더욱 그렇다.

이제 투자자 입장에서 생각해보자. 신용등급은 내가 돈을 빌려준 회사가 나에게 다시 돈을 갚을 능력이 어느 정도 되는지 알려주는 지표가 된다. 적절한 예가 될지는 모르겠지만, 대학에서 학생을 선발할 때 내신등급을 보는 것과 비슷하다고 생각하면 조금 이해가 빠를 수 있을 것 같다. 학생에 대해서 모든 것을 보고 평가할 수가 없어 내신등급 등을 보고 학생을 선발하듯이, 내가 투자하는 채권의 선발 기준에도 등급이 포함되는 것이다. 내신등급으로 학생의 모든 것을 평가할 수 있으면 좋겠지만 사실 그렇지 못하다. 사람을 평가할 때 한 가지 기준만 있는 것은 아니기 때문이다. 기업을 평가할 때도 마찬가지다. 여러 가지 기준이 있을 수 있지만 이러한 것을 모두 다 고려하기는 어렵기 때문에 대표적으로 그 기업의 상태를 볼 수 있는 기준을 정해놓은 것이 신용등급이다. 다시 말해 신용등급은 기업을 평가하기 위한 대표적인 기준 중 하나라는 것이다.

아래 표는 신용등급별로 과거 15년간 1년 내 해당 등급에서 부도가 발생한 비율을 보여주고 있다. 신용등급이 내려갈수록 부도율이 급격히 올라

기업 신용등급별 실적 부도율

기간: 1998~2013년

등급	AAA	AA	A	BBB	BB	B	CCC	CC	C
부도율(%)	0.00	0.00	0.08	0.66	3.66	8.16	8.57	3.45	34.48

출처: NICE 신용평가, 2013년 장기신용등급평가 결과분석, www.nicerating.com

가고 있음을 알 수 있다. 투자자들은 투자 의사결정을 하기 전에 대상 회사의 신용등급을 토대로 투자 여부와 예상 리스크 등을 어느 정도 판단할 수 있다.

신용등급은 위에서 말한 대로 기업의 모든 것을 평가해 결정되는 것이 아니지만, 하나만 잘한다고 해서 등급이 좋아지는 것도 아니다. 수익이 많이 난다고 등급이 오르는 것도 아니고, 부채가 많다고 등급이 떨어지는 것도 아니라는 이야기다. 신용평가사에서 이야기하는 신용평가의 핵심 축은 사업 위험과 재무 위험이다. 사업 위험이라고 하면 그 기업이 장사를 얼마나 잘하고 있는가를 의미하는 것이고, 재무 위험이라고 하면 얼마나 빚을 지지 않고 장사하느냐를 의미하는 것이다. 다시 말해 빚을 많이 지지 않고 장사가 잘 되면 높은 신용등급을 받을 수 있다. 물론 그렇게 단순히 등급이 정해지는 것은 아니다. 해당 업종의 전망, 모기업의 상황 등 여러 가지 고려되는 다른 요소들도 많다. 이렇게 해서 정해진 신용등급은 투자 대상의 원리금 상환 가능성을 알려주는 지표가 된다. 그렇기 때문에 신용등급을 통해 투자자는 투자하고자 하는 채권의 부도 가능성에 관한 정보를 파악하고 의사결정을 하게 된다.

신용등급은 시장에서 거래되는 금융상품이 아니므로 그 회사나 국가의 신용도를 적기에 반영하지는 못한다. 또한 기업의 사업 위험과 재무 위험에 후행하는 경우도 많다. 그렇기 때문에 금융기관에서는 내부적으로 신용 위험을 분석하는 전문가를 두고 있다. 신용등급 자체가 정량적으로 지표화하기에는 한계가 있을 뿐만 아니라 시의적절하게 판단하기에는 많은 한계가 존재하는 것이 사실이기 때문이다.

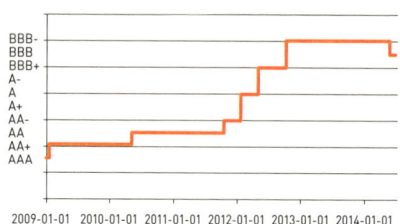

출처(좌): http://www.investing.com/rates-bonds/spain-10-year-bond-yield-historical-data
출처(우): S&P

위의 그림을 보자. 유럽의 국가채무 위기 시 심각한 타격을 입었던 스페인의 신용도가 어떻게 변했는지를 알기 위해 두 가지 기준을 대비해보았다. 하나는 국채 수익률의 변동이며 또 다른 하나는 국가 신용등급의 변동이다. 채권은 '공짜 점심은 없다' 장에서 살펴보았듯이 발행자의 신용도가 떨어지면 가격이 하락하고 수익률은 오른다. 따라서 국채 수익률은 한 나라의 신용도를 살펴보는 지표로 활용될 수도 있다.

스페인의 국채 수익률은 2010년도 말부터 상승을 시작해서, 2012년도 중반쯤에 최고조에 달했고, 그 이후 점차적으로 하락하여 현재는 3% 밑으로 떨어졌다. 이에 비해 국가 신용등급은 반응이 조금 느리다. 2011년도 말부터 신용등급이 하락하더니 2012년 후반에 가장 낮은 등급으로 떨어졌다가 2014년 초 등급을 회복하기 시작했다. 이처럼 국채 수익률과 신용등급 사이에 시간차가 존재하는 경우가 많다. 앞에서 언급했던 리먼브라더스, KT ENS 등의 사례 역시 신용등급이 후행했던 경우이다. 그러나 이런 극단적인 사례가 아니더라도 일반적으로 신용등급은 후행한다. 이 부분에 대해 신용평가사들을 비판하는 목소리로 나오기도 하는데, 개인투자자 입장에서는 이러한 현실을 충분히 인지하고 투자해야 한다. 따라서 개인투자자들도 신용등급에만 의존하기보다는 뉴스 검색 등을 통해 투자하려는 기업의 최근 뉴스, 사업 확장 가능성과 그에 따른 위험 가능성, 그리고 상장되어 있는 기업이라면 주가 흐름 등을 통해 추가적인 정보를 얻은 후 투자해야 한다.

신용등급과 투자의 관계

신용등급은 기업 자체를 평가하여 부여할 수도 있고, 그 기업에서 발행한 개별 채권을 평가해 부여할 수도 있다. 두 가지가 별개의 등급이긴 하지만 거의 비슷하게 간다. 좋은 기업에서 좋은 회사채를 발행할 수 있기 때문이다. 채권의 등급에 관해서 투자자들이 반드시 알아야 할 점 중에 하나는 등급과 만기가 같다고 하더라도 채권의 수익률은 다를 수 있다는 것이다. 예를 들면, 같은 3년짜리 A0등급 채권이라고 하더라도 2014년 5월 중순 현재 SK건설은 4.4%, SK케미칼은 3.5% 수준이다. 등급이 같다고 하더라도 시장에서는 SK건설에 대한 부도 위험을 상대적으로 더 높게 판단하고 있다는 의미다.

일반적으로 등급이 하향 조정되고 나면 이미 금리는 올라 있다. 즉 채권 가격은 이미 내려가 있다. 따라서 사전에 대응하는 것은 개인투자자로서는 거의 불가능하다고 할 수 있다. 그러나 채권 가격이 떨어진다고 하더라

신용등급 조정으로
만기 이전에 수익을 확정짓는 투자 사례

A투자자는 (가)기업 채권에 1억 원을 투자했으며 이 채권의 주요 정보는 아래와 같다.

- 신용등급: A
- 발행일: 2014년 1월 5일
- 만기일: 2019년 1월 5일
- 금리: 4.40%

A투자자가 위 채권에 투자했을 시점의 채권 가격은 1만 원, 매매금리는 4.40%이었다(채권 가격은 액면 금액 1만 원을 기준으로 나타낸다). 그리고 이 기업은 투자 시점 후 열흘 뒤 A+ 등급으로 신용등급이 상향조정 되면서 가격이 1만 200원으로 올랐다. 즉 1억 원을 투자해 열흘 만에 평가 수익 200만 원을 얻은 것이다. 이 경우 A투자자는 만기까지 보유해 연간 수익률 4.40%를 얻을 수도 있지만, 해당 채권을 팔아 이익을 실현시키고 다른 채권을 살 수도 있는 선택권을 얻게 된다.

도 만기까지 이 기업이 부도가 나는 상황이 발생하지 않는다면 정해진 수익은 지급된다. 이것이 채권의 매력이다. 개인투자자 입장에서는 등급의 향방을 판단해 투자하기란 정말 어려운 일이다. 따라서 개인투자자는 부도 리스크 정도만 판단해 투자해도 크게 부족함이 없다. 만약 내가 산 회사채의 등급이 오르면 가격이 오르게 되므로 만기 전이라도 채권을 팔아 시세 차익을 얻을 수 있고, 등급이 떨어지더라도 부도만 나지 않는다면 만기에 약속한 수익을 받을 수 있다. 단, 부도나지 않는 경우라는 점을 명심하자. 우량한 기업이라면 만기가 긴 채권에 투자해 높은 수익을 노려보고, 우량하지 않은 기업이라면 만기가 짧은 채권에 투자하는 전략도 추천한다.

채권에 투자하려다 보면 채권 이름 뒤에 '(후)'라는 말이 붙어 있는 경우가 있다. 후순위 채권을 뜻하며, 선순위 채권과 구분하기 위해서 채권 이름 뒤에 '(후)'를 붙인다. 후순위 채권이란 발행자의 파산 시 돈을 받을 수 있는 권리가 선순위 채권보다 뒤에 오는 채권을 말한다. 쉽게 말하면 발행자는 파산 시 선순위 채권자에게 돈을 먼저 주고, 후순위 채권자는 줄 돈이 있으면 주고 없으면 못 준다는 의미다. 그래서 일반적으로 같은 발행자가 발행한 채권일 경우 선순위 채권의 신용등급에 비해서 후순위 채권은 한두 단계 정도 낮고, 수익률은 더 높다(더 자세한 사항은 '우리가 잘못 알고 있던 금융상식 10' 장에서 확인해보자).

투자상품에 매겨지는 또 다른 등급들

채권과 비슷한 성격이면서 동양 사태 이후 신문에

자주 등장했던 투자상품으로 CP가 있다. 신용평가사가 부여하는 등급 중 기존에 알던 AAA, AA와 다른 형태의 등급을 본 적이 있을 것이다. 바로 A1, A2와 같은 등급을 말하는데, 이는 CP의 등급을 말한다. CP란 Commercial Paper를 줄여서 이야기하는 것으로 기업이 발행한 어음, 즉 기업어음이다. CP는 회사채와 달리 발행 절차가 용이하고 기업의 정보 공개를 최소화할 수 있기 때문에 기업의 입장에서는 회사채 발행보다 손쉽게 자금을 빌릴 수 있는 수단이다. 개인이 대출받는 것과 비교해보자면, 회사채를 발행하는 것은 은행에 가서 적절한 절차(나의 신용 상태에 대한 평가)를 거쳐 대출을 받는 것이고, CP를 발행하는 것은 그냥 은행을 거치지 않고 나에게 돈을 빌려줄 사람을 찾아서 돈을 빌리는 것과 비슷하다고 할 수 있다. 그렇기 때문에 대체로 신용이 좋지 않은 기업이 CP를 발행하는 경우가 많다(금융 위기 이후에는 상대적으로 비우량 기업에 대한 선호 심리가 약화되어 비우량 기업의 CP발행이 줄었다). 투자자가 CP에 직접 투자하는 경우도 있지만 신탁상품 안에 CP가 포함되어 있는 경우도 있다.

    LIG 사태, 동양 사태 등을 통해 더욱 드러난 CP시장의 문제점들을 해결하고자 정부에서는 2013년도에 CP에 대한 증권신고서 제출 의무를 부과했으며 전자단기사채 제도도 도입했다. 전자단기사채는 줄여서 '전단채'라고 부르기도 하며, 전단채는 CP와 달리 정보 공시 의무가 있으며 종이가 아닌 전자 방식으로 발행하고 유통되기 때문에 투명성이 강화되었다고 할 수 있다. CP 및 전자단기사채의 신용등급 체계는 회사채와는 다르며, 회사채와 CP의 등급은 대략 아래 표와 같이 대응된다(191쪽). 하지만 회사채는 장기 신용 상태를, CP는 단기 신용 상태를 나타낸다고 볼 수 있으므로 항

회사채 및 CP(전단채 포함) 신용등급 체계 비교

회사채 등급	CP 및 전단채 등급
AAA	A1
AA	
A	A2
BBB	A3
BB	B
B	
C	C

상 일대일 대응이 되지는 않는다. 따라서 투자 시 참고용으로만 활용하기 바란다.

　CP에 투자할 때 유의해야 할 리스크는 회사채를 투자할 때와 매우 유사하다. CP도 만기 시에 정해진 이자만큼의 투자금을 돌려받은 형태이므로, 만기 전에 CP를 발행한 회사가 부도가 날지 말지가 가장 중요한 고려사항이다. 즉 CP도 회사채와 마찬가지로 원금보장이 되지 않는다는 것이다. 또한 신용등급이 낮을수록 높은 이자를 주는 점도 회사채와 동일하다. 일부 신탁상품에서 CP와 장내옵션을 이용해 ELS와 비슷한 구조를 만들어서 파는 경우가 있는데, 이 경우 만기 시 받을 수익의 구조는 ELS와 비슷하지만 ELS와 달리 CP가 부도가 나면 원금의 상당 부분 손실이 날 수 있으니 해당 상품을 어떻게 만들었는지 주의 깊게 살펴본 후 투자를 결정해야 한다.

　신용등급은 원래 국가나 기업에만 부여하는 신용 점수였다. 그러나 파생상품 시장이 성장하면서 파생상품에도 신용등급을 부여하게 되었다. 대표적인 것이 미국에서 서브프라임 모기지와 관련된 파생상품에 신용등급을 부여한 것이라 할 수 있다. 그런데 문제는 이러한 파생상품에 최고 등급(AAA)을 부여해 투자자에게 판매가 되었다는 점이다. AAA등급이라고 생각해 절대 손실 날 일이 없다고 섣불리 판단한 투자자들이 투자한 자금을 거의 회수할 수 없는 지경에까지 이르렀던 사례가 있다. 미 의회의 금융위기 조사위원회는 무디스가 2006년 최고등급(Aaa)을 부여했던 MBS(Mortgage Backed Securities, 주택저당증권) 중 2010년 4월까지 투기등급으로 강등된 채권의 비율이 73%에 이른다고 추산했다. 파생상품에 신용등급을 부여해 판매한 사례는 국내에도 많이 있다. 불완전판매 이슈가 있었던 우리파워인컴 펀드에 포함되었던 장외파생상품의 경우도 실제로는 리스크가 꽤 큰 상품이었음에도 무디스가 A3라는 꽤나 높은 등급을 부여한 바 있다.

아주 간단한 구조의 회사채에서도 등급만을 보고 그 회사의 채무불이행 위험을 정확히 파악하는 데 한계가 있는데, 파생상품 또는 파생상품의 파생상품에 부여된 신용등급 그 자체만 보고 채무불이행 위험을 판단한다는 것은 매우 어려운 이야기다. 전문가들이 모여 운용한다는 헤지 펀드에서조차도 서브프라임 모기지와 관련된 CDO(Collateralized Debt Obligation, 부채담보부증권)를 편입해 펀드 자체가 청산되는 경우도 있었음을 잊지 말아야겠다. 신용등급만을 맹신하여 투자하는 것은, 특히 파생상품에서는 더욱 경계해야 함을 명심하자.

신용등급이 발행자와 투자자에게 모두 필요한 것은 맞지만, 더욱 절실하게 필요한 사람은 발행자이다. 투자자는 다른 곳에 투자하면 그만이지만, 발행자는 자금을 조달받지 못하면 큰 문제가 생길 수 있기 때문이다. 그래서 실제로 발행자는 신용평가기관에 신용평가를 해준 대가로 수수료를 지급한다. 이와 같은 구조적인 문제점은 평가를 받는 기업이 평가사의 수익의 근원이 된다는 점에서 객관적으로 등급을 부여할 수 있을까 하는 이슈로 부각되기도 했다(물론 이런 이유로 신용평가사들을 색안경 끼고 볼 일은 아니다). 신용평가를 바라봄에 있어서 중요한 것은 신용등급이 가장 간편하고 종합적으로 한 기업이나 증권의 위험도를 평가해준다는 점에서는 높이 평가할만하지만, 기업이나 증권을 평가하는 여러 가지 지표 중 하나라는 것과 이런 저런 이유로 인해 자체적인 한계를 갖기 때문에 맹신해서는 안 된다는 점을 잊지 않아야 한다는 것이다.

발행자의 신용도가 중요하지 않은 채권, 자산유동화 증권

지금까지 회사채나 CP 등과 같은 고정수익증권(Fixed Income Securities)들은 발행자의 신용 위험이 가장 중요하다고 강조해왔지만 여기도 예외가 존재한다. 발행자가 페이퍼컴퍼니(paper company)로 실질적으로 아무 역할을 하지 못하는 채권도 있다. 바로 자산유동화 증권이라고 하는 상품들이 그것이다. 자산유동화 증권이 무엇일까? ABS, ABCP, CDO와 같은 영어 약자들은 이미 본 적이 있는 분들도 있을 것이다. 이것들이 자산유동화 증권의 일종이다. 자산유동화 증권에 투자하면 채권에 투자하는 것처럼 이자를 받고 만기에 원금을 돌려받는다. 하지만 자산유동화 증권에서 중요한 것은 이를 발행한 이가 아니다. 왜냐하면 자산유동화 증권에서 원금과 이자를 돌려주기 위한 재원은 일반 회사채처럼 그 기업이 영업을 잘 해서 번 수익이 아니라, 증권을 만들 때 담보로 삼는 자산이 되기 때문이다. 쉽게 설명하기 위해 국내에서 대표적인 ABS 중 하나인 주택금융공사 MBS를 예로 들어보자. 이 MBS 안에는 주택금융공사가 대출해준 여러 주택담보대출이 이 증권의 담보자산으로 들어가 있다. 이 주택담보대출을 받아 간 채무자들이 갚는 돈으로 MBS 투자자에게 원리금을 상환해준다. 즉 주택금융공사가 번 돈이 아니라 담보로 들어간 자산으로 인해 들어오는 돈으로 MBS 투자자에게 수익을 돌려주는 것이다(주택금융공사의 MBS는 주택금융공사에서 보증을 해주기 때문에 매우 우량한 등급을 부여받는다. 하지만 모든 자산유동화증권이 보증이 있는 것은 아니며 1차적인 상환 재원은 담보 자산에서 나오는 현금흐름이다).

그렇기 때문에 자산유동화 증권의 신용등급은 발행자를 보지 않는다. 이 증권에 담보가 되고 있는 자산의 현금흐름이 예상대로 발생할 것인가를 우선적으로 살핀 후 이를 평가해 신용등급을 산정한다. 자산유동화 증권은 일반 회사채에 비해 순위가 더 많이 세분화되어 있는데, 후순위로 갈수록 상환 가능성이 떨어진다는 점에도 유의하자(신용등급에도 순위가 반영되어 있어 후순위로 갈수록 등급이 낮아진다).

따라서 자산유동화 증권 투자 시에는 신용등급 이외에도 그 속에 담긴 담보 증권이 어떤 것으로 구성되어 있는지, 담보 증권으로부터 어떤 식으로 현금흐름이 발생해서 나에게 원리금을 갚아줄 것인지, 나에게 원리금을 무리 없이 갚아줄 수 있을 것인지를 잘 살펴보아야 한다.

서브프라임 사태의 배경에 바로 이러한 자산유동화 증권이 있었다. 미국의 부동산 대출시장에서 상환 능력이 떨어지는 저신용자를 대상으로 한 대출이 서브프라임 대출이었으며, 이러한 대출 채권을 담보로 유동화하여 투자자에게 판매한 것이었다. 때문에 주택시장의 가격 하락은 단순히 서브프라임의 연체율을 높이는 문제로 끝난 것이 아니라 유동화 증권의 가격 하락으로까지 이어져 유동화 증권에 투자했던 헤지 펀드 및 관련 기관 그리고 개인투자자들, 그리고 금융시장 전반에 영향을 미치게 된 것이다. 자산유동화 증권에 투자할 때에는 기초가 되는 자산이 무엇인지, 어떤 경우에 나에게 영향을 미치는지를 정확히 알고 투자해야 하는 것이 신용등급 자체를 확인하는 것만큼이나 중요함을 명심하자.

만기의 중요성

투자에 있어 만기라는 것은 금융상품의 투자 시한이며, 투자자가 투자한 자금을 회수하는 시점을 의미하는 것으로, 투자 전 상품 내에 미리 정해져 있는 것이 일반적이다. 만기는 투자자가 정한다기보다 금융상품에 정해져 있는 것으로 투자자는 자기가 원하는 만기를 선택할 수 있다. 1년 만기 예금, 3년 만기 예금과 같은 식이다. 만기라는 개념은 주식 투자자에게는 생소할 수 있다. 주식 투자는 정해진 만기도 정해진 수익도 없기 때문이다.

　　만기가 있는 대표적인 상품은 예금이다. 예금에 가입해 만기까지 해지하지 않으면 미리 약속한 수익을 준다. 물론 그 전에 해지할 수도 있다. 하지만 만기 전에 해지하면 미리 정해놓은 수익을 얻을 수는 없다. 이렇듯 만기란 상대방과 약속한 기간이며, 그 기간까지 투자하면 상대방으로부터 약속한 이자를 받는다. 지금부터는 금융상품에서 만기가 왜 중요한지 살펴보도록 하겠다.

만기를 알아야
리스크가 보인다

투자자 A씨는 회사채에 투자하기 위해 증권회사를 방문했다. A씨는 평소 신뢰를 가지고 있던 (가)기업에서 발행한 채권에 투자하기로 결정하고 증권사 직원으로부터 (가)기업이 발행한 채권 리스트를 받았다. 만기가 3년 남은 채권은 수익률이 3.50%, 만기가 5년 남은 채권은 수익률이 4.00%다. 만기까지 보유하면 각각 3.50%, 4.00%의 수익을 얻을 수 있다. 그런데 A씨는 왜 같은 기업이 발행한 채권인데도 수익률이 차이가 나는지 궁금해졌다. 그 이유는 무엇일까? 여기서 다시 한 번 '고수익 고위험'의 원칙을 되새겨보자. 발행자가 같은 채권임에도 만기 시 수익이 다르다면 뭔가 다른 위험 요소가 있다는 의미다. A씨는 이 위험이 무엇인지를 사전에 알고 투자해야 한다. 이 두 상품에서 차이는 만기뿐이다. 그렇다면 만기가 길어지면 어떤 위험이 생길까? 바로 만기 이전에 발행자가 부도가 날 리스크다. 만기가 길어질수록 발행자의 부도 리스크는 커진다. 이러한 현상은 기업이 부실할수록 더욱 두드러진다.

채권의 만기는 부도 리스크가 커진다는 점 이외에도 추가적인 의미를 갖는다. 잠시 예금의 예로 다시 돌아가보자. 예금은 중도에 현금화할 경우 미리 약속한 이자는 포기하지만, 최소한 원금은 돌려받는다. 그런데 채권은 그렇지 않다. 만기 전에 현금화할 경우 채권을 내다 팔아야 하는데, 이때 나의 수익은 예측하기 어렵다. 원금에서 손실이 날 수도 있고, 생각보다 큰 수익이 날 수도 있다. 채권 가격은 매일 시장에서 거래되면서 결정되기 때문

현대캐피탈 발행 채권의 가격 변동표

❶ 단위: 원

날짜	가격
2014-02-27	10,608
2014-02-28	10,613
2014-03-03	10,616
2014-03-04	10,606
2014-03-05	10,600
2014-03-06	10,608
2014-03-07	10,609
2014-03-10	10,613
2014-03-11	10,620
2014-03-12	10,626
2014-03-13	10,634
2014-03-14	10,637
2014-03-17	10,653

❷ 단위: 원

날짜	가격
2014-02-27	9,810
2014-02-28	9,821
2014-03-03	9,827
2014-03-04	9,804
2014-03-05	9,790
2014-03-06	9,805
2014-03-07	9,806
2014-03-10	9,808
2014-03-11	9,821
2014-03-12	9,830
2014-03-13	9,842
2014-03-14	9,847
2014-03-17	9,874

출처: 금융투자협회

에 매일의 가격이 다르다.

위 표는 현대캐피탈이 발행하고 만기가 2017년 7월 7일인 채권의 최근 가격 변동을 보여준다. 채권의 가격은 원금 1만 원당 가격으로 표시된다(위 ❶번 표 참조). 표에서 알 수 있듯이 채권의 가격은 일정하게 증가하거나 감소하지 않았다. 이번에는 같은 현대캐피탈이 발행했으나 만기가 2020년 3월 20일인 채권의 최근 가격 변동을 보자(위 ❷번 표 참조). 이 채권의 경우에도 만기가 더 짧았던 앞의 채권과 마찬가지로 채권 가격이 일정하게 증가하거나 감소하지 않았다.

이번에는 두 채권의 가격 변동을 비교하기 위해 다음의 그래프를 보자(202쪽 위).

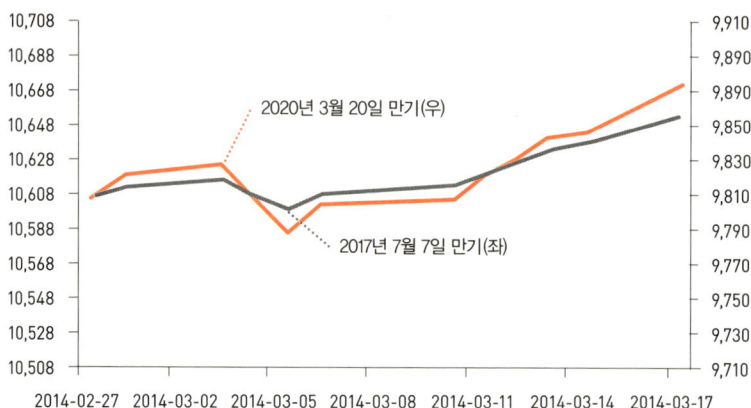

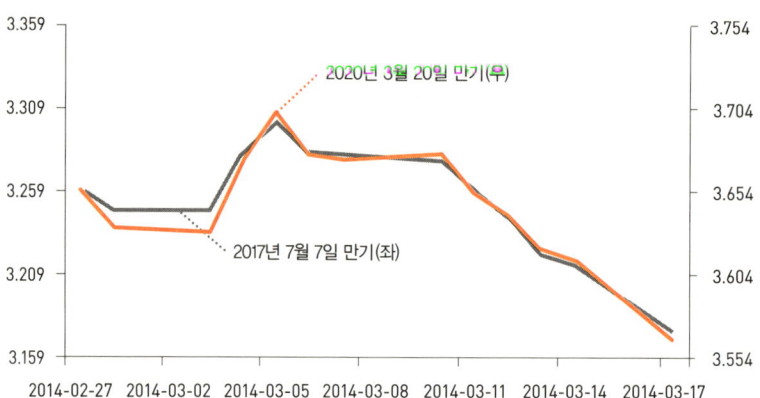

그래프를 통해 우리는 다음의 두 가지를 알 수 있다. 첫째, 두 채권의 가격 움직임은 같은 방향이다. 오를 때 같이 오르고, 내릴 때 같이 내린다. 둘째, 만기가 긴 채권(빨강색)의 가격 변동이 만기가 짧은 채권에 비해 더 크다. 오를 때 더 많이 오르고, 내릴 때 더 많이 내린다.

만기의 차이를 설명하기에 앞서 설명한 두 채권의 가격과 수익률의 관계를 이해해보자. 위의 같은 기간 동안 두 채권의 수익률 움직임은 그래프와 같다(202쪽 아래).

이상 두 그래프를 통해 채권 가격과 수익률 간에 반비례 관계가 있음(수익률이 오르면 가격은 하락함)을 알 수 있다. 왜 그럴까?

채권은 만기까지의 수익이 결정되어 있는 상품이다. 예를 들어 발행 시 100원을 투자하면 만기에 105원을 돌려주는 채권이 있다고 가정해보자. 수익률 계산 방식이 따로 있지만, 이해를 돕기 위해 100원을 투자하여 5원을 벌 수 있으므로 간단히 수익률이 5%라고 치자. 그런데 100원으로 발행했던 채권 가격이 95원이 되었다고 하자. 이때 채권을 산다면, 만기에 105원을 주는 것으로 정해져 있으므로, 이 경우 수익률이 10% 가량 된다(대략 (105-95)÷95). 즉 채권 가격이 하락하면서 수익률이 오른 것이다. 이제 반대의 경우를 생각해보자. 채권 가격이 102원이 되었다. 이때 채권을 사면 만기에 105원을 주므로 수익률이 약 3% 정도가 된다. 즉 채권 가격이 상승하면서 수익률은 내려간 것이다.

그럼 이제 채권의 만기가 다를 때 생기는 가격 변동의 차이를 이해해보자. 만기가 길수록 만기에 돌려주는 금액은 크다. 왜냐하면 투자자의 입장에서는 발행 회사의 부도 위험을 더 부담해야 하기 때문이다. A채권은 만기가 1년이고, B채권은 만기가 2년이라고 가정해보자. 두 채권의 발행 회사는 같다. A채권은 만기에 105원을 돌려주기로 했고, B채권은 120원을 돌려주기로 했다. 이 경우 B채권은 1년에 10원씩을 주고, A채권은 1년에 5원을 주는 것과 같기 때문에, 수익률 개념으로 생각해보면 A채권은 연 5%, B채권은 연 10%가 된다. 그런데 두 채권의 수익률이 1%씩 내렸다고 가정해보자. 즉 A채권은 4%, B채권은 9%가 되었다고 가정해보자. 이때 채권 가격이 어떻게 변동해야 수익률이 각각 4%, 9%가 되는지 생각해보자. 단, 여기에서는 설명을 간단하게 하기 위해 수익률의 개념을 A채권은 4원을 더 주고, B채권은 18원(연간 9원)을 더 주는 개념으로 이해하도록 하겠다. 만기에 돌려주는 금액이 각각 105원, 120원으로 정해져 있으므로 A채권은 101원, B채권은 102원이어야지만 각각 4원, 18원을 더한 만기 금액이 나온다. 수익률은 모두 1%가 내렸는데 가격은 A채권이 1원, B채권이 2원 오른 것이다. 즉 수익률 변동이 같다 할지라도 만기가 긴 채권일수록 채권 가격이 더 많이 움직인다. 이처럼 채권 투자에서 만기는 단순히 부도 리스크에만 관련된 사항이 아니라, 채권을 보유하고 있는 동안의 수익에도 영향을 미치기 때문에, 채권 구입 시뿐 아니라 후에도 채권을 보유할지 아니면 처분할지 등의 투자 의사결정에 중요한 지표가 될 수 있다.

만기의 영향이 크지 않은 변동금리 채권

일반적인 채권은 만기가 길수록 채권의 가격 변동이

크다. 그런데 그렇지 않은 채권이 있다. 일반 채권은 만기까지의 수익(이자)이 확정되어 있다. 반면 만기까지의 수익(이자)이 변동하는 채권들이 있다. 이러한 채권을 우리는 변동금리부 채권이라고 한다. 그러면 지금부터 변동금리부 채권은 일반 채권과 만기 관점에서 어떻게 다른지 살펴보도록 하자.

은행에서 대출을 받아본 경험이 있는 투자자라면 쉽게 이해할 수 있겠지만, 대출에도 변동금리 대출이 있다. 변동금리란 이자가 CD금리 등 시장에서 결정되는 금리에 의해 정기적으로 바뀌는 경우를 말한다. 변동금리 채권에는 두 가지의 기간 개념이 있다. 하나는 채권의 만기이고, 다른 하나는 금리가 얼마 만에 한 번씩 변동하는지다(이를 '금리 만기'라고 하자). 아래와 같은 고정금리 채권과 변동금리 채권을 가정해 생각해보자.

액면가 100억 원 기준 두 채권의 만기까지 현금흐름을 비교해보면 206쪽 표와 같다.

변동금리 채권의 경우 첫 번째 표면금리는 발행 시 CD금리에 의해 정해진다. 위의 예에서는 CD금리가 2.65%이므로 3.00%(2.65+35bp)로 정

	고정금리 채권	변동금리 채권
만기	1년	1년
표면금리* 변동 주기(금리 만기)	없음	3개월
표면금리 지급 주기	3개월	3개월
표면금리	3.20%	CD+35bp**

*표면금리는 채권 투자자가 채권을 보유하는 동안 받는 이자율
**1bp는 0.01%포인트

	3개월	6개월	9개월	1년
고정금리	8000만 원	8000만 원	8000만 원	100억 8000만 원
변동금리	7500만 원	3개월 시점 결정	6개월 시점 결정	100억 + 9개월 시점 결정

*발행 시 CD금리는 2.65%로 가정

해졌다. 그리고 두 번째 표면금리는 3개월 이후의 CD금리에 의해 다시 결정된다. 표면금리가 고정되는 관점에서 보면 변동금리 채권은 3개월짜리 채권이 4개 있는 것과 같다.

앞에서 채권의 만기에 대해 두 가지 관점에서 설명을 했다. 첫째, 만기가 길수록 부도 리스크가 커지기 때문에 채권의 수익률은 높아진다. 둘째, 만기가 길수록 채권 가격의 변동이 커진다. 그런데 변동금리 채권에서는 만기와 관련된 두 번째 설명에 대한 수정이 필요하다. 채권의 만기가 길수록 채권 가격의 변동이 커지는 것이 아니라, 다음 변동금리 결정일까지 많이 남아 있을수록, 즉 금리 결정 주기가 길수록 채권 가격의 변동이 크다. 위에서 예로 든 채권의 경우는 다음 변동금리 결정일까지는 길어야 3개월이므로 채권 가격의 변동 자체가 크지 않다.

앞에서 고정금리의 예로 소개했던 현대캐피탈 2017년 7월 7일 만기 채권과 비교를 위해 비슷한 만기인 2017년 4월 17일 만기의 변동금리 채권의 가격 변동을 그려보았다.

다음 그래프를 보면, 회색으로 그린 변동금리 채권의 가격은 주황색 고정금리 채권에 비해 큰 변동이 없음을 확인할 수 있다(207쪽). 이처럼 시장금리가 오르면 채권 가격이 떨어진다는 채권 가격과 금리의 반비례 관계가

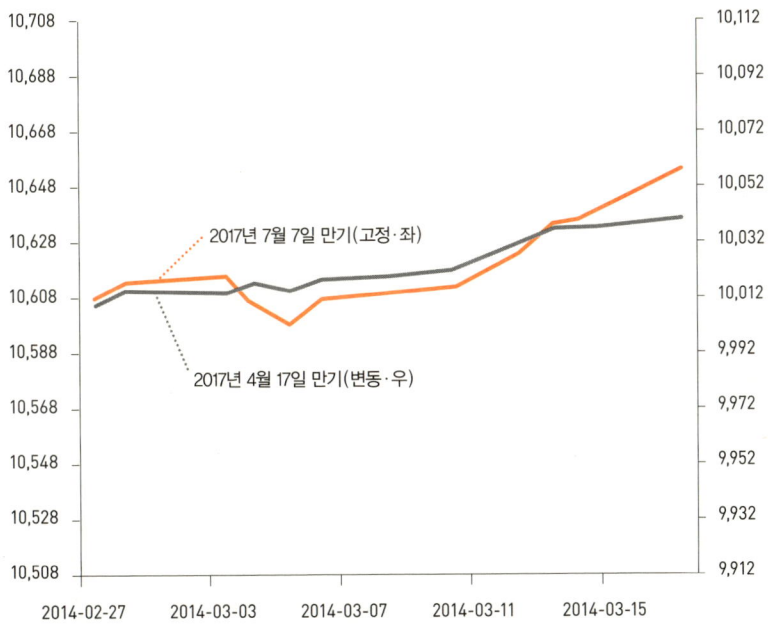

변동금리 채권에는 영향을 적게 미친다. 채권 가격이 금리 등락에 영향을 덜 받는 것이다. 따라서 시장금리가 오를 것으로 예상하는 채권 투자자에게는 금리에 영향을 별로 받지 않는 변동금리 채권이 더욱 매력적일 것이다.

다양한
채권형 상품에서의 만기

채권에 투자하는 방법은 개별 채권에 투자하는 수도

있지만, 채권형 펀드에 투자하는 방법도 있다. 개별 채권에 투자하게 되면 그 종목의 만기 하나만 체크하면 되겠지만, 채권형 펀드에 투자하는 경우에는 펀드에 들어 있는 채권의 수가 너무 많기 때문에 투자자가 모든 종목의 만기를 파악하기는 어렵다. 이럴 경우에 투자자가 파악해야 하는 것은 '듀레이션(duration)'이다. 이것은 국내 채권형 펀드뿐만 아니라 해외 채권형 펀드의 경우도 마찬가지다.

'듀레이션'이란 채권에서 아주 중요한 개념으로, 채권에서 발생하는 모든 현금흐름의 현재가치에 대한 가중평균 만기로 정의된다. 채권이 한 종목이라고 해도 채권에서 발생하는 현금흐름은 여러 번인 경우가 많다. 예를 들어, 3년 만기 채권이고 1년에 한 번씩 이자를 지급하는 채권이라고 하면, 현금흐름은 3번이다. 각 현금흐름의 현재가치가 1, 1, 101이라고 가정하면, 가중평균 만기는 $(1 \times 1 + 1 \times 2 + 101 \times 3) \div (1 + 1 + 101)$로 계산되어 약 2.97년이 된다. 이렇게 고정금리 채권의 경우 듀레이션은 거의 만기와 일치한다.

여러 개의 채권을 담고 있는 펀드에서는 듀레이션을 체크함으로서 평균 만기를 파악할 수 있고, 금리 변동에 따른 채권 가격의 변동도 체크할 수 있다. 만기가 길수록 채권 가격의 변동이 큰 것처럼, 듀레이션이 길수록 채권 가격의 변동이 크므로 펀드의 가치도 등락이 심할 것이고, 듀레이션이 짧을수록 펀드의 가치는 큰 변동 없이 움직일 것이다. 펀드의 듀레이션은 펀드 매니저의 재량에 따라 변할 수 있으므로 정기적으로 체크해보도록 하자(펀드닥터(www.funddoctor.co.kr)와 같은 펀드 정보 웹사이트에 들어가서 펀드 이름으로 검색한 후 포트폴리오 정보로 들어가면 펀드의 듀레이션을 확인할 수 있다). 최근에는 채권형 ETF도 상장되어 개인투자자가 주식처럼 채권형 펀드에 투자할 수 있게 되었다. ETF도 실질은 펀드와 같으므로 채권형 ETF에 대해서도 같은 방식으로 듀레이션을 체크해 투자자가 투자한 자산에 대한 리스크를 직접 체크하도록 하자. 듀레이션이 긴 펀드는 금리가 하락할 때 가치가 상승하는 폭이 듀레이션이 짧은 펀드에 비해 크며, 금리 상승 시에는 가치 하락폭이 크다. 따라서 채권형 펀드에서는 듀레이션이 가격 변동에 대한 리스크를 측정하는 지표라 하겠다.

채권 중에서 하이브리드(hybrid) 채권이라는 것이 있는데, 신종자본증권이라고 불리기도 한다. 여기에서 하이브리드는 주식과 채권의 중간 성격을 가지고 있다는 뜻이다. 주식과 채권 모두 해당 회사에 자금 조달을 해준다는 면에서는 같지만, 투자자 입장에서 생각해보면 주식은 만기가 없고 채권은 만기가 있다. 하이브리드 채권은 보통은 30년 만기로 만기 자체는 아주 길지만, 10년 이후부터 발행자가 돈을 갚고 채권을 상환시킬 수 있는 조건인 경우가 많다.

하이브리드 채권이 발행자와 투자자 입장에서는 어떤 의미를 갖는지 생각해보자. 일반 채권은 회사의 부채로 인식이 되지만, 하이브리드 채권은 만기가 아주 길기 때문에 회계상 자본으로 인식된다. 투자자들이 회사를 하나 설립했다고 가정해보자. 채권을 발행하면 돈을 빌리는 것으로 인식되지만, 하이브리드 채권을 발행하면 나의 자본이 늘어나는 효과가 있다. 즉 하이브리드 채권은 나의 재무제표상 부채가 늘어나질 않기 때문에 발행자인 기업 입장에서는 하이브리드 채권을 발행하고자 하는 유인이 생길 수 있다.

투자자 입장에서 하이브리드 채권은 만기가 길기 때문에 다른 채권에 비해서 고금리를 제공하므로 투자 유인이 될 수 있다. 다만, 여기에서 강조하고 싶은 것은 하이브리드 채권이 만기까지 고금리를 제공하기보다는 중도에 발행자가 상환할 가능성이 있다는 점을 반드시 인지하고 투자하라는 점이다. 아래는 기 발행된 하이브리드 채권 중 몇 가지를 정리한 표다.

국내에서 발행된 하이브리드 채권

종목명	발행일	만기일	금리
SK텔레콤신종자본증권1	2013-06-07	2073-06-07	4.21
신한은행17-06이30갑(신종)	2013-06-07	2043-06-07	4.63
수산금융채권13-6이30(신종)-12	2013-06-12	2043-06-12	4.65
POSCO신종자본증권 1-1	2013-06-13	2043-06-13	4.3
대한항공신종자본증권1	2013-06-28	2043-06-28	6.4
농업금융채권(은행)2013-07이30Y-A(신종)	2013-07-02	2043-07-02	4.88
포스코에너지신종자본증권 1-3	2013-08-29	2043-08-29	4.72
포스코에너지신종자본증권 1-4	2013-08-29	2043-08-29	5.21
광주은행16-10이30갑-14(신종)	2013-10-14	2043-10-14	6
기업은행(신종)1310이30A-23	2013-10-23	2043-10-23	5.25
부산은행(신종)17-10이30A-25	2013-10-25	2043-10-25	5.55
외환은행36-10이30갑-25(신종)	2013-10-25	2043-10-25	5.45
대구은행(신종)34-10이120A-25	2013-10-25	2043-10-25	5.55
부산은행(신종)17-11이30A-07	2013-11-07	2043-11-07	5.715
경남은행17-11이(신종)30A-11	2013-11-11	2043-11-11	6
광주은행16-11이30갑-12(신종)	2013-11-12	2043-11-12	6
우리은행17-11이(신종)30갑-13	2013-11-13	2043-11-13	5.68
롯데쇼핑신종자본증권 1-1	2013-11-15	2043-11-15	4.723
경남은행17-11이(신종)30A-28	2013-11-28	2043-11-28	6.135

출처: 금융감독원 전자공시

이 표를 보면 눈에 띄는 점이 몇 가지 있다. 일단 SK텔레콤신종자본증권의 만기가 제일 긴데도 불구하고 금리는 다른 채권들보다 낮다. 기업의 신용도를 감안한다고 하더라도 만기만을 생각하면 이해가 되지 않는 숫자이다. 그러나 이 채권의 발행자 상환 옵션을 보면 발행 후 5년 시점부터 가능하도록 되어 있다. 발행자 입장에서는 5년 후에 해당 채권을 갚아버리고 그 다음 이자를 안 주면 된다. 즉 실질적인 만기를 5년으로 보고 있기 때문에 발행 금리도 그에 맞춰서 정해졌다. 또 한 가지 눈에 띄는 점은 포스코에너지에서 같은 날 발행하고 만기도 같은 채권인데 두 채권이 금리에서 차이가 많이 난다는 점이다. 이것은 포스코 에너지가 상환할 수 있는 기간이 첫 번째 채권은 발행 후 5년부터이고, 두 번째 채권은 발행 후 10년부터이기 때문이다. 즉 첫 번째 채권은 실질만기가 5년으로, 실질만기가 10년인 두 번째 채권에 비해 짧기 때문에 금리가 낮게 형성된 것이다(옵션이 포함된 채권에 대해서는 '공짜 점심은 없다' 장에서도 다룬 적이 있으므로 참고하기 바란다).

만기와 관련된 내용을 정리해보자면, 투자자의 입장에서 만기는 두 가지 의미를 지닌다. 첫 번째는 자금 만기의 관점으로, 내 돈을 얼마나 묻어놓을 수 있는가 하는 것이다. 만기 이전에 다양한 방법으로 현금화가 가능하긴 하지만 만기가 있는 상품은 만기까지 보유하지 않을 때 여러 가지 문제가 생길 수 있다. 따라서 투자 시에는 일단 자금의 여유기간이 투자상품의 만기보다 길어야 한다. 여윳돈이 생겼으나 1년 후에 사용할 곳이 정해진 돈이라면 만기 1년 이하의 상품에 투자해야 한다는 것이다. 돈이 오래 묶여 있으면 좋지 않기 때문에 짧은 만기를 더 선호하는 사람도 있을 것이고, 만기가 길어지면 수익이 높아지는 것이 보통이니까 긴 만기를 선호하는 사람도 있을 것이다. 자신이 보유하고 있는 자금의 여유기간과 선호하는 수익의 정도 등을 고려해 상품의 만기를 결정하면 된다.

두 번째, 만기가 투자에서 가지는 의미는 수익의 관점에서 찾아볼 수 있다. 앞에서 언급했던 듀레이션과 같이 수익의 변동에 만기가 직접 영향을 미칠 수도 있지만, 만기 시 수익이 확정되면서 예기지 못한 손실을 가져오는 경우도 있다. 선물과 옵션과 같은 파생상품의 만기가 여기에 해당된다. 선물은 보통 만기가 짧은데, 유동성을 생각해보면 3개월 정도다. 주식은 만기가 없기 때문에 주가 하락 시 기다리면 회복이 가능하지만 선물이나 옵션은 만기가 지나면 주가가 회복돼도 아무 소용이 없다. 물론 선물은 다음 근월물(近月物)로 계속 갈아타면서 만기 연장이 가능하지만 이때 거래 수수료가 발생하기도 하고, 매번 연장하는 것은 번거로울 뿐더러, 갈아타는 시점의 현물과 선물의 가격차로 인해 예기치 못한 손실이 발생할 수도 있다.

만기는 투자 수익에 있어 이렇게 여러모로 영향을 미치게 되는 중요한 요인이다. 그럼에도 투자 의사결정을 할 때 간과되는 경향이 있다. 어떤 상품에 투자할지 얼마의 금액을 투자할지를 결정하는 것이 중요한 것처럼, 어느 정도 만기의 상품에 투자할지도 투자 전에 반드시 고려해야 할 중요한 요인임을 잊지 말자.

10장

만기 이전에 돈이 필요해진다면

앞 장에서 만기가 수익률만큼이나 투자 전 의사결정에 중요한 정보라는 것을 알게 되었을 것이다. 다시 말하지만, 어느 정도의 만기를 가진 상품에 투자할지는 투자 전에 반드시 먼저 결정돼야 한다. 투자한 후 처음에 예상하고 계획했던 대로 만기를 다 채우면 다행이겠지만, 사람의 일이 언제나 계획한 대로만 되는 것은 아니지 않은가? 게다가 '돈'이 걸려 있는 문제는 더더욱 그렇다. 예상치 못하게 갑작스럽게 돈이 필요한 일이 생긴다든지, 아니면 투자한 상품에서 생각한 만큼 수익이 나지 않아 중간에 원금을 회수하고 싶은 생각이 간절할 수 있다. 자금을 운용하다 보면 이런 저런 이유로 자신이 투자한 금융상품을 만기 이전에 현금화하고 싶거나 할 수밖에 없는 경우가 생길 수 있다.

만기 이전에 자신의 투자 자금을 회수하는 방법에는 여러 가지가 있다. 그중 투자한 금융상품을 팔지 않고도 현금을 얻을 수 있는 방법은 자신이 투자한 금융상품을 담보로 해서 금융기관에서 돈을 빌리는 것이다. 은행에서는 자행예금, 보험사에서는 자사의 보험증권을 담보로 대출을 해준다. 뿐만 아니라 주식이나 채권과 같은 유가증권으로도 금융기관을 통해 담보 대출을 받을 수 있다. 대출을 받을 수 있는 유가증권의 종류가 제한적이긴 하지만 이를 담보로 돈을 빌릴 수가 있다. 그러나 대출에는 역시 이자가 동반하는 법. 예금담보 대출은 예금에서 받을 수 있는 이자보다 대출로 인해 지급해야 하는 이자가 더 높다. 은행의 입장에서는 예대마진(대출에서 버는 이자수익과 예금에 지급하는 이자비용의 차로, 은행의 주요 수입원이다)으로 수입을 올려야 하기 때문에 당연히 대출 이자가 예금 이자보다 높을 수밖에 없다. 따라서 대출보다는 중도에 해지하거나 되파는 것을 선택하는 경우가 생긴다. 그렇다면 만기를 채울 수 없을 때 주의해야 할 사항은 무엇일까?

만기 전 현금화, 단순한 문제가 아니다

투자한 금액을 만기가 되기 전에 현금으로 회수하는 행위에 대해서는 상품마다 사용하는 용어가 조금씩 다르다. 중도해지나 만기 전 해지라는 표현을 쓸 때도 있고, 중도환매나 매도라는 표현을 쓸 때도 있다. 여기서는 편의상 '만기 전 현금화'라는 표현으로 통일해서 사용하겠다. 해지라는 표현은 주로 예금과 같은 상품에서 쓰는 말인데, 이 경우 리스크 차원에서는 고려해야 할 사항이 그다지 많지 않다. 환매 또는 매도라는 표현은 주로 투자상품에 많이 쓰인다. 예금은 중도해지가 다른 상품에 비해 매우 자유롭다. 비록 이자에 조금 손해를 보지만 말이다. 하지만 투자상품의 환매로 가면 이야기가 조금 달라진다.

투자상품이란 말은 워낙 많은 종류의 금융상품들, 그것도 서로 너무도 다른 속성을 지닌 상품을 하나로 묶어서 부르는 말이기 때문에 여기서는 이 상품들을 비슷한 속성을 지니는 것끼리 묶어서 살펴보도록 하겠다. 환매를 생각할 때 가장 쉽게 상품들을 묶을 수 있는 기준이 되는 것은 내가 투자한 상품이 시장에서 거래가 되느냐 하는 것이다. 시장에서 거래되는 상품으로는 상장주식, 채권, 선물·옵션·ELW·WR과 같은 상장되어 있는 파생상품, ETF와 같이 상장되어 있는 펀드 등이 있다. 시장에서 거래되지 않는 상품으로는 예금·CMA·RP 등의 수신상품과 펀드, ELS, DLS, 신탁, 선물환 등이 있다. 시장에서 거래가 된다는 것은 내가 팔려고 내 놓으면 누군가가 사갈 수 있다는 것을 의미한다. 반드시 나한테 그 상품을 처음 판 사람이 다시 사갈 필요는 없다. 거래를 하다 보면 아주 우연히 그런 경우가 생길지도 모르겠지만 대부분의 경우는 나에게 판 사람과 다시 사가는 사람은 서로 다르며, 사실 시장에서 거래하다 보면 누가 팔았고 누가 샀는지는 알기 어렵고 알 필요도 없다.

그렇다면 시장에서 거래가 안 되는 상품은 내가 팔려고 내놓을 수 없다는 것인데, 그럼 이 경우는 환매가 불가능한 것인가? 이 경우에도 금융상품을 현금화할 수 있는 방법이 있다. 바로 이 상품을 판매한 금융기관에 가서 되사줄 것을 요청하는 것이다. 이 두 가지 현금화 방법의 원리는 한 가지다. 시장에서 거래되는 상품이나 거래되지 않는 상품이나 모두 내가 산 방법으로 되파는 것이다. 그리고 이 두 가지 방법 모두에서 고려해야 할 사항도 기본적으로는 동일하다. 되파는 과정에서 가급적 손실을 보지 않는 것이다. 하지만 이 두 가지 현금화 방법에서 주의할 사항은 서로 조금 다르다.

먼저 시장에서 거래가 되는 상품의 경우를 생각해보자. 이때 유의할 점은 내가 팔려고 내놓은 물건이 원하는 가격에 나갈 것이냐 하는 점이다. 금융시장도 시장의 일종이기 때문에 수요와 공급의 법칙에 따라 움직일 수밖에 없다. 수요가 공급에 비해 많으면 가격이 올라가고, 공급이 수요보다 많으면 가격이 내려가게 된다. 내가 가진 금융상품을 팔 때, 나는 공급자가 된다. 따라서 수요가 내가 팔려는 물량과 같거나 혹은 보다 많아야 원하는 가격에 거래가 이뤄질 수 있다. 그렇기 때문에 이때 중요한 점은 거래량이다. 평소에 거래량이 많은 상품이라면 내가 공급하려고 할 때 수요가 따라줄 수 있다. 하지만 평소 거래량이 적어 내가 막상 팔려고 내놓았을 때 아무도 사가지 않는다면 최악의 경우 금융상품을 현금화할 수 없는 경우도 발생할 수 있으며, 울며 겨자 먹기로 싼 가격에 처분해버려야 한다. 가끔 동네 부동산 앞을 지나다 보면 '급매'라는 빨간 글씨를 접하게 된다. '급매' 표시가 붙어 있는 부동산들을 보면 현재 거래가에 비해 몇천만 원에서 억 단위까지 가격이 낮게 매겨져 있는 것을 볼 수 있다. 이와 같은 원리가 금융시장에서도 적용된다. 내가 팔고 싶은 금융상품이 '급매' 표시가 붙은 채로 시장에 나가 시가에 비해 싼 가격에도 안 팔려나가는, 참으로 애가 타는 상황이 발생할 수도 있는 것이다.

거래량이 충분하지 않아 내가 원하는 가격에 상품을 팔 수 없는 상태를 유동성이 부족하다고 표현한다. 그리고 유동성이 부족해서 내가 손해를 볼 가능성을 전문적인 용어로 유동성 리스크(liquidity risk)라고 한다. 유동성이라는 말은 사실 상당히 다양한 상황에 사용된다. 어떤 기업이 현금이 부족해 도산할 위기에 처해 있을 때는 유동성 위기라고 표현한다. 한국은행과 같은 중앙은행이 경기가 좋지 않아 시중에 자금을 풀 때는 유동성을 공급한다고 표현한다. 하지만 여기서 주로 다루는 주제는 개인투자자의 투자 관리에 한정되어 있기 때문에 우리는 유동성의 의미를 투자상품을 만기 전에 현금화할 때 거래량이 부족하여 손실이 발생할 수 있는 상황에만 한정해서 사용하도록 하겠다. 유동성 리스크에서 한 가지 주목해야 할 사실은 다른 모든 상황이 악화될 때 유동성 리스크가 동반된다는 것이다. 물론 유동성 리스크만 발생하는 경우도 있겠지만 불행히도 다른 사유로 인해 나의 투자 자산에 손실이 발생하게 될 때 유동성 리스크가 따라오는 경우가 많다.

예를 들어보겠다. 내가 산 주식의 주가가 계속 떨어진다. 주가가 다시 오를 때까지 기다릴 수도 있겠지만, 더 이상 손실을 보지 않기 위해서라든지, 혹은 자금이 필요해서 주식을 팔게 될 경우가 많다. 주가가 떨어질 때 주식을 팔고 싶은 사람이 나 혼자만이겠는가? 보통 주가가 하락할 때 파는 사람이 사는 사람보다 많다. 그래서 내가 팔려고 하면 주가는 더 떨어진다. 채권의 경우도 비슷한데, 내가 산 채권을 발행한 회사에 대해 안 좋은 소문이 돈다면 회사가 부도나기 전에 채권을 팔아야 하겠다고 결정할 것이다. 이때 채권을 팔려고 시장에 내놓는다면, 누가 사려고 나서겠는가? 간혹, 시장과 다른 생각을 가지고 있는 매수자가 나타날 수도 있지만 전반적인 흐름상 유동성이 악화될 확률이 높다. 유동성 리스크는 상품에 내재되어 있는 가장 중요한 리스크 중 하나지만 간과되기가 쉽다. 하지만 유동성 리스크는 투자 전에 반드시 살펴봐야 한다. 내가 투자한 상품이 유동성이 충분한 상품인지를.

유동성의 기본 원칙
두 가지

이제 좀 더 세부적으로 유동성에 대해 살펴보자. 유동성을 알 수 있는 가장 대표적인 숫자는 거래량이다. 거래량이 많으면 유동성이 풍부해 유동성 리스크가 낮다. 상품마다 거래량이 다르며, 종목마다 거래량이 다르다. 동일 종목이라 할지라도 시기별로도 거래량이 다르다. 거래량은 상품 투자의 중요한 정보이기 때문에 공개된다. 각 증권사의 HTS에서도 제공해줄 뿐 아니라 한국거래소 홈페이지에서도 제공하고 있기 때문에 조금만 주의를 기울이면 쉽게 찾아볼 수 있다.

개별 종목별로, 그리고 특정 시점별로 유동성에 차이가 발생할 수는 있지만, 유동성에도 간단한 원칙들이 존재한다. 첫째, 상품이 우량하거나 안정적이면 보통 유동성이 풍부하다. 발행자가 신용도가 높아서 믿을만하다거나 가격변동폭이 크지 않은 경우가 이에 해당한다. 채권의 경우 가장 안전한 국채가 가장 유동성이 높으며, 은행채도 유동성이 좋은 편이다. 신용등급이 낮은 채권으로 갈수록 대체로 유동성이 떨어진다. 주식의 경우 코스피 종목들과 코스닥 종목들을 비교해보자. 코스피 종목들이 코스닥 종목에 비해 우량하다는 것은 상식이다. 그래서 일반적으로는 코스피 종목의 거래량이 코스닥 종목에 비해서 많다. 지수형 상품은 개별 상품에 비해 유동성이 좋다. 주식 선물을 보면 주가지수 선물은 개별 주식 선물에 비해 거래량이 매우 많다. 지수는 개별 상품의 움직임을 하나로 모아놓은 것이기 때문에 가격의 변동이 개별 상품에 비해 적다. 옵션의 경우도 마찬가지로, 주가

주식 선물의 기초자산별 거래 규모

단위: 백만 원, 계약 수

종목명	총거래대금	총거래량	일평균거래대금	일평균거래량
코스피200	402,933,600	2,656,545	14,051,700	139,818
삼성전자	980,703	69,464	51,616	3,656
NAVER	632,970	85,030	33,314	4,475
SK하이닉스	326,251	778,183	17,171	40,957
현대자동차	319,960	138,647	16,840	7,297
두산인프라코어	187,671	1,502,013	9,877	79,053

출처: 한국거래소(KRX), 〈5월 파생상품시장 동향〉, 2014.5

지수 옵션은 거래가 매우 활발하나 개별 주식 옵션은 사실 거의 거래가 되지 않는다. ELW의 경우도 옵션과 마찬가지로 지수를 기초로 한 종목이 거래가 많은데, 개별 주식을 기초로 한 종목도 거래가 활발한 편이다. ELW의 경우는 증권사들이 유동성 공급자로서의 역할을 하기 때문에 옵션에 비해서 훨씬 거래가 많이 되는 것이다(관련 내용은 '우리가 알고 있던 잘못된 금융상식 10' 장에서 확인할 수 있다).

둘째, 상품의 잔존만기도 유동성에 영향을 미친다. 잔존만기라는 것은 지금을 기준으로 해서 만기까지 얼마나 기간이 남아 있느냐 하는 것이다. 발행 후 시간이 갈수록 잔존만기는 짧아진다. 장내파생상품의 경우는 잔존만기가 짧을수록 거래량이 많다. 파생상품 중 가장 빨리 만기가 돌아오는 상품을 근월물이라고 하는데, 사실 근월물 이외에는 거래가 잘 안 되는 편이다. 채권의 경우는 이와는 좀 다른데, 채권은 오히려 발행하고 얼마 되지 않은 시점이 거래가 가장 활발하며 잔존만기가 짧아질수록 거래가 뜸해지는 경향이 있다.

이 두 가지 유동성의 기본 원칙에 유의하면서 실제 거래 시에는 각 종목의 거래량을 반드시 확인해야 한다. 거래량을 확인할 때에는 단순히 거래량이 많고 적음만을 볼 것이 아니라 내가 거래하는 규모도 같이 고려해야 한다. 개인투자자로서 거래할 수 있는 규모가 한정되어 있다는 점을 고려할 때 거래량이 그다지 크지 않다거나, 거래량의 일별 변동이 큰 종목의 경우는 내가 투자하는 규모를 조정해야 할 필요가 있다. 내가 보유하고 있거나 보유하게 될 규모 전체를 한꺼번에 시장에 내놓아도 다 소화가 가능할지를 고려해봐야 한다. 일별 거래량을 살펴봤을 때, 내가 가진 해당 종목의 규모가 너무 커서 매도 주문을 내도 다 팔리지 않아 결국은 가격이 낮아지고 손해를 보게 되진 않을지를 상품을 사기 전에 미리 고려해봐야 한다. 만약 해당 종목의 거래량이 내가 투자하고자 하는 금액에 비해 너무 적다면 분산 투자를 고려해야 한다. 분산 투자는 포트폴리오 효과에 의해 가격 변동을 줄여준다는 장점 외에도 현금화할 때 발생할 수 있는 유동성 문제를 줄여준다는 장점도 있다.

시장에서 거래가 안 되는 상품을 현금화할 때

이제 시장에서 거래가 되지 않는 상품의 경우를 살펴보자. 수신성 상품(CMA, RP등)은 만기가 특정되어 있지 않은 경우도 많고 만기가 있다고 하더라도 만기 전 현금화에서 발생할 수 있는 손실이 미미하기 때문에 여기서는 특별히 언급하지 않겠다. 그렇다면 주의해야 할 것은 펀드, ELS/DLS, 선물환 등이다.

먼저 펀드를 살펴보자. 펀드는 환매가 안 되는 경우가 거의 없다. 투자자가 환매를 요청하면 자산운용사는 법에서 정한 예외사항에 해당되지 않는 한 환매에 응해야 하기 때문이다. 펀드 환매에서 주의할 사항은 펀드의 환매 가격, 환매에 걸리는 기한, 환매 수수료 등이다. 펀드의 환매 가격은 환매를 요청한 시점에 알 수 없다. 펀드에 편입된 종목의 가격이 시장에서 오르는 것을 보고 펀드의 수익이 높아졌을 것이라고 판단하고 환매를 요청한다고 해도, 펀드의 환매 기준가격은 환매 요청이 일어나고 난 이후(당일 혹은 익일, 해외상품의 경우는 더 길 수도 있다)의 종가를 기준으로 하기 때문에 수익을 확신할 수 없다. 환매를 요청한 이후에 가격이 급락할 가능성도 배제할 수가 없기 때문이다. 환매에 걸리는 기한은 펀드의 종류마다 차이가 있지만 보통 4~6일, 해외상품의 경우는 10일 이상 걸리는 경우도 있기 때문에 긴급하게 자금이 필요할 때는 이를 고려해야 한다. 또한 펀드는 환매할 때 환매 수수료가 발생하기도 하는데, 상품에 따라 조금씩 차이가 있지만 보통 펀드를 매수한 후 90일 이내에 환매할 경우에는 수수료를 내야 된다. 적립식의 경우는 매월 매수가 일어난다는 것을 주의하자. 가입한 지 3개월이 지났어도, 납입한 금액 중 일부(예를 들어 환매를 기준으로 해 전전월이나 전월에 납입한 금액)는 환매 수수료 대상이 될 수 있다는 말이다. 환매 수수료는 보통 펀드가 수익이 난 경우에만 내는데, 수익의 상당 부분(보통 50~70% 정도)이 수수료로 나가게 될 수 있으므로 무시할 수 없다. 따라서 펀드 상품 가입 이전에 환매 수수료가 있는 상품인지, 있다면 수수료율은 몇 %나 되는지를 확인해야 하며, 환매 시점에서는 환매 수수료의 대상이 되는지를 점검해야 한다.

ELS나 DLS 같은 상품도 만기 전에 환매가 가능하다. 해당 상품을 판매한 증권사에 환매를 요청하면 돈을 돌려받을 수 있다. ELS/DLS 상품을 환매할 때 환매 가격은 매일 종가를 기준으로 계산되는 기준가를 이용해 결정된다. 환매 수수료는 종목마다 차이가 있는데 대개 5% 근방에서 결정되기 때문에 기준가의 95% 정도의 금액이 환매 가격으로 결정된다. ELS나 DLS는 구조가 복잡해서 투자자의 입장에서는 기초자산의 종가를 안다고 해도 얼마를 돌려받을지 정확히 계산해내기가 어렵다. 증권사에서 산정하는 기준가를 믿고 받아들일 수밖에 없다. 기준가는 각 증권사 홈페이지를 통해 조회할 수 있다. ELS/DLS도 펀드처럼 환매 신청 후 현금을 지급받을 때까지 3~5일 정도의 시간이 걸린다. 수수료나 손실 가능성 등을 고려할 때 ELS나 DLS는 가급적이면 만기까지 사용하지 않을 여유자금을 이용해 투자하는 것이 좋겠다.

외화로 표시된 금융상품을 만기 전에 현금화하게 되면 이들 상품의 환위험을 헤지하기 위해 함께 가입한 선물환 상품도 계약을 해지해야 한다. 선물환 상품만을 만기까지 유지해서 거기서 나는 이익을 누리겠다는 특별한 이유가 있다면 모르겠지만, 개인투자자로서 그럴 가능성은 별로 없다. 선물환은 중도에 계약을 해지하게 되면 해지 시점의 환율에 따라 정산을 하게 되며 계약 시점과 해지 시점의 환율의 차이에 따라 개인투자자가 금융기관에 돈을 낼 수도 있고, 금융기관으로부터 돈을 받을 수도 있다. 해지의 원인이 개인에게 있는 경우 일종의 수수료를 낼 수도 있는데, 금융기관에 따라서는 해지 시점에 적용되는 환율에 이를 반영하는 방식으로 수수료를 부과한다. 선물환의 해지 시 정산 금액도 개인이 산출하기엔 다소 어려움이 따르며 금융기관이 제시하는 정산 금액을 받아들이는 수밖에 없다. 그렇기 때문에 환위험 헤지를 위한 선물환 거래를 동반해 금융상품(펀드나 금 투자상품 등)을 매입한 경우, 그 상품을 만기 전에 현금화할 때는 금융상품의 환매로 인한 손익뿐 아니라 선물환으로 인한 손익까지 따져봐야 한다.

투자자가 금융상품을 만기 전에 현금화한다는 것은 금융기관의 입장에서 보면 운용계획에 어긋나는 상황이 발생하는 것이다. 그렇기 때문에 금융기관에서는 이로 인해 손해를 입지 않기 위한 장치들을 해놓았다. 이는 반대로 보면 투자자가 그 손해를 보상해줘야 한다는 것이다. 억울하다는 생각도 들 수 있고 금융기관이 이기적이며 탐욕적이라고 생각할 수도 있겠지만, 모든 계약이 중간에 파기하게 되면 그 원인을 제공한 사람이 손해를 보상하도록 되어 있다. 그렇게 본다면 투자자 입장에서 중도 해지 또는 환매로 인한 손실의 발생이 반드시 비합리적이거나 일방적으로 불리한 일이라고 하긴 어려울 것이다. 해당 금융상품에서 큰 손실이 발생해서 손실을 줄이기 위한 차원에서가 아니라면 가급적이면 환매를 하지 않는 것이 답이다. 그렇기 위해서는 반드시 투자 전에 투자할 수 있는 자금의 만기와 금융상품의 만기를 미리 따져보고 맞춰놓자.

11장

우리가 잘못 알고 있던 금융상식 10

지금까지 우리는 다양한 투자상품들의 구조와 리스크 속성 등에 대해 알아봤다. 아래 10가지 질문은 헷갈리기 쉬운 내용들로, 미리 알고 투자하지 않으면 이후 곤란한 상황에 처할 수도 있다. 이 질문들은 이 책의 서두에 제시되었던 퀴즈로 이미 한 번 보았던 내용들이다. 책을 읽기 전과 읽은 후 자신의 리스크 이해 정도를 파악할 수 있는 좋은 기회가 될 것이다.

Q1. 원금보장형 ELS/DLS는 절대 원금을 까먹는 일이 발생하지 않는다? ✕

증권회사의 홈페이지에 표시되어 있는 ELS/DLS 상품 구분을 보면 '원금보장형', '원금비보장형'이라는 표현이 있다. '원금보장형' 상품의 '원금보장' 안에는 기본적인 가정이 전제되어 있다. '주가(혹은 기초자산의 가격) 변동에 의해서는 원금손실이 발생하지 않는다'는 것이 그 가정이다. 뒤집어 말하면 그 외 다른 경우에는 원금을 돌려받지 못할 수도 있다는 것을 의미한다. 그렇다면 어떤 경우에 원금에 손실이 발생하게 될까?

원금손실이 발생하는 경우는 ELS나 DLS 발행 증권사가 부도가 나는 경우이다. ELS나 DLS는 발행하는 증권사 입장에서 보면 자신들이 발행하는 일종의 회사채나 마찬가지다. A증권사가 부도가 나면 A증권사에서 발행한 회사채에 투자한 사람들이 손실을 입는 것과 마찬가지로 ELS나 DLS 투자자도 손실을 입게 된다(이에 대한 자세한 설명은 '은행에서 판다고 다 안전한 것은 아니다' 장에서 설명했다). 즉 ELS와 DLS가 원금보장형이라는 것은 발행한 증권사가 그 ELS나 DLS가 만기될 때까지 안전하기만 하면 원금에서의 손실이 발생하지 않는다는 의미다. 그렇기 때문에 ELS나 DLS에 투자할 때는 상품 자체의 구조뿐 아니라 이를 발행한 증권사의 신용도도 살펴보아야 한다.

Q2. 삼성전자를 기초자산으로 하는 장내옵션과 일반 ELW (조기종료형이 아닌 ELW)는 수익과 리스크 속성이 동일한 상품이다? ✕

일반 ELW와 장내옵션은 매우 비슷한 구조다('리스크, 피하지만 말고 이용하라' 장 참조). 이 두 상품 모두 가장 기본적인 옵션(바닐라 옵션이라고도 부른다)의 형태다. 장내옵션과 ELW 모두 콜과 풋의 형태가 있으며, 기초자산의 주가와 행사 가격의 차에 의해 손익이 결정되는 형태도 동일하다. 하지만 이 두 상품이 리스크 측면에서는 동일하지 않다.

우선 첫 번째 차이는 ELW는 증권회사에서 발행한다는 점이다. ELW 종목명을 살펴보면 '대신4266KOSPI200풋', '신영4265KOSPI200콜'과 같이 맨 앞에 증권회사의 이름이 붙어 있는 것을 알 수 있다. ELW를 발행한 회사의 이름을 붙여둔 것이다. ELW 투자자는 증권회사가 만들어서 공급하는 종목을 살 수만 있다. 장내옵션이 투자자가 살 수도, 팔 수도 있는 것과는 다르다.

장내옵션이라는 상품의 특징은 거래소에서(장내에서) 모든 거래를 중개하기 때문에 거래 상대방이 결제 의무를 이행하지 않는다고 해서 투자자에게 손해가 발생하지 않는다. 무슨 의미냐 하면 내가 옵션을 사거나 팔았을 때 나에게 옵션을 팔거나 산 사람이 만기일에 내가 산 옵션을 주거나 판 옵션을 가져가지 않는 일이 발생하지 않는다는 것이다. 일단은 거래소가 내 매매거래를 다 받아주기 때문이다. 하지만 ELW는 이와 달리 내가 산 ELW를 누가 팔았는지 명확히 알 수 있다. 판 이는 바로 ELW를 발행한 증권회사, 즉 내가 산 ELW 종목 이름 맨 앞에 붙어 있는 증권회사이다. 물론 증권회사가 투자자한테 판 상품의 거래를 이행하지 않겠다고 버티지는 않는다. 다 이름 있고 큰 회사들인데 투자자와의 계약을 이행하지 않고 도망갈 위험은 없다(감독원에서 승인을 받은 우량 증권사만이 ELW를 발행할 수 있다). 단, 문제가 되는 것은 증권회사가 부도가 날 경우이다. 확률이 매우 낮긴 하지만 ELW는 분명 이러한 리스크에 노출되어 있다.

요약하자면 동일한 삼성전자 주식을 기초로 한 장내옵션과 일반 ELW는 기초자산인 삼성전자의 주가 수준에 따라 돈을 벌고 잃는 패턴은 동일하지만, ELW는 장내옵션에 비해 한 가지 리스크를 더 안고 있는데 그게 바로 발행한 증권회사의 부도 리스크라는 것이다. 그렇게 때문에 ELW 투자 시에는 이를 발행한 증권회사의 신용도를 체크해 본인이 믿을만하다고 판단되는 회사의 종목을 매수해야 하겠다.

물론 그렇다고 ELW가 장내옵션에 비해서 무조건 위험하다는 것은 아니다. 장내옵션에 비해 ELW의 가장 큰 이점 중 하나는 유동성이 풍부하다는 것이다. 유동성이 부족한 경우 내가 매매하려고 하는 시점의 가격이 비합리적으로 크게 움직여서 원하는 가격으로 거래할 수 없는 경우가 발생할 수도 있다(이에 대해서는 '만기 이전에 돈이 필요해진다면' 장을 참조하자). 그렇기 때문에 시장에 유동성이 풍부하다는 것은 추가적인 손실을 막을 수 있는 큰 이점이 된다. ELW와 장내옵션의 유동성 정도를 보기 위해 한국거래소에서 제공하는 거래량 정보를 확인해보면 장내옵션 같은 경우에는 기초자산이 개별 주식 종목인 경우는 거의 거래가 이루어지지 않음을 알 수 있다. 이에 반해 ELW는 기초자산이 개별 주식 종목인 경우도 거래가 활발하다. ELW가 이렇게 거래가 활발한 이유 중 하나는 ELW에만 존재하는 유동성 공급자(LP, Liquidity Provider)라고 하는 제도 때문이다. 증권사 중 LP 자격을 얻은 곳에서 거래가 뜸한 ELW에 대해 매수, 매도 주문을 내면서 거래량을 발생시킨다.

결론적으로 말해 기초자산이 동일하다 할지라도 일반 ELW와 장내옵션은 리스크 속성에서 차이가 있다.

Q3. 동일한 기업이 발행했다면 다른 종목의 회사채라 할지라도 위험한 정도가 같다?

한 기업에서 회사채를 발행할 때 단 한 종목의 회사채만을 발행하는 경우는 드물다. 자금의 필요에 따라서 발행 시점을 달리하거나 금리 지불 조건 혹은 만기를 달리해 채권을 지속적으로 발행하기 때문에 현재 시점에 유통되고 있는 특정 기업의 회사채는 각 회사당 복수 종목일 가능성이 있다. 우리는 보통 회사채에 투자를 할 경우 그 기업의 신용도, 신용등급을 보고 종목을 결정한다(이에 대해서는 '신용등급에 의존하지 마라' 장에서 상세한 내용을 확인하자). 그렇다면 한 기업에서 발행한 여러 종목의 채권은 과연 동일한 리스크를 갖게 될까?

236쪽의 표는 2013년 신한은행의 영업보고서에 포함되어 있는 자료다. 이 표를 보면 이 은행 역시 다양한 종류의 회사채를 발행했다는 것을 알 수 있다. 이자의 지급 방법도 다양하고 발행 만기도 그러하다.

그렇다면 발행 기업이 부도가 났을 경우에 이러한 다양한 종목의 채권들은 같은 정도의 손실을 가져올까? 답부터 말하자면 "그렇지 않다." 표에서 주목해봐야 할 것이 바로 '후순위'라고 구분되어 있는 채권들이다. 단어의 의미만 보면 순위가 아래라는 말, 즉 우선순위에서 나중이라는 말이다. 그렇다면 이에 대응되는 '선순위' 채권도 있어야 한다. 이 표에서 이표채와 할인채로 구분된 채권들은 모두 선순위다. 이 순위는 기업이 부도가 났을 때의 변제 순서를 의미한다.

A은행의 회사채 발행 현황

단위: 백만 원, %

구분	발행 만기	액면가액	금리(%)	
			최소	최대
이표채	1년 초과 2년 이내	1,170,000	2.58	3.07
	2년 초과 3년 이내	1,630,000	2.90	3.64
	3년 초과 4년 이내	1,300,890	2.64	5.00
	5년 초과	2,970,000	0.00	8.36
할인채	1년 이내	1,680,000	2.62	2.70
후순위	5년 초과	5,060,630	3.41	10.20

출처: 2013년 신한은행 영업보고서

기업이 부도가 나게 되면 빚의 종류에 따라서 먼저 갚아야 하는 우선순위가 있다. 회사채의 경우에도 선순위 채권을 가지고 있는 사람에게 돈을 다 돌려주고 난 후에야 남은 돈으로 후순위 채권을 가진 사람에게 돈을 갚을 수 있다. 따라서 만약 만기 전에 부도가 발생하게 되면 내가 갖고 있는 채권이 선순위인지 후순위인지에 따라서 돌려받을 수 있는 돈은 판이하게 달라진다. 후순위 채권은 채권 변제의 우선순위상 선순위 채권과 주식의 사이에 있다.

보통 후순위 채권은 만기도 길다. 5년 이상인 경우가 보통이다. 장시간 자금이 묶이는 것이며, 한번 산 후순위 채권은 시장에 내다 팔기도 쉽지 않다. 따라서 후순위 채권 투자는 매우 주의해야 한다. 예전에 저축은행들이 자신들이 발행한 후순위 채권을 예금만큼 안전한 것이라고 설명하면서 판매했다가 부도가 나 큰 문제가 된 일이 있었다. 후순위 채권은 절대 예금처럼 안전한 것이 아니다. 예금보다 리스크가 큰 채권에 속하며 채권이라는 상품

중에서도 리스크가 큰 편에 속한다.

이렇게 리스크가 다르기 때문에 선순위 채권과 후순위 채권의 금리는 서로 다르다. 8년 후에 만기가 도래하는 우리은행의 선순위 채권과 후순위 채권의 수익률을 비교하면, 2014년 5월 13일 기준으로 선순위채의 수익률은 3.36%인 반면, 후순위채의 수익률은 3.633%로 후순위채 쪽이 역시 더 높다. 발행자도 동일하고 만기도 거의 차이가 없기 때문에 수익률의 차이는 두 채권의 순위에서 발생하는 것으로 볼 수 있다. 해당 은행의 부도 발생 시, 선순위채 쪽이 돌려받는 돈이 후순위채에 비해 더 많을 것이기 때문에 선순위채는 후순위채보다 비싸다(수익률이 낮을수록 채권의 가격은 비싸다. 수익률과 채권 가격의 관계에 대해서는 '만기의 중요성' 장을 참조하자). 즉 리스크가 큰 후순위 채권이 선순위 채권에 비해서 싸다. 여기서도 예외 없이 리스크의 기본 원칙, '수익이 높으면 리스크도 크다'가 적용됨을 알 수 있다.

2011년, 2012년 부실 저축은행이 퇴출되면서 이들이 발행한 후순위채가 문제가 되었는데, 당시 이 채권들의 금리 수준은 7~8%였다. 당시 시중은행의 5년 만기 정기예금 금리가 4%대 초중반이었던 것을 고려할 때 이들 상품은 거의 2배에 이르는 높은 이자를 주었다. 따라서 매우 리스크가 높은 상품이었음이 짐작된다. 지금은 금융감독당국의 엄격한 규제로 인해 저축은행의 후순위채를 보기 어려워졌지만 꼭 저축은행이 아니라 다른 데서 발행한 후순위 채권이라 하더라도 선순위 채권에 비해 리스크가 높다는 기본적인 원칙은 동일하게 적용된다.

Q4. 직장인의 급여통장으로 각광받고 있는 CMA나 RP형 상품은 요구불예금과 같은 상품이다?

CMA, RP, RP형 CMA, MMF형 CMA, 요구불예금 등등. 너무나 종류가 다양해 뭐가 뭔지 헷갈린다. 증권사들은 예금보다 높은 금리라는 특장점을 내세우며 입출금이 요구불예금만큼 자유로운 이런 수신상품들로 고객들을 유혹한다. 직장인들 중에서는 CMA계좌를 급여통장으로 하는 사람들도 꽤 있다. 그럼 이들은 다 같은 상품인가? 이름이 다르니 다른 상품이겠지만, 이 상품들의 리스크 속성도 동일할까? 당연히 같지 않다. 하지만 결론적으로 말해 이들 수신상품들은 대부분 요구불예금처럼 저리스크형 상품에 속한다. 그렇다면 어떤 점이 다르며 왜 이런 차이점에도 불구하고 대부분 리스크가 낮은지 알아보자.

수신상품들은 시장에서 거래되는 것이 아니기 때문에 금리나 기타 시장 가격 요소에 따라 발생할 리스크는 사실상 없다. 손실을 보게 된다면 수신을 맡고 있는 금융기관이 부도가 나는 경우 정도이다. 따라서 1차적으로는 어디서 취급하는 상품이냐에 따라 리스크에 차이가 있다. 은행에서 취급하는 상품인지, 저축은행에서 취급하는 상품인지, 증권사에서 취급하는 상품인지에 따라 다르다. 같은 예금이라는 이름이 붙어 있더라도 은행에서 취급하는 것과 저축은행에서 취급하는 것은 리스크가 완전히 다르다. 취급 금융기관의 신용도 차이뿐 아니라 수신상품의 리스크에 영향을 미치는 다른 요인은 상품 특성으로 인한 차이점을 들 수 있다. 예금자 보호 여부, 담보

증권의 여부 등이 그것이다. 이 상품들의 자세한 차이 및 왜 이 상품들이 전반적으로 리스크가 낮은지에 대해서는 '공부하라, 생각처럼 어렵지 않다' 장을 보면 알 수 있다.

Q5. ELS는 기초자산의 개수가 많을수록 포트폴리오 효과로 인해 리스크가 작아진다?

'손실에도 목표가 있다' 장에서 언급한 포트폴리오 효과에 따르면 서로 다른 성격의 상품을 섞을수록 리스크는 작아진다. 주식의 경우도 많은 종목을 담게 되면 리스크를 낮출 수 있다. 그렇다면 이런 원칙을 ELS에도 동일

11장 우리가 잘못 알고 있던 금융상식 10

하게 적용할 수 있을까? 만약 이 원칙이 적용된다면 기초자산의 개수가 많은 ELS가 더 유리하다는 결론을 내릴 수 있을 것이다.

　이를 알아보기 위해 239쪽의 그림과 같은 스텝다운형 ELS 상품을 하나 가정해보자(스텝다운형 ELS에 대한 상세 설명은 '리스크가 높으면 나쁜 상품인가?' 장에 나와 있다). 이 상품과 구조는 동일하지만 기초자산의 개수가 다른 두 가지 상품을 비교해보겠다. A라는 상품은 기초자산이 코스피200과 HSCEI이며, B라는 상품은 기초자산이 코스피200, HSCEI, EUROSTOXX50이다. 첫 번째 조기상환일이 되었다. 이때 조기상환이 되려면 모든 기초자산의 가격이 최초 시점의 가격 대비 90% 이상이어야 한다. 만약 최초 시점의 모든 기초자산의 가격이 1000이었다고 치면, A상품의 경우는 두 기초자산 모두 가격이 900 이상이어야 하고(①), B상품의 경우 세 기초자산 모두 가격이 900 이상이어야 한다(②). ①과 ② 중 어느 경우가 더 발생할 확률이 높을까? ①번, 즉 A상품이다. 코스피200과 HSCEI가 900 이상이지만 EUROSTOXX50이 그렇지 않은 경우가 생길 수 있기 때문이다.

　그럼 이번에는 만기 시 원금손실 발생 가능성에 대해서 생각해보자. 만기까지 기간 내에 기준가의 45% 미만으로 하락한 기초자산이 하나라도 있으면 일단 원금손실이 발생할 가능성이 있다. 어느 쪽이 기초자산 중 하나가 45% 미만으로 떨어질 확률이 높을까? 당연히 3개의 기초자산 중 하나다. 따라서 기초자산이 3개인 ELS 상품은 기초자산이 2개인 ELS 상품에 비해서 조기상환 확률은 낮고 만기 시 원금손실 발생 가능성은 높기 때문에 리스크는 더 크다.

기초자산이 코스피200, HSCEI인 경우

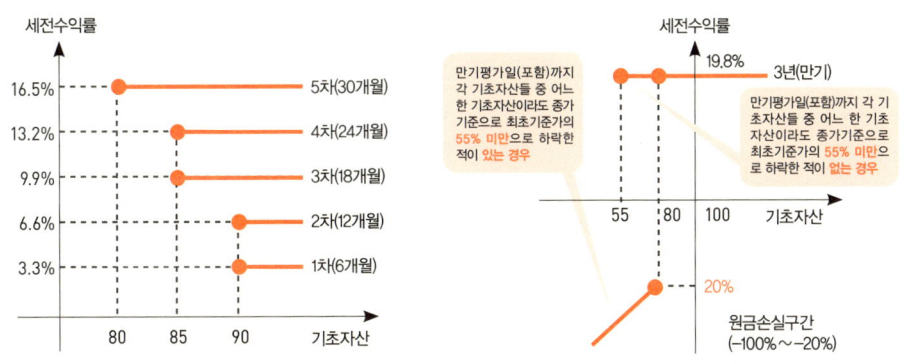

기초자산이 코스피200, HSCEI, EUROSTOXX50인 경우

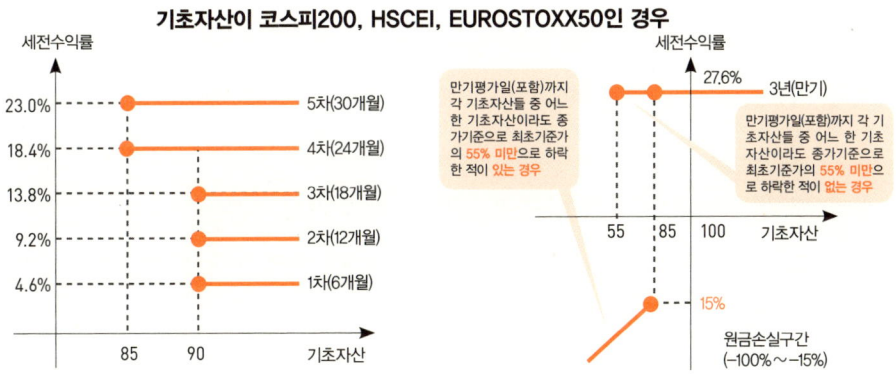

출처: 현대증권 홈페이지 www.hdable.co.kr

따라서 포트폴리오 효과는 이러한 구조의 상품에서는 적용되지 않는다. 보통 기초자산이 3개인 ELS 상품은 기초자산이 2개인 ELS 상품에 비해 리스크가 크기 때문에 높은 쿠폰을 제시하게 된다. 최근에는 저금리 기조로 인해 상품의 수익성이 전반적으로 떨어졌기 때문에 증권사들은 보다 높은 쿠폰의 상품을 만들기 위해 기초자산의 개수를 늘리는 방법을 사용하기도 한다. 이전에는 스텝다운 상품들이 주로 기초자산 2개로 구성되었던 데 비해, 요즘 들어 기초자산이 3개인 상품이 자주 눈에 띄는 것은 바로 이러한 이유 때문이다.

Q6. 시중금리가 오르면 채권을 가지고 있는 사람은 돈을 번다?

채권 투자자에게는 채권에서 받는 이자가 수익원이다. 따라서 높은 이자를 받으면 수익이 높아지는 것은 당연한 이치다. 그렇다면 내가 채권을 가지고 있는 입장에서 시중금리가 오르면 이익이 될까? 얼핏 들으면 그럴 것 같지만 여기에 함정이 있다. 채권은 여러 가지 기준에 의해서 다양한 분류가 가능한데 그중 한 가지 기준이, 만기 동안 변하지 않는 이자를 주는지 아니면 시중금리 변화를 반영해 변동된 이자를 주는지 하는 것이다. 이러한 기준에 따라 채권은 한 번 발행하면 만기까지 이자율이 변하지 않는 고정금리 채권과 3개월 혹은 6개월 등 주기에 따라 시중금리를 반영해 이자율이 바뀌는 변동금리 채권이 있다. 발행되는 채권의 대부분은 고정금리 채권이다. 사실 변동금리 채권은 그리 흔하지 않다.

먼저 고정금리 채권이 시중금리 변화에 따라 어떤 영향을 받는지 살펴보자. 내가 산 채권이 만기 3년이고 연 이자율이 5%인 경우를 가정해보자.

보통 발행 시점에는 시중금리와 비슷하게 이자율이 책정된다. 만기가 2년 쯤 남은 시점에서 시중금리가 6%로 올랐다고 하면 내가 가진 채권은 가치가 더 올라갈까? 내려갈까? 이렇게 생각해보자. 내가 지금, 즉 시중금리가 6%로 오른 시점에 발행된 채권을 산다면 받을 수 있는 이자율은 6%다. 하지만 내가 가진 채권의 이자율은 5%다. 어느 채권이 더 가치가 높을까? 당연히 이자율이 6%인 채권이다. 따라서 내가 가진 채권은 상대적으로 가치가 떨어진다. 채권의 가격과 시중금리는 반대로 움직인다. 금리가 오르면 채권의 가치는 떨어지고 금리가 내리면 채권의 가치는 올라간다. 그 이유는 방금 전 예에서 살펴봤듯이 고정금리 채권인 경우 시중금리를 채권의 이자율이 반영하지 못해 상대적인 가치가 변동하기 때문이다.

그렇다면 변동금리 채권의 경우는 어떨까? 만기가 2년 남은 시점에서 시중금리가 6%로 올라갔다면, 내가 가진 채권의 이자도 6%로 올라갈 것이다. 그렇게 되면 시중금리랑 비교해서 상대적인 가치가 떨어지지 않는다. 내가 가진 채권도 시중금리 수준에 맞게 조정되기 때문이다. 그렇다고 가치가 더 올라가지도 않는다. 그냥 떨어지지 않을 뿐이다.

고정금리나 변동금리란 용어가 채권의 리스크에 대해 간혹 오해를 불러일으키는 경우가 있다. 리스크에 대한 교육을 하면서 고정금리 채권과 변동금리 채권 중 어느 쪽이 더 리스크가 클 것 같냐고 질문을 하면 대부분의 사람들이 변동금리 채권이라고 말한다. 변동이란 의미가 변한다는 뜻이고 리스크는 보통 불확실한 상황에서 커지기 때문에 그렇다고 생각하는 것 같다. 하지만 이 경우에는 다르다. 위에서 말한 것처럼 고정금리 채권은 시중금리가 변하게 되면 가격이 변한다. 금리가 올라가면 가격이 떨어지고 금리가 내려가면 가격이 올라간다. 변동금리 채권도 물론 가격이 변하지 않는 것은 아니지만, 투자자가 받는 이자가 주기적으로 시중금리에 맞춰 조정되기 때문에 가격 변화의 폭은 고정금리 채권에 비해 훨씬 작다(이와 관련해서 '만기의 중요성' 장에 상세한 내용이 설명되어 있다).

채권을 투자할 때, 만기까지 보유하면서 중간 중간 나오는 이자를 받고 만기에 원금을 돌려받겠다고 생각하는 투자자에게는 사실 금리 변동에 따른 채권 가격의 변동이 크게 영향을 미치진 않는다. 만기 이전에 채권 가격이 아무리 변해도 내가 매도를 하지 않으면 직접적으로 영향을 받지 않기 때문이다. 하지만 중간에 채권을 팔아야 하거나 아예 처음부터 채권을 중도에 매각할 생각으로 투자를 한다면, 만기 이전에 발생하는 채권 거래는 시중금리를 반영한 채권의 시장 가격에 따라 이루어지기 때문에 금리 변화가 나의 수익률에 직접적인 영향을 미치게 된다. 만약 처음 투자할 때보다 시중금리가 더 높다면 내 채권 가격은 투자 시점보다 더 쌀 것이고, 시중금리가 더 낮다면 내 채권 가격은 투자 시점보다 더 비쌀 것이기 때문이다.

Q7. A기업에 대한 신용연계파생결합증권(CLN)에 투자하는 것은 A기업이 발행한 채권을 직접 보유하는 것과 똑같다? ✕

시중에서 판매하는 DLS 중 특정 기업이나 국가의 신용도에 따라 수익이 결정되는 상품이 있다. 이러한 상품을 신용연계파생결합증권(CLN)이라

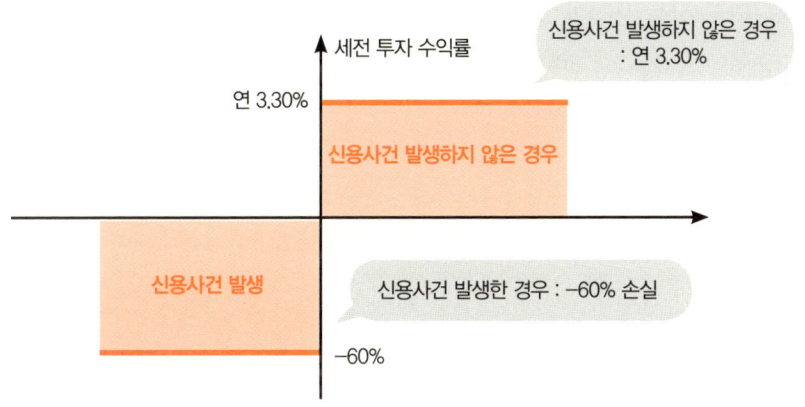

고 하며, 여기에서 수익의 판단 기준이 되는 특정 기업이나 특정 국가의 채무를 준거자산(reference asset)이라고 한다. DLS의 만기까지 준거자산에서 파산, 지급불이행, 채무재조정 등의 신용 사건이 발생하지 않으면, 투자자는 만기 시 미리 정한 이자와 원금을 받게 된다. 만약 만기 이전에 신용 사건이 발생하면 원금손실이 발생하게 되는데, 신용 사건이 발생한 시점의 손실 비율을 제외한 원금을 받게 되고 계약이 종료된다. 손실 비율은 처음 CLN을 투자하는 시점에 미리 정해져 있다.

위의 그림은 전형적인 CLN의 구조를 나타낸 것이다. 이 상품은 만기 시 손실률이 60%이지만 이 손실률은 상품마다 다르다. 손실률이 확정되어 있지 않고 신용 사건 발생 시 시장에서 결정되는 비율을 사용하겠다고 명시된 상품도 있다. 하지만 개인투자자를 대상으로 한 상품은 분쟁의 소지를 없애기 위해 대부분 손실률을 확정해 상품을 만든다. 이 상품은 하나의 기업만을 준거기업으로 하는데 이 외에도 여러 개의 준거기업을 섞어서 이 중 하나라도 신용 사건이 발생하면 거래가 종료된다든지, 혹은 기업이 아니라 여러 국가를 섞어서 만든 상품도 있다.

만약 준거기업이 하나라면, 이 상품은 그 준거기업이 발행한 채권과 매우 흡사한 모양이다. 예를 들어 국민은행이 발행한 특정 채권을 준거자산으로 하는 CLN을 생각해보자. 정해진 이자를 주고 만기에 원금을 주고, 이 기업이 부도가 나면 투자자가 손실을 입게 된다는 점에서 국민은행 채권을 직접 갖고 있는 것과 매우 비슷하다. 그럼 과연 CLN에 투자하는 것과 채권에 직접 투자하는 것은 어떤 차이가 있을까?

첫째, 손실 발생 기준이 다르다. CLN의 경우 보통 신용 사건이라는 것이 상세히 정의가 되어 있는데(이는 상품 투자 시 반드시 확인해봐야 한다), 이것이 반드시 준거자산의 부도와 일치하는 것은 아니다. 준거기업의 파산이나 채무재조정 등 채무불이행 이외의 다른 조건들이 복잡하게 붙는데 이용어들의 정의는 일반인이 이해하기 힘들다. 손실 발생 기준이 다르다는 것은 다른 말로 해서 CLN은 손실 사건이 발생해서 계약이 종료된다 하더라도, 채권에 직접 투자한 사람은 손실을 보지 않는 경우도 있을 수 있다는 것이다.

둘째, 만약 채권과 CLN 모두에서 신용 사건이 발생했다 하더라도 손실 금액과 처리 방식이 다르다. 채권의 경우 부도가 발생하면 전액 다 손실이 발생하는 것은 아니지만 회수를 한다고 해도 시일이 상당히 오래 걸리며, 얼마나 회수를 하게 될지는 회수 시점이 될 때까지 알기 어렵다. 이에 반해 CLN의 경우에는 신용 사건이 발생했을 때 언제 얼마의 금액을 회수하게 되는가 하는 것이 사전에 미리 정해져 있어 오히려 회수가 빠르고 분명하다.

셋째, CLN은 발행자가 준거자산의 발행자와 다르므로 CLN 발행자의 신용도가 문제가 될 수도 있다. 이 마지막 항목은 좀 복잡하다고 느껴질 수 있는데, 예를 들어 설명하면 보다 이해가 쉬울 것이다. CLN은 파생결합증권(DLS)의 일종이므로 증권사에서만 발행할 수 있다(물론 이를 이용해 신탁이나 펀드상품으로도 만들 수는 있다. 하지만 기본적으로는 증권사에서 발행한다. 이에 대해서는 '은행에서 산다고 다 안전한 것은 아니다'의 ELS, ELF, ELT의 비교를 참조하라).

A증권사가 B기업이 발행한 채권을 준거자산으로 삼는 DLS를 발행한다고 해보자. 이 CLN이 만기가 될 때까지 B기업이 매우 양호한 신용도를 유지한다 하더라도 A증권사가 부도가 나면 이 DLS는 손실을 피할 수가 없다. 이 DLS는 A증권사가 발행한 '일종의' 회사채이기 때문이다. A증권사가 부도가 난다면 이는 이 CLN의 신용 사건과는 무관한 일이다. 따라서 CLN에서 미리 정해놓은 손실률과는 상관없이 손실이 발생한다. 왜냐하면 CLN에서 정의한 신용 사건은 B기업의 부도 등으로 인한 것이지 A증권사의 부도 등에 대한 내용이 아니기 때문이다. 따라서 내가 언제 얼마를 돌려받을지 알 수 없게 된다. 반면 B기업의 채권을 직접 산 경우는 오로지 B기업의 신용도만이 내 손실에 연관이 되어 있다. 이처럼 CLN의 경우는 준거기업(B기업)의 신용도와 발행한 증권사(A증권사)의 신용도 모두가 내 손실과 연관되어 있기 때문에 이를 반드시 알고 주의할 필요가 있다.

이렇게 CLN은 준거기업의 신용 위험뿐 아니라 발행 기업의 신용 위험을 함께 안고 가기 때문에 준거자산이 되는 채권보다 이자가 높다. 괜히 높은 이자를 주는 것이 아니다. 그만큼 손실 가능성도 크기 때문임을 명심하자.

> **Q8.** 헤지란 손해가 발생하지 않는 것을 의미한다? ✕

'리스크를 헤지한다'는 말이 있다. 여러 가지 상품에 대해서 헤지가 가능하지만 개인투자자가 사용할 수 있는 헤지는 환헤지가 가장 일반적이다 (환헤지에 대해서는 '완벽한 헤지란 없다' 장을 보면 상세히 설명되어 있다). 리스크는 손실을 의미하기 때문에, 리스크 헤지라는 말은 손실 발생을 막는 것처럼 들리는 것도 당연하다. 하지만 완벽하게 헤지를 한다고 해서 손해가 발생하지 않는 것은 아니다. 간단히 설명해보자.

만약 금 관련 상품에 1000만 원을 투자하면서 달러 변동 리스크에 대해서 헤지를 하기 위해 1년 후 지금 환율과 같은 1달러에 1000원을 돌려받는 선물환 계약을 동시에 진행한 경우, 1년 후 실제 환율에 따라 손익이 어떻게 되는지 살펴보자. 1년 후 실제 환율이 900원일 때, 선물환을 체결하지 않았다면 금을 팔고 돌려받은 금액 1만 달러를 환전해 900만 원을 받게 되겠지만, 선물환을 체결하면 1000만 원을 돌려받을 수 있다. 확실히 환리스크에 대한 손실을 보전받았다. 하지만 만약 1년 후 실제 환율이 1100원이 된다면, 선물환 계약을 체결하지 않았다면 금을 판 1만 달러는 환전해 1100만 원이 되지만, 선물환 계약을 체결했다면 1000만 원밖에 받지 못한다. 100만 원의 손실이 발생한 것이다. 그렇다면 환리스크에 대해서 헤지가 되지 않은 것인가?

헤지란 사실 손실을 입지 않게 하는 전략이 아니라 손익을 고정시키는 전략이다. 어떠한 경우에도 손실을 입지 않게 하는 계약이란 것은 없다. 선물환 계약은 환율이 현재보다 내리면 이익이 되고 오르면 손실이 되는 계약이지만, 이 계약을 통해 얻게 되는 이점은 환율이 오르든 내리든 내가 받는 돈이 고정이 된다는 것이다. 헤지가 손실을 발생하지 않게 하는 것이라는 오해는 '리스크는 손실'이라는 오해에서부터 시작된 것이다. 방향으로 보자면 이익이 아닌 손실이 리스크인 것은 맞지만 엄밀한 의미의 리스크는 이익과 손실 어느 쪽이 될지 모르는 불확실한 상황, 혹은 양쪽을 오가는 정도의 크기를 의미한다. 그러므로 리스크의 회피를 의미하는 헤지도 손실을 일방적으로 막는 것이 아니라 손익을 고정시켜 불확실성을 제거하는 것이라고 해석해야 하겠다.

> **Q9.** 신용등급이 A+인 국가 '대한민국'과 A+인 기업 '삼성엔지니어링'은 신용도가 같다?

우리나라의 국가 신용등급은 A+(S&P 기준, 2014년 6월말 현재)이다. 삼성엔지니어링의 신용등급도 A+(한국신용평가 기준, 2014년 6월말 현재)이다. 그렇다면 신용등급이 A+로 동일한 우리나라와 삼성엔지니어링은 신용도가 동일한 것인가? 신한금융지주는 신용등급이 AAA(한국신용평가 기준)

이다. 그렇다면 신한금융지주는 우리나라보다 신용도가 우수한 것일까? 답은 위의 각 신용등급 옆에 쓰인 괄호 안의 내용 즉, 'S&P 기준', '한국신용평가 기준'에 담겨 있다.

    S&P(Standard & poor's, 스탠더드앤드푸어스)나 한국신용평가와 같은 회사를 신용평가사라고 하는데 국가나 기업들의 신용을 평가해 등급을 발표하는 곳이다(신용등급에 대해서는 '신용등급에 의존하지 마라' 장을 참조하라). 각 평가사마다 고유의 판단 기준이 있고, 각 등급이 의미하는 바도 다르기 때문에 겉으로 보기엔 동일한 신용등급처럼 보여도 의미하는 바는 다 다르다. 또 같은 평가사에서 부여한 등급이라 할지라도 그 등급이 국가에 대한 것인지, 일반 기업에 대한 것인지, 비영리 단체에 대한 것인지에 따라 의미

신한금융지주의 신용등급(2013년 말 기준)

국내평가사	등급	해외평가사	등급
한국신용평가	AAA	Moody's	A1
한국신용평가	AAA	S&P	A
한국기업평가	AAA	FITCH	A

출처: 신한금융지주 www.shinhangroup.com

해외 신용평가등급의 국내 신용평가등급으로의 전환

해외 신용평가등급	AAA~AA-	A+~A-	BBB+~BB-	BB- 미만
국내 신용평가등급	AAA	AA+~AA-	A+~BBB-	BBB- 미만

출처: 금융감독원 www.fss.or.kr

가 다르다. 즉 S&P라는 평가사에서 국가별 신용등급 체계에 의해 부여한 우리나라의 신용등급인 A+와 한국신용평가라는 평가사에서 기업별 신용등급 체계에 의해 부여한 삼성엔지니어링의 등급인 A+는 동일하지 않다. 따라서 신용등급을 확인할 때는 반드시 어느 평가사가 어떤 기준에 의해 산정한 등급인지를 살펴보아야 한다.

250쪽의 위 표에서 각 평가사별 신한금융지주의 신용등급을 보면 그 차이가 좀 더 명확하다. 동일한 기업에 대해서도 신용등급이 이렇게 다양하게 매겨진다. 해외평가사의 경우 등급 산정 기준이 국내평가사에 비해 까다로워 동일 기업이라 할지라도 해외평가사가 부여한 등급이 국내평가사가 부여한 등급에 비해 낮은 경향이 있다. 그래서 금융감독원에서 해외등급과 국내등급을 비교하는 표를 만들었는데 한 등급 정도의 차이가 있다(250쪽 아래). 이 비교표에 의하면 해외등급으로 AA급이 국내등급으로 AAA급에 해당하며, 해외등급으로 A급이 국내등급으로 AA급에 해당한다.

Q10. 해외펀드와 역외펀드는 동일한 상품이다? ✗

펀드의 종류 중에 투자 대상을 기준으로 구분하는 국내펀드와 해외펀드가 있다. 이름에서 알 수 있듯이 국내펀드는 국내 자산에 투자하는 펀드이고, 해외펀드는 해외 자산에 투자하는 펀드이다. 같은 주식형 펀드라도 국내펀드는 국내에 상장된 기업의 주식에 자금을 운용하지만, 해외펀드는 해외 주식시장에 상장된 기업의 주식에 자금을 운용한다. 중국 펀드, 브릭스 펀드, 유럽 펀드 등이 해외펀드에 해당한다.

그렇다면 역외펀드는 무엇일까? 해외펀드와 이름이 비슷해서 헷갈리기도 한다. 역외펀드의 '역외'와 해외펀드의 '해외'는 모두 대한민국이 아닌 곳을 의미한다는 면에서는 동일하지만, '역외'는 펀드가 설정된 나라가 대한민국이 아니라는 의미며, '해외'는 투자 대상의 자산이 대한민국이 아닌 곳에 위치해 있다는 말이다. 쉽게 말해 '역외'펀드는 외국자산운용사들이 만든 펀드이다.

예를 들어 '블랙록차이나 펀드'를 보면 중국, 홍콩, 미국 등지에 상장된 중국 관련 주식에 투자하는 펀드인데, 펀드 설정은 룩셈부르크로 되어 있다. 이러한 것이 역외펀드이다. 중국주식에 투자해서가 아니라 설정이 룩셈부르크라는 나라에 되어 있기 때문이다. 반면 '피델리티차이나 자펀드'는 맨 앞에 붙는 자산운용사 이름이 외국어라서 블랙록 펀드와 비슷해보이지만 국내에 설정되어 중국주식에 투자하는 해외펀드이다.

역외펀드는 대부분 외국 자산운용사가 운용한다. 역외펀드와 해외펀드가 투자자 입장에서 다른 점은 운용 통화 부분이다. 역외펀드는 해외에서 설정해서 운용하는 상품 중 일부를 국내 투자자에게 판매하는 것이기 때문에 운용 통화가 해외통화인 경우가 많다. 위에서 예로 든 '블랙록차이나 펀드'도 미국 달러화로 운용한다. 따라서 국내 투자자의 입장에서는 운용 대상이 되는 중국주식의 가격 변동뿐 아니라 원/달러 환율의 변동도 고려해야 한다. 해외펀드의 경우는 다 그렇지는 않지만 보통 운용사에서 원/달러 환율 변동을 헤지한다. 그래서 환율 변동에 노출되어 있는 정도가 역외펀드보다 덜하다. 이전에는 외환 리스크에 노출되길 꺼리는 역외펀드 투자자를 대상으로 환헤지용 선물환을 같이 끼워 파는 경우가 많았는데, 이것은 불완전 판매 등의 문제가 많았다(관련된 내용에 대해서는 '완벽한 헤지란 없다' 장에서 확인하자).

12장

투자 의사결정, 어떻게 해야 할까?

지금까지 재테크 시 알아야 할 가장 기본이 되는 원칙, 수익-리스크의 원칙과 개인 단위에서 투자할 수 있는 상품들의 수익-리스크 속성에 대해서 살펴보았다. 이제까지의 내용이 이론편이었다면, 이제는 실제로 투자에 대한 판단을 내릴 때 이를 어떻게 활용해야 할지, 그 활용편에 대해서 알아보자. 사실 많은 종류의 세상사가 그렇듯이 투자에도 정답은 없다. 내가 투자를 잘했는지 아닌지도 시간이 지나 실제로 내 손 안에 원하는 만큼의 돈이 들어와야 알 수 있는 것이다. 하지만 여기서 강조하고 싶은 것은 투자 전에 알아야 할 사항들과 지금부터 이야기할 투자 의사결정의 절차들이 반드시 원하는 수익을 보장해주는 것은 아니지만, 나 자신에 대해서 알고 또 내가 투자해야 할 대상에 대해서 아는 것이 보다 안전하고 균형 잡힌 투자의 결과를 가져올 수 있다는 것이다. 그럼 지금부터 투자 의사결정을 하는 순서를 알아보도록 하자.

너 자신을 먼저 알라 :
수익과 리스크 목표 세우기

투자 의사결정에 있어 가장 먼저 해야 할 일은 나 자신을 아는 것이다. 다시 말해 자신의 투자 성향이 안정지향적인지 아니면 어느 정도의 리스크를 감내할 수 있는 정도인지를 파악하는 것이다. 대부분의 사람들은 서로 투자 경험에 대한 이야기를 공유한다. 투자에서 실패한 경험도 이야기할 것이고 돈을 많이 번 경험도 이야기할 것이다. 직장에서 동료들뿐 아니라, 동네에서 만난 이웃주민들 간에도 이런 이야기를 나누곤 하는 것을 보면 과연 돈을 버는 것이 많은 사람의 관심사임에는 틀림없는 듯하다.

그런데 들리는 이야기 중에 일단은 사람인지라 누가 돈을 벌었다는 이야기에 먼저 혹하기 마련이다. 하지만 이때 주의해야 할 것은 그 사람과 나는 다르다는 것이다. 앞에서 살펴봤듯이, 돈을 늘려주는 투자상품에는 여러 가지가 있으며, 그 상품들의 속성도 다 다르기 때문에 나에게 맞지 않는 상품에 투자하다가는 큰 해를 입을 수 있다.

그럼 어떤 상품이 나에게 맞는지를 어떻게 알 수 있을까? 우선 나 자신의 투자 성향을 파악하는 것부터 시작해야 한다. 이는 결국 ('손실에도 목표가 있다' 장에서 설명한 것과 같이) 내 투자의 수익과 리스크의 목표를 수립하는 것과 동일한 과정이다. 사실 나를 알기란 매우 어렵다. 그래서 여기서는 앞에서 이미 소개한 바 있는 금융투자협회의 투자 성향 분류표를 활용해보려고 한다. 이 표는 금융투자협회에서 증권사들을 상대로 만든 '표준투자권유

투자 정보 확인서 배점 기준

문항별 배점

1번 질문: ① 또는 ②로 응답한 경우 4점, ③으로 응답한 경우 3점, ④로 응답한 경우 2점, ⑤로 응답한 경우 1점

2번 질문: ①로 응답한 경우 1점, ②로 응답한 경우 2점, ③으로 응답한 경우 3점, ④로 응답한 경우 4점, ⑤로 응답한 경우 5점

3번 질문: ①로 응답한 경우 1점, ②로 응답한 경우 2점, ③으로 응답한 경우 3점, ④로 응답한 경우 4점, ⑤로 응답한 경우 5점 (중복응답한 경우 가장 높은 점수로 배점)

4번 질문: ①로 응답한 경우 1점, ②로 응답한 경우 2점, ③으로 응답한 경우 3점, ④로 응답한 경우 4점

5번 질문: ①로 응답한 경우 5점, ②로 응답한 경우 4점, ③으로 응답한 경우 3점, ④로 응답한 경우 2점, ⑤로 응답한 경우 1점

6번 질문: ①로 응답한 경우 3점, ②로 응답한 경우 2점, ③으로 응답한 경우 1점

7번 질문: ①로 응답한 경우 −2점, ②로 응답한 경우 2점, ③으로 응답한 경우 4점, ④로 응답한 경우 6점

점수 계산 방법

1번부터 7번까지의 응답 결과에 따른 점수를 합산(총점 32점)하고, 이를 100점으로 환산
(예) 1번부터 7번까지의 합이 26점인 경우, 26점÷32점×100 = 81.3점

투자 성향 분류

20점 이하: 안정형

20점 초과~40점 이하: 안정추구형

40점 초과~60점 이하: 위험중립형

60점 초과~80점 이하: 적극투자형

80점 초과: 공격투자형

출처: 금융투자협회 www.kofia.or.kr

준칙'에 나와 있는데, 증권사들이 고객에게 금융상품을 팔기 전에 고객의 위험 성향을 정확히 파악해서 거기에 맞는 상품을 판매할 수 있도록 하는 일종의 가이드라인이다. 이 투자 성향 분류표는 고객의 연령, 투자 경험, 현금 흐름, 감내할 수 있는 손실의 수준에 대한 문항으로 구성되어 있으며, 이에 대한 답을 점수화하여 그 점수 구간에 따라 고객의 투자 성향을 다섯 가지로 분류하고 있다. 투자 성향 분류표의 질문은 본문 102~104쪽의 질문지를 참고해 답하고, 그에 대한 배점은 259쪽의 표를 참고하자.

　이 표는 수익 목표 중심이 아니라 손실 목표 중심으로 투자자를 평가하지만 어차피 수익과 리스크 목표는 함께 가는 것이기 때문에 개인투자자가 본인의 투자 성향을 파악하고 투자 목표를 세우는 데에 충분히 활용 가능할 것으로 생각된다. 질문이 다소 단순하고 문항수가 많지 않아 투자 성향을 세밀하게 분석하는 데에는 한계가 있지만 이 점이 오히려 개인투자자도 쉽게 자가진단을 해볼 수 있다는 장점으로 작용할 수 있다. 여기서의 목표는 일단 자신의 투자 성향과 목표를 수립하는 것이기 때문에 고도의 복잡한 계산식이나 숫자는 필요 없다.

투자 기간을 정하라

　　　　　　　　　　투자 기간 역시 투자자의 투자 의사결정에 중요한 요소라고 하겠다. 투자 기간에 따라 목표로 하는 수익률이 달라질 뿐 아니라, 대상으로 하는 상품군 자체가 달라지기 때문이다. 그런데 이 투자 기간은 투자자들이 쉽게 간과하는 부분 중 하나이다. 투자 기간을 정하는 것이 왜 중요한지는 '만기의 중요성'과 '만기 이전에 돈이 필요해진다면 어쩌지' 장에서 자세히 설명했기 때문에 여기서는 투자 기간을 어떻게 고려할지에 대해서 언급하도록 하겠다.

가장 먼저 생각해야 할 것은 내가 가진 자금이 언제 필요하냐이다. 이를 고려할 때 반드시 전체의 자금이 다 필요한 기간을 생각할 필요는 없다. 일부분은 곧 사용될 것이고, 일부분은 나중에 사용될 것이라면, 이 필요 기간에 따라 투자금을 배분해 다른 곳에 투자할 수도 있기 때문이다. 만약 투자금이 정확히 언제 사용될지 모를 경우에는 수익 목표를 고려해 자금을 배분할 수도 있다. 만기가 짧거나 유동성이 높은(즉, 현금화가 쉬운) 상품은 수익률이 낮기 마련이다. 하지만 높은 수익률을 목표로 해 너무 긴 만기의 상품으로만 포트폴리오를 구성한다면 나중에 자금 회수를 위해 중도에 상품을 해지 혹은 매도하면서 목표 달성에 어려움을 겪게 될 수도 있다. 그렇기 때문에 적정한 비율의 투자금은 수익은 낮지만 유동성이 높은 상품에 배분할 필요가 있다. 이때 얼마의 비율이 적정하냐가 문제가 될 수 있다. 사실 정해진 답은 없다. 개인마다 지속적으로 들어올 것으로 예상되는 현금흐름이 다르고, 자금을 사용하는 패턴도 다르기 때문이다. 단, 월급생활자처럼 본인의 현금 유입이 규칙적이며 꾸준하다면 유동성자산에 투자하는 비율을 더 낮출 수 있을 것이다. 또한 수익과 리스크 목표 설정 시 본인의 투자 성향이 보다 리스크를 감수하는 쪽으로 판단되었다면 역시 유동성자산의 비율을 낮출 수 있다.

단기(1년 이하)	CD, RP, CP, 단기성 예금, 만기 1년 이내의 DLS, 장내파생상품, ELW
중기(1년~3년 이하)	채권, ELS, DLS, WR
장기(3년 초과)	후순위 채권, 장기 국채, 해외 국채
비만기성	요구불예금, CMA, 주식, ETF, 펀드

투자 기간에 따라 투자할 수 있는 상품군은 위과 같다.

목표에 맞는 상품을 찾아라 :
리스크 맵 그리기

본인의 수익-리스크 목표와 투자상품의 만기를 정했다면 나의 성향에 맞는 상품이 어떤 것이 있는지를 찾아보고 이를 투자상품 후보군으로 선정할 수 있다. 상품들은 저마다 고유한 특성을 가지고 있기 때문에 이를 기준으로 수익은 낮지만 가격 변동성 즉, 리스크는 낮은 상품과 수익은 높지만 리스크가 높은 상품으로 어느 정도 분류가 가능하다. 여기서는 상품을 세분화한 후 각 상품의 속성에 따라 리스크 맵을 그려 보려고 한다. 첫 번째 단계에서 투자 성향을 5단계로 분류했기 때문에 여기서도 상품을 리스크 정도에 따라 5개 그룹으로 분류할 것이다.

리스크 맵을 그리는 첫 단계는 각 상품을 시장 리스크와 신용 리스크의 2차원으로 나누어 지도상에 배치하는 것이다. '리스크가 높으면 나쁜 상품인가?' 장에서 이미 설명했듯이 시장 리스크란 상품의 시장 가격 변동에 의해서 생기는 손실의 위험을 말하며, 신용 리스크는 거래 상대방 즉, 내 돈을 맡긴 상대가 부도가 나면서 발생할 수 있는 손실의 위험을 말한다. 이 두 가지 리스크는 엄연히 다르며, 상품에 따라 한 쪽 리스크만을 가지거나 혹은 두 리스크를 모두 가질 수 있으므로 이 두 가지 차원에서 리스크의 크기를 살펴보는 것은 의미가 있다. 아래 그림이 바로 리스크 맵이다.

그림의 가로축은 해당 상품이 가지는 시장 리스크의 크기를 의미한다.

리스크 맵

신용리스크 \ 시장리스크	0	1	2	3	4	5
0		국고채 채권형 펀드* 5년 이하 국고채*	5년 이상 국고채*	롱숏 펀드*	국내 주식형 펀드 개별 주식 대형주 해외 선진국 주식형 펀드** Commodity 가격 추종 펀드** 금 선물	해외 이머징 주식형 펀드** 개별 주식 중소형주
1	은행예금 외화예금신탁 (원화수익확정) RP(CMA계좌 포함) MMF(CMA계좌 포함) 저축은행 예금 5000만 원 이하	CP/전자단기사채 (1년 미만 단기 상품)*** 발행사와 준거기업이 우량한 단기 CLN***	5년 이상 우량 은행채* 원금보장형 ELS/DLS**	달러 RP (환율 노출)* 외화예금 (환율 노출)	금 예금	
2			우량 회사채 포함 채권형 펀드* 국내 A급 이상 회사채**	원금비보장형 ELS / DLS**		
3				해외 이머징 국채*** 해외 채권형 펀드**		
4				국내 A급 이하 회사채***		
5	저축은행 예금 5000만 원 초과분			하이일드 펀드**		

*표가 많을수록 유동성 리스크가 높음

오른쪽으로 갈수록 리스크의 크기는 커진다. 그림에서 보듯이 은행예금 등은 시장 리스크가 없는 상품이며, 해외 이머징 주식형 펀드 등은 시장 리스크가 큰 상품에 해당한다. 세로축은 해당 상품이 가지는 신용 리스크의 크기를 의미한다. 아래로 갈수록 리스크의 크기는 커진다. 국고채 채권형 펀드 등은 신용 리스크가 없는 상품이고, 하이일드 펀드 등은 신용 리스크가 큰 상품이다. 이 그림에서 좌상향에 위치한 상품일수록 전반적인 리스크가 낮은 상품이며 우하향에 위치한 상품일수록 전반적인 리스크가 높은 상품이다.

리스크 맵의 다음 단계는 첫 단계에서 2차원의 리스크로 분석된 상품을 최종 5개의 리스크 그룹으로 나누는 일이다. 시장 리스크와 신용 리스크가 모두 낮거나 모두 높은 상품도 있는 반면, 둘 중 하나의 리스크가 다른 리스크에 비해 높은 상품이 있기 때문에 이 두 번째 단계를 거쳐 저리스크군의 상품과 고리스크군의 상품으로 분류하는 것이다. 최종적인 리스크 그룹별

리스크 그룹별 상품표

1그룹	2그룹	3그룹	4그룹	5그룹
은행예금 외화예금신탁 (원화수익확정) RP(CMA계좌 포함) MMF(CMA계좌 포함) 저축은행 예금 5000만 원 이하 국고채 채권형 펀드* 5년 이하 국고채*	CP/전자단기사채 (1년 미만 단기 상품)*** 발행사와 준거기업이 우량한 단기 CLN*** 5년 이상 국고채* 5년 이상 우량 은행채* 원금보장형 ELS/DLS**	우량 회사채 포함 채권형 펀드* 국내 A급 이상 회사채** 롱숏 펀드* 달러 RP(환율 노출)* 외화예금(환율 노출) 원금비보장형 ELS/DLS**	해외 이머징 국채*** 해외 채권형 펀드** 국내 A급 이하 회사채***	국내 주식형 펀드 개별 주식 대형주 해외 선진국 주식형 펀드** Commodity 가격 추종 펀드** 금 선물 금 예금 하이일드 펀드** 해외 이머징 주식형 펀드** 저축은행 예금 5000만 원 초과분

상품은 아래 표와 같다(264쪽). 1그룹에는 가장 안전한 상품이 속해 있고, 5그룹에는 가장 리스크가 높은 상품이 속해 있다. 내 투자 성향 등급에 맞는 상품을 확인해보자.

섞고 나누라 : 자산 배분

세 번째 단계에서 각 상품의 리스크 속성을 알아봤다. 하지만 우리에게는 하나의 선택지가 더 있는데, 각 상품을 섞어서 투자를 할 수 있다는 것이다. '투자상품 섞기'는 처음에 투자하는 입장에서 일정 부분 투자 자금을 나누어서 할 수도 있고, 기존에 이미 투자한 상품들이 있는 상태에서 새로운 상품에 투자하고 싶을 때 다른 상품에 투자함으로써도 가능한 일이다. 즉 상품 섞기는 내가 가진 전체의 투자자산을 기준으로 한다는 이야기다. 그렇기 때문에 매번 새로운 상품에 투자할 때 꼭 자금을 나누어서 다른 상품을 살 필요는 없다. 전반적인 투자자산 포트폴리오의 균형을 맞춰주는 것이 중요하다.

왜 한 상품에만 투자하는 것이 좋지 않은지는 '손실에도 목표가 있다' 장에서 이미 설명했다. 간단히 말해 하나의 상품 또는 비슷한 속성을 가진 상품들에 집중 투자하는 것보다 서로 속성이 다른 상품을 섞음으로써, 즉 분산투자를 함으로써 상품들이 서로 리스크를 상쇄해주는 효과를 노릴 수 있다. 그럼 어떻게 섞는 것이 좋은가? 핵심 원칙은 '서로 다른 방향으로 움직이는 것끼리 섞기'다. 여기서 주의할 것은 반드시 리스크가 높은 것과 낮은 것을 섞을 필요는 없다는 것이다. 물론 자신의 포트폴리오를 구성하면서 일정 부분의 자산은 안전한 곳에, 일정 부분의 자산은 고위험 고수익에 배분할 수도 있다. 이것도 하나의 배분 원칙이 될 수 있다. 하지만 이렇게 배분할 때에도 중요한 것은 서로 성격이 다른 상품을 선택해야 리스크 감소 효과를 크게 볼 수 있다는 것이다.

예를 들어 3그룹에 속하는 코스피200과 S&P500지수에 연계된 원금비보장형 ELS와 5그룹에 해당하는 국내 주식형 펀드, 이 두 가지 상품을 섞었다고 생각해보자. 이 두 가지 상품은 모두 국내 주가지수의 움직임에 의해 수익이 결정된다. 국내 주식시장이 하락할 때 두 상품에서 모두 손실이 발생할 것이다. 따라서 리스크 감소의 효과가 없다. 국내 주식형 펀드 대신 코스피를 추종하는 인버스 ETF로 바꾼다면 국내 주식시장이 하락해 ELS에서는 손실을 입을 수 있으나 대신 인버스 ETF에서 수익이 나기 때문에 리스크 감소의 효과가 생기게 된다.

이런 방식으로 서로 다른 방향으로 움직이는 상품을 섞는 것이 중요하다. 서로 다른 펀드와 ELS 상품이라 할지라도 두 상품의 수익을 결정하는 기초가 되는 자산이 둘 다 같은 주식이라면 포트폴리오 효과를 볼 수가 없다. 하지만 같은 상품 내에서도 기초가 되는 자산의 속성이 다르다면 리스크가 줄어드는 효과를 볼 수가 있다. 예를 들어 펀드에 주력해 투자를 하고 싶은데 국내 주식형 펀드만을 가지고 있다면 채권에 투자하는 펀드나 해외 주식에 투자하는 펀드에 추가 투자를 하는 식으로 포트폴리오 효과를 노려볼 수 있겠다.

투자 성향에 따른 추천 포트폴리오

사례 1

20대 신입사원 + 현재 재산 거의 없음 + 당분간 결혼 계획 없음

- 현재 재산이 거의 없으므로 월급의 일정 부분을 매달 만기가 정해져 있지 않은 상품에 다소 공격적으로 투자할 필요가 있다.
- 매달 적은 금액을 투자해야 하므로 개별 채권보다는 펀드가 더욱 적합하다.

추천 포트폴리오

적립식: 주식형 펀드 + 해외 채권형 펀드(또는 금 ETF)

사례 2

30대 잘나가는 직장인 + 부모님께 물려받은 재산 5억 원 + 결혼 계획 없음

- 현재 있는 목돈을 관리하는 것과 추가적인 목돈 모으기의 두 가지 목표를 모두 달성해야 하는 상황이다.
- 다소 공격적 투자를 권유한다.

추천 포트폴리오

목돈 관리: 원금비보장형 ELS/DLS + A급 이하 회사채(또는 해외 이머징 국채)

적립식: 하이일드 펀드(또는 국내/해외 주식)

사례 3

40세 직장인 가장 + 현금성 자산 1억 원 + 2년 후 현재 자산을 보태 주택 구입 계획

- 향후 자금 사용 계획이 있으므로 현재 현금성 자산을 안정적으로 운용해야 한다. 유동성이 떨어지더라도 안정적 수익을 기대할 수 있는 상품을 추천한다.
- 자금을 추가적으로 모을 필요가 있다.

추천 포트폴리오

목돈 관리: CP/전자단기사채(또는 원금보장형 ELS/DLS)

적립식 : 롱숏 펀드

사 례 4

50세 직장인(소득 감소 예상됨) + 현금성 자산 2억 원 + 3년 후 자녀 학자금 필요

- 다소 안정적인 포트폴리오 필요하다.

추천 포트폴리오

목돈 관리: CP/전자단기사채(또는 발행사와 준거기업이 우량한 단기 CLN)

적립식: 우량 회사채 포함 채권형 펀드

계속 살펴보라 :
모니터링하기

다섯 번째 단계는 투자 의사결정을 거쳐 투자를 실행한 다음 수행해야 할 단계이다. 투자를 결정하고 돈을 지불하고 금융상품을 샀다고 해서 다 끝난 것은 아니다. 이후에도 지속적으로 관심을 갖고 돌보는 것이 필요하다. 일명 '사후 모니터링'의 단계이다. 내가 투자한 상품의 수익의 근원이 되는 리스크 요인이 실제 발생하는지 아닌지를 살피는 것을 말한다. 투자한 상품의 수익이 주가의 변동에 따라 움직이는지, 금리나 환율의 변동에 따라 움직이는지, 아니면 특정 기업의 신용도에 따라 움직이는지에 따라 모니터링할 대상은 달라진다. 주가나 금리, 환율에 따라 움직인다면 HTS 등에서 해당 숫자가 크게 변동하는지 여부를 확인하면 되고, 특정 기업의 신용도가 변수라면 해당 업체의 신용에 대한 뉴스 등을 살펴볼 수 있겠다. 특정 기업의 신용도를 살펴보는 또 다른 방법은 그 기업의 주가를 살피는 것이다. 주식과 채권은 서로 다른 특성을 가진 것처럼 계속 설명해왔지만 특정 기업이라면 주식과 채권의 가격은 같이 움직인다. A기업의 상황이 좋지 않으면 A기업이 발행한 주식과 채권의 가격은 같이 떨어진다. 주가 정보는 손쉽게 구할 수 있고 또 시장의 뉴스에 매우 빠르게 반응하기 때문에 그 기업의 상황을 파악하는 하나의 지표가 될 수 있다.

　물론 모든 투자상품에 대해 항상 레이더를 켜고 살펴야 되는 것은 아니다. 리스크가 낮은 상품들은 모니터링을 할 필요가 없거나 아주 가끔만 살펴보면 될 수도 있다. 은행 예금이나 만기까지 보유할 목적으로 매입한 국채와 같이 리스크가 낮은 상품은 굳이 모니터링하지 않아도 된다. 은행이나 나라가 망한다는 뉴스가 갑자기 나올 리도 없고 위의 두 상품은 시중금리 변동에 따라 움직이지도 않기 때문이다. 리스크가 높은 상품일수록 투자 후에도 주의를 기울이고 살펴야 한다.

　사실 이미 투자를 실행하고 난 후라면 리스크를 줄이기 위한 어떤 활동을 하기는 어렵다. 그럼에도 계속 모니터링을 하는 이유는 일단 손실이 날 수밖에 없는 상황이 발생했을 때 조금이라도 빨리, 현명하게 대처해 손실을 줄이기 위한 것이다. 내가 투자한 상품의 수익을 결정하는 요소가 특정 기업의 주가이며, 이 주가가 계속 떨어지고 있다면 과연 어떤 결정을 내려야 될까? 상품을 즉시 환매해야 하나? 아니면 더 기다려야 하나? 이런 의사결정은 사실 매우 어렵다. 누구도 미래를 알 수 없기 때문이다. 주가가 떨어지는 상황에서 더 이상 손실을 보지 않기 위해서 손해 본 상황에서 투자자산을 청산하는 경우가 있다. 이른바 '손절매'라고 하는 상황이다. 이로써 손실을 줄일 수 있으면 다행이지만 곧 주가가 반등할지 누가 알겠는가? 그럼 손절매를 하는 것이 손실을 줄이는 것이 아니라 손실을 확정하는 것이 되어버릴 수도 있다. 이런 상황에서 바르게 판단하기 위해선 스스로가 투자한 상품에 대해서 바로 알고 시장을 계속 살피는 것이 필요하다.

 상품에 따라서 기초가 되는 자산의 가격이 오를 때 수익이 회복되는 경우도 있지만 그렇지 못한 경우도 있다. 예를 들어 원금비보장형 ELS의 경우 손실 발생 구간에 돌입했다면 주가가 많이 오르지 않고는 손실 회복이 어려울 수 있다. 혹은 선물이나 장내옵션, ELW처럼 곧 만기가 도래해 주가 회복을 기다릴 시간 없이 손실이 확정되어버리는 경우도 있다. 만약 자신이 투자한 상품의 속성상 주가 회복을 기다려도 손실이 회복될 수 없는 상품이라든지, 시장 상황상 원하는 시점에 회복이 어렵다고 판단될 경우에는 손실을 보더라도 적시에 처분하는 것이 추가적인 손실을 막는 방법일 것이다. 그렇기 때문에 투자 의사결정의 어려운 프로세스를 끝내고 투자에 돌입했다고 해서 모든 것이 끝났다고 할 수 없는 것이다. 오히려 그 이후의 대처가 더 중요할 수도 있다.

지금까지 '금융상품 투자'에 대한 상세한 '이론편'과 간략한 '실행편'을 모두 살펴보았다. 혹시 '이거 누구나 다 아는 거 아냐?' 혹은 '너무 뻔한 이야기 아니야?'라고 생각하는 분도 있을지 모르겠다. 원래 답을 알고 나면 모든 것이 너무나도 쉽다. 그런데 이 지점에서 중요한 것은 지금까지 본인의 투자 패턴이나 투자에 대한 생각들이 이 당연해 보이는 로직을 따르고 있었느냐 하는 점이다. 혹시 그렇지 않았다면 지금까지 배운 기본 원칙들과 세부 상품의 특성들을 바탕으로 수익과 리스크의가 균형 잡힌 올바른 투자의 길로 들어설 수 있길 바란다.

다시 한 번 이 책이 지향하는 바를 설명하자면, 이 책은 이렇게 하면 남들보다 더 많은 돈을 벌 수 있다거나, 돈을 잃을 수 있는 위험은 어디든 도사리고 있으니 투자를 하지 말라거나를 이야기하는 것이 아니다. 이 책은 '알고 투자하라', '올바로 투자하라', '자신에게 맞게 투자하라'를 이야기하고 있는 것이다. 그리고 기본이 되는 원칙으로 고수익 상품은 고위험을 동반할 수밖에 없기 때문에 본인의 투자 성향, 리스크 감내 능력을 먼저 생각한 후 투자에 대한 의사결정을 내려야 한다고 이야기한다. 투자는 단거리 달리기보다는 마라톤에 가까운 것으로 어쩌면 평생을 함께 해야 할 파트너인지도 모른다. 오래도록 파트너와 함께 행복하게 살기 위해서는 나를 알고 파트너를 아는 일부터 시작해야 한다. 적을 알고 나를 알면 싸움에서 위태로움이 없다고 했다. 수천 년 전 전쟁터에서 터득한 지혜가 오늘날 투자를 함에 있어서도 그대로 적용된다는 것이 놀랍지 않은가?

13장

공부하라, 생각처럼 어렵지 않다

필자가 금융회사의 리스크 관리팀에서 근무할 때 겪은 일이다. 영업 부문의 한 임원이 농담 삼아 하신 말이 "리스크 관리팀 사람들 특이하지 않아? 수학만 전공해서 다들 공부만 하고, 왠지 특이할 거 같아"였다. 이런 오해를 많이 받는다. 리스크 관리를 하려면 수학과 통계학을 전공해야 하고, 왠지 그 팀에는 미국의 시트콤 〈빅뱅이론〉에 나오는 주인공처럼 특이한 사람들만 모여 있을 것 같다. 사실 전반적으로 리스크 관리팀에는 고학력의 이과 출신들이 많다. 필자가 근무할 때도 대부분이 수학이나 통계학, 기타 공학 전공자들이었다. 아마 다른 금융기관의 경우도 마찬가지일 것이다. 이런 인력 구성으로 인해 리스크 관리는 수학 공식이 많이 필요하고 너무나도 복잡하고 어려워서 비전공자나 일반인은 접근할 수 없는 것이라는 오해를 받는 것 같다. 하지만 단언컨대, 그렇지 않다.

금융상품을 분석하고 그 안에 숨어 있는 리스크를 찾아내고 관리하는 과정에서 복잡한 수학 공식이 필요할 때도 있다. 하지만 그게 전부는 아니며, 오히려 중요한 것은 투자의 본질에 대한 직관력이라 하겠다. 금융상품은 일반인이 공부하기 어렵다는 인식을 퍼뜨린 주범은 역설적으로 금융상품이나 리스크 관리를 설명한 책들이 아닐까 싶다. 이런 책들 중 상당수는 금융기관이나 대기업에서 수행해야 할 관리 방식을 다루고 있는데, 이 중 계량적인 내용을 다루고 있는 것들이 많다. 하지만 이런 것은 실제 투자를 위한 의사결정을 내릴 때 필수적인 것이 아니다. 특히 개인투자자의 입장에서는 절대 필요한 요소가 아니다.

우리는 이미 알고 있다

전에 한 금융회사가 자신들이 고객의 신용도를 평가하는 모형을 새로 개발했는데, 무려 열 가지가 넘는 요소를 포함해 정확도를 높였다고 자랑하는 광고를 한 적이 있다. 모형이라는 것은 기본적으로 가정이라는 것이 포함되어 있다. 현상을 단순화해 설명하기 위한 것이기 때문에 모형을 만들 때 전제되어 있는 가정은 현실과 맞지 않는 경우가 많다. 그 가정이 들어맞지 않을 경우가 발생하면 모형에 의해 예측된 값 또한 전혀 들어맞지 않게 된다. 복잡한 모형일수록 가정이 많이 포함되기 마련이며, 데이터의 오류가 포함되어 있을 가능성도 높아진다. 투자 의사결정이란 미래에 발생할 일에 대해 생각하고 판단을 내려야 하는 일이기 때문에 아무도 어떻게 될지 알 수 없고, 그래서 이런 통계적인 모형, 일종의 복잡한 수학

공식들을 사용하는 것인지만, 아무리 정교한 모형이라 하더라도 미래를 정확히 예측할 수는 없다. 그렇기 때문에 정확히 미래를 예측하는 일에 초점을 맞출 것이 아니라, 내가 투자하는 상품의 속성을 정확히 알고 거기서 발생할 수 있는 손실의 케이스들을 점검하고, 이를 바탕으로 투자를 결정하는 것이 더 중요하다. 진부한 말이겠지만 기본에 충실하는 것이 중요하다.

실제로 금융기관에서 자신들의 투자자산을 관리하는 것을 보더라도 수학과 석·박사들이 계산해낸 값은 '사람'이 결정하는 과정에 제공되는 여러 가지 정보 중 하나일 뿐이다. 가장 중요한 것은 결정을 내리는 사람의 직관이 아닐까? 물론 직관에만 의존해서 근거 없는 의사결정을 해서는 안 되지만. 금융상품의 리스크에 대해 생각하면 생각할수록, 숫자에 의존하기보다는 투자의 기본 메커니즘과 상품의 기본 속성을 아는 것이 중요하다는 것을 느낀다. 그리고 많은 사람들이 계량 모형의 화려함에 현혹돼 점점 금융상품은 어려운 것이라고 생각해 공부하는 것조차 꺼려하며 아예 투자상품을 멀리 하거나, 이와는 반대로 기본적인 사항조차 체크하지 않은 채 너무 과감하게 투자하는 것을 보면 안타까움을 느낀다. 책을 쓰면서 인터뷰를 했던 사람들 중 비전공자들 대부분은 일단 금융이라는 단어 자체에 대해 일종의 두려움을 느끼고, 어렵다는 선입견을 가지고 있었으며 알려고 하는 노력 자체를 하지 않았다. 그렇기 때문에 금융기관 직원의 권유가 의사결정에 상당한 영향을 미치게 되었으며, 이는 간혹 후회할만한 결과로 연결되곤 했다.

여기서 말하고자 하는 것은 금융상품이라는 것이 저마다 달라 보이지만, 사실은 조금만 들여다보면 다양한 상품들을 관통하는 기본 원칙이 있다. 따라서 기본 원칙만 이해한다면, 그다음은 이 기본 원칙을 조금씩 응용한 것이기 때문에 절대로 어렵게 느낄 필요가 없다. 먼저 막연히 가지고 있는 거리감부터 줄여보자. 금융상품을 관통하는 기본 원칙이란, 이 책에서 계속해서 설명한 수익과 리스크의 기본적인 관계, 즉 '고수익 고위험, 저수익 저위험'의 원칙이다. 이것을 어렵게 생각할 필요가 없는 것은 우리가 이미 일상생활에서 이러한 원칙을 알고 이에 따라 행동하고 있기 때문이다. 이미 감으로는 다 알고 있는 것이다. 리스크라는 것은 앞에서도 말했듯이 불확실성이다. 미래에 내가 벌게 되는 돈이 1000원이 될지, 1만 원이 될지 모르는 것이 불확실성이다. 사람들은 보통 불확실성을 꺼리는 경향이 있다. 불확실성을 제거하려고 기꺼이 돈을 지불하기도 한다. 그렇기 때문에 불확실성이 낮으면, 즉 리스크가 낮으면 수익이 낮아지는 것이다. 이러한 예는 우리의 실생활에서도 많이 찾아볼 수 있다.

우선 예로 들 수 있는 것이 항공권이다. 항공권의 경우 빨리 살수록 싸게 살 확률이 높고, 이렇게 싼 표는 구입한 후에 여행 일정을 변경할 수 없다. 이를 구매한 사람의 입장에서 보면 표를 싸게 샀기 때문에 효용(수익)은 높은 반면에, 이 표를 사용하지 못하게 될 불확실성 또한 높은 것이다. 표를 빨리 샀다는 것은 실제로 여행을 떠나는 날이 한참 남았다는 것이며, 이는 그동안 어떤 일이 발생해 예정한 날짜에 여행을 가지 못할 불확실성이 높다는 것이다. 일정을 변경할 수 없는 표의 경우도 마찬가지다. 싸게 산 대신 취소나 변경이 불가능하기 때문에 만약 여행을 가지 못하게 되면 표를 날릴 가능성, 즉 리스크가 더 커진다. 반대로 항공사 입장에서 보면 표를 싸게 팔았기 때문에 여기서 거두는 수익은 비싸게 판 표에 비해 더 낮다. 하지만 미래에 항공권을 이용하는 사람과 날짜가 정해져 있기 때문에 텅텅 빈 비행기를 운행해야 하는 리스크는 줄어든다. 여기서도 고수익 고위험, 저수익 저위험 원칙이 적용됨을 알 수 있다.

또 다른 예는 농촌에서 찾아볼 수 있는 '밭떼기'라는 거래 형태이다. '밭떼기'는 생산자가 작물을 수확하기 전에 농작물이 밭에 있는 상태에서 통째로 중간상인에게 매도하는 거래이다. 파생상품 중 선도거래라고 하는 것의 초기적인 형태인데, 생산자나 구매자 모두 향후 실제로 거래하게 될 작물의 작황이나 형성될 가격을 모르는 채, 거래를 하게 된다. 농민의 입장에서는 이 거래를 함으로써 판로와 가격이 확정되기 때문에, 향후 설사 농작물의 가격이 높아진다고 하더라도 이에서 누릴 수 있는 고수익을 조금 희생하면서라도 불확실성을 줄이려고 하는 것이고, 상인의 입장에서는 이와는 반대로 가격이 떨어지게 되면 조금 손해를 볼 수는 있지만 확정된 가격에 물량을 확보함으로써 불확실성을 감소시킬 수 있는 것이다. 우리가 지금 금융시장에서 리스크를 헤지하는 원리가 여기에 고스란히 녹아 있다. '밭떼기' 거래에 참여하는 참여자들이(농민과 중간상인) 금융에 대한 지식이 있을 리 없고, 거래에 금융공학자들이 사용하는 복잡한 모형이 들어 있다고 누구도 생각하지 않는다. 하지만 오래 전부터 수익-리스크에 대한 기본적인 원리가 이렇듯 생활 속에 이미 체득되어 이러한 형태의 거래가 유지되어 온 것이다.

또 흔히 볼 수 있는 예는 고스톱 게임에서 찾아볼 수 있다. 고스톱에서는 내 손에 들고 있는 화투장 말고는 대부분의 패는 다른 사람의 손에 들려 있거나, 뒷면이 위를 향하도록 뒤집혀 있어서 볼 수가 없다. 내 손에 든 패 말고는 모두 다 나에게 있어서는 불확실성이다. 그렇기 때문에 광을 판다거나, 흔들기를 통해 다른 사람의 패를 볼 수 있는 기회를 얻을 때는 돈을 지불한다. 내가 볼 수 없는 패를 보면서 불확실성을 감소시키는 것이다. 처음에 고스톱을 배울 때 정보를 제공할 때마다, 즉 내 패를 보여줘야 하는 일이 생길 때마다 돈을 받는다는 룰이 정확히 리스크 관리의 기본에 부합한다는 사실을 알고 정말 신기했다. 어떻게 그 옛날 이 게임을 만든 사람들과 오랜 기간 이 게임의 룰을 발전시켜온 사람들은 이 기본을 알고 있었을까? 그 사람들은 금융공학을 배웠을 리도 없고 투자의 귀재들일 리도 없다. 이를 통해 그만큼 리스크의 기본 원리가 절대 복잡하지 않으며 삶의 순리를 반영하고 있음을 알 수가 있다.

원칙이 있는 투자는 아름답다

수익-리스크의 기본 원리는 우리가 살아가면서 느끼는 당연한 원칙이다. 이 기본 원리가 대형 금융기관에서 보다 더 정교하게 다듬어지고 효율성을 위해 복잡한 수학과 통계학 공식을 빌려다 사용하게 되면서 복잡하고 어려워진 것이다. 누누이 강조하듯이 개인투자자에게는 기본 원리에 대한 약간의 이해만 있으면 된다. 절대 어려운 것이 아니며 두려워할 것도 아니다. 누구나 조금만 관심을 기울여 이해하기만 하면 된다. 여기에 조금만 더 욕심을 내보자면 각 상품별로 조금씩 차이가 나는 부분에 대해서 습득하는 것이다. 그다음에는 기본 원리를 바탕으로 응용해 생각하면 된다. 그동안 금융상품을 어려워하고 나의 자산 관리의 중요한 의사결정을 금융기관 직원에게 맡기면서, 뭐가 뭔지 몰라 막연한 불안감만을 가지고 있었을지도 모른다. 이제 이 책을 통해 익힌 기본 원리와 각 상품별 속성, 투자 전후에 점검해야 할 사항들을 이용해 보다 안정적이고 자신감 있는 투자 활동을 시작해보자. 지금부터는 '알고 하는' 투자자가 되는 것이다.

지금까지 우리는 다양한 투자상품들의 리스크에 대해 알아보았다. 앞에서 언급한 상품들에 비해 전반적으로 리스크는 낮지만 재테크 초급 단계에서 쉽게 이용할 수 있는 상품들의 리스크에 대해 알아보고 마무리하고자 한다. 은행이나 증권사, 저축은행, 신용협동조합 등에서 쉽게 가입할 수 있는 예금, 적금, CD, CMA, RP 등의 상품은 개인투자자라면 누구든 하나 이상 가지고 있을 것이다. 투자의 초급 단계에 해당하는 '수신상품'들이다. 이들 수신상품은 상품의 종류에 따라 가입할 수 있는 금융회사도 다르고, 상품의 특징도, 리스크 속성도 다 다르다.

수신상품의 리스크 중 가장 중요하게 알고 있어야 할 점은 내가 거래하는 금융기관의 부도 발생 가능성이다. 몇 차례 저축은행의 영업정지 및 부도 사태로 지금은 저축은행과 시중은행을 혼동하는 사람이 드물겠지만, 높은 이자를 받을 수 있는 저축은행을 은행과 똑같이 취급하는 사람들이 있었다. 이들 저축은행이 한때 시중은행의 2배 가깝게 높은 이자를 줄 수 있었던 이유는 부도 가능성이 시중은행보다 상당히 높았기 때문이었다. 지금은 부실한 은행들이 대부분 정리되었고, 전반적인 저금리 기조 때문에 시중은행과 크게 차이가 나지 않지만 말이다. 저축은행에서 발행하는 상품에 가입하기 전에는 BIS비율을 반드시 확인해야 한다. BIS비율은 간단하게 말해 해당 금융기관이 자신들의 리스크를 얼마만큼 스스로 커버할 수 있을지를 보여주는 것으로, 높을수록 건전한 금융기관이다. 은행은 최소 8%, 저축은행은 7%가 넘어야 하고, BIS비율은 각 금융기관의 홈페이지 및 저축은행중앙회, 금융감독원 사이트 등에서 확인할 수 있다. 증권회사의 경우에는 BIS비율과 비슷한 NCR(영업용순자본비율)이라는 것을 산출해 공시한다. NCR비율이 높을수록 해당 증권사의 안정성이 높다는 의미다.

이제 상품별 특성으로 인해 달라지는 리스크에 대해 알아보자. 이는 일단 해당 상품을 발행한 금융기관이 부도가 난 후에 얼마나 돌려받을 수 있을지에 관한 부분이다. 수신상품은 금융기관의 입장에서는 일종의 꾼 돈이다. 돈을 꿔주는 입장(투자자)에서 생각해보면, 돈을 빌려가는 사람이 믿을만한 사람인지가 가장 중요하지만, 이것만으로 충분치 않다면 우리는 어떤 조치를 취하게 된다. 우선 보증을 요구할 것이다. 보증이란 돈을 빌려간 사람이 갚지 않을 경우 대신 갚을 사람을 내세우는 것이다. 아니면 담보를 요구할 것이다. 담보란 돈을 빌려간 사람이 갚지 않을 경우 담보물건을 처분해 돈을 회수하기 위한 장치다. 이것이 수신상품에도 적용된다.

수신상품 중 보증에 해당되는 제도는 예금자 보호 제도이다. 앞에서 말했듯, 예금보험공사라는 기관이 금융기관이 파산 등의 사유로 예금을 지급할 수 없을 때 내 돈을 대신 돌려준다. 한도는 원금과 이자를 포함해 5000만원이다. 예금, 적금, 일부 CMA 등이 주요 대상이지만 CD나 청약저축 등은 비대상이기 때문에 수신상품에 가입하기 전에 이 상품이 예금자 보호 대상 상품인지 확인해야 한다.

담보부 수신상품의 대표적인 상품은 RP이다. RP는 환매조건부채권을 뜻하는데, 쉽게 말해 고객이 금융기관에 돈을 빌려주는 대신 채권을 담보로 잡는 것이다. 그렇기 때문에 RP를 발행한 금융기관이 부도가 나면 담보채권으로부터 일정 부분을 회수할 수 있다. 담보로 편입할 수 있는 채권은 대부분 우량 채권이며 담보로 설정된 채권의 금액이 RP금액보다 약간 크기 때문에 RP는 안전성이 꽤 높은 수신상품이다. 금융기관에 따라 RP의 금리가 조금씩 차이가 날 수 있다. 만약 RP 금리가 다른 곳보다 높다면 담보로 설정된 채권이 다른 곳의 담보채권보다 비우량할 가능성이 높다. 그렇다면 만약의 경우 담보채권을 처분해 회수할 수 있는 금액이 작아질 수가 있다.

증권사에서 취급하는 수신상품 중 CMA는 원래 종합금융사에서 취급하던 어음관리계좌라는 상품이었는데, 종합금융사가 거의 없어진 지금은 증권회사에서 판매하는 종합자산관리계좌를 의미한다. 종합금융사의 CMA 상품은 예금자 보호 대상이다. 그러나 증권사에서 취급하는 CMA가 모두 예금자 보호 대상인 것은 아니다. 요즘은 CMA 뒤에 MMF라든지 RP, MMW 등의 단어를 붙여 어떤 자산을 운용해 CMA의 수익을 돌려주는지를 표시하고 있다. 증권사의 CMA 상품은 고객 보호를 위해 고객이 맡긴 돈을 예탁원이나 증권금융과 같이 안정성이 높은 기관에 맡기도록 되어 있다. 예를 들어 CMA-MMF는 돈을 맡은 증권사가 증권금융에 별도로 예치한 후, 다른 자산운용사에서 운용하는 MMF 상품에 돈을 다시 운용하는 형태이기 때문에 증권사가 부도난다 하더라도 운용 대상 MMF에 영향이 없으며, 고객의 자산은 증권사의 부도 위험과는 상관없다. RP형이나 기타 다른 형태도 이와 비슷한 논리가 적용된다. 오히려 운용되는 상품자체(MMF, RP, Wrap 등)가 가지는 손실 위험이 더 큰 영향을 미친다. 각 증권사 홈페이지에서 CMA 상품 소개에 '원금손실이 일어날 수도 있다'는 사실을 명시한 것도 이러한 이유에서다.

이와 같이 수신상품들은 취급하는 금융기관과 상품에 따라 조금씩 리스크 속성에서 차이를 보인다. 하지만 전반적으로 은행과 증권회사에서 취급하는 수신상품은 리스크가 매우 낮은 수준이며, 대신 기대할 수 있는 수익률도 낮다.

지금까지 각 상품의 특성을 살펴보았다. 그렇다면 '알고 하는 투자'가 왜 중요할까? 역설적으로 앞으로 금융시장에서 벌어질 일은 아무도 예측할 수 없기 때문이다. 알고 하는 투자의 목적은 금융시장을 더 잘 분석하고 예측해보자는 것이 아니다. 만약 그것이 목적이라면 문제는 더욱더 복잡해질 것이다. 금융시장을 잘 분석하고 예측해서 대처하는 것이 그리 간단한 문제가 아니기 때문이다. 그것이 만약 그렇게 간단한 문제였다면 세계 곳곳에서의 금융위기가 왜 발생하겠는가? 미리 알아서 막으면 될 것을. 하지만 이것은 아무리 고도로 발달된 경제학의 모델을 가져온다 하더라도 예측할 수 없는 것이라는 것을 우리는 이미 경험을 통해 알고 있다. 이를 예측할 수 있는 사람이 있다면 이를 이용해 많은 돈을 벌 수 있다는 점에서 그렇지 않다는 현실이 안타까울 수도 있겠지만, 오히려 이것이 다행인 점도 있다. 바로 '알고 하는 투자'를 위해 고도의 경제학적인 지식이 필요치 않다는 점이다. 우리가 알아야 할 것은 단지 고수익, 고위험의 원칙일 뿐이다.

그럼 알고 하는 투자의 진정한 목적은 무엇일까? 본인에게 맞는 투자상품을 골라 본인이 관리할 수 있는 범위 내에서 자신의 전 투자 과정에 적극적으로 참여함으로써 투자의 성과와 만족도를 극대화하는 것이다. 이는 단순히 방어적인 자세를 가지고 투자에 임하는 것과는 엄연히 다르다. 앞에서

원금보장인 듯, 원금보장이 아닌 외화예금

수신상품의 대표격인 예금의 금리가 너무 낮다 보니 투자자들이 눈을 돌리게 된 것 중에 하나가 외화예금이다. 사실 이것도 고금리를 찾아보기는 힘들다. 2014년 10월 현재 원화보다 외화예금 금리가 더 높은 통화는 위안화, 호주달러, 뉴질랜드 달러 정도이다. 외화예금은 말 그대로 외화로 예금을 하는 것이기 때문에 환율 변동에 직접적으로 노출되어 있다.

2011년 여름 1년 만기 호주달러 정기예금에 가입한 한 투자자는, 외화예금이 환율 변동에 따른 리스크에 노출되어 있다는 것은 알고 있었지만 국내예금보다 높은 금리(5%)를 주는 것에 끌려 처음 가입했다. 하지만 이후 환율이 계속 떨어지는 바람에 투자한 원화의 원금보다 떨어져 해지하지 못하고 있다고 했다. 계속 1년 만기 정기예금으로 재예치를 하고는 있지만, 외화예금의 금리 역시 계속 떨어지고 있는 상황이었다. 지금은 나중에 호주에 놀러갈 기회가 생기면 그때 쓰는 게 낫겠다고 생각하고 있다.

이 투자자가 처한 상황이 바로 원금보장인 듯, 원금보장이 아닌 외화예금의 특징을 잘 보여준다. 외화예금은 원금보장이다. 해당 통화로는 그렇다. 하지만 엄밀히 얘기하면 외화예금은 원금보장이 아니다. 원화로 환산하면 원금 이하로 내려갈 수 있기 때문이다. 대신 반대로 환율이 올라가면 환차익을 노릴 수 있다는 장점이 있긴 하다.

본인이 잘 알지 못하는 상품에 투자했던 사람들이 손실 이후 투자에 대한 열정마저 잃어버렸던 사례를 살펴보았다. 사람들은 자신이 알지 못하는 것 앞에서는 위축되고 소극적이 될 수밖에 없다. 직·간접 경험을 통해 그것이 손실을 줄 수 있다는 것을 알게 된 이후에는 더더욱 그렇다. 그렇기 때문에 수익뿐 아니라 '리스크'에 대해서도 잘 알아야만 오히려 적극적인 투자가 가능한 것이다.

돈에 가장 높은 가치를 부여하는 물질만능주의는 물론 경계해야 하겠지만 자본주의 사회에서 돈이 중요하다는 것 또한 부인할 수 없으며, 대부분의 사람들은 보다 많은 돈을 갖길 원한다. 또 돈이 가지는 우선순위가 상당히 높다. 그렇다면 자신의 돈을 투자하는 상품에 대해서도, 돈의 중요성에 비례하진 못할지라도 어느 정도의 시간과 노력을 들여 알아보는 노력이 필요하지 않을까? 게다가 깊이 있고 심오한 지식을 요하는 것도 아니다. 그저 투자라는 것이 돈을 잃을 수도 있는 게임이라는 것, 더 높은 수익을 얻으려고 한다면 돈을 잃을 수 있는 기회도 더 많다는 것을 이해하기만 하면 된다. 세상이 점점 빠르게 흘러가는 만큼 금융상품의 수는 늘어가고 금융시장은 예측하기 더 어려워지고 있다. 그만큼 투자자들은 본인의 투자 성향을 더 분명히 파악해야 하며, 본인이 투자하고자 하는 상품에 대해서 더 분명히 알아야 한다. 생각처럼 어렵지 않다. 다만 필요한 것은 최소한의 관심과 올바른 투자 상식, 자신에 대한 믿음인 것이다.

공짜 점심은 없다 : 개인투자자가 꼭 알아야 하는 리스크와 리턴의 경제학
©김진선·오은수 2014

초판 인쇄 2014년 12월 15일
초판 발행 2014년 12월 29일

지은이 김진선, 오은수
펴낸이 강병선
편집인 김성수

기획·책임편집 김성수 **디자인** 최윤미 **교정** 심지혜
마케팅 방미연 이지현 함유지 **온라인 마케팅** 김희숙 김상만 한수진 이천희
제작 강신은 김동욱 임현식

펴낸곳 (주)문학동네
출판등록 1993년 10월 22일 제406-2003-000045호
임프린트 아템포

주소 413-120 경기도 파주시 회동길 210
문의전화 031-955-1930(편집) 031-955-2655(마케팅) **팩스** 031-955-8855
전자우편 kss7507@munhak.com

ISBN 978-89-546-3403-8 13320

■아템포는 문학동네 출판그룹의 임프린트입니다. 이 책의 판권은 지은이와 아템포에 있습니다.
■이 책 내용의 전부 또는 일부를 재사용하려면 반드시 양측의 서면동의를 받아야 합니다.
■이 도서의 국립중앙도서관 출판시도서목록(CIP)은 서지정보유통지원시스템 홈페이지(http://seoji.nl.go.kr)와
국가자료공동목록시스템(http://www.nl.go.kr/kolisnet)에서 이용하실 수 있습니다.(CIP제어번호: CIP2014035289)

www.munhak.com